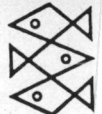

Zu diesem Buch

Diese Studie ist der Versuch, die Beziehungen von Ästhetik, Kunst und Architektur von Grund auf neu zu bestimmen. Der von Inge Habig erstellte, an Beispielen erläuterte Katalog elementarer Formen der Baukunst macht dabei deutlich, daß alles Gebaute menschliche Wahrnehmungs- und Erlebensformen verkörpert und mit ›Sinn‹ auflädt: Rhythmus als lebendige Bewegung, der Innenraum als Höhle, das Dach als Himmel. Am Beispiel der Großstadtstraße des 19. Jahrhunderts (London, Paris) zeigt dann Kurt Jauslin, wie das Ästhetische, nach dem Untergang überkommener Harmonie- und Schönheitsideale, die menschliche Geschichte – und ihre Geschichten – in neuen, anarchischen Formen aufzubewahren vermag. Erst die Architektur unseres Jahrhunderts hat schließlich damit begonnen, die menschliche Imagination auszutreiben. Ist künftig, im Zeitalter des voll entfalteten Funktionalismus, überhaupt noch Bau*kunst* denkbar?

Die Autoren

Inge Habig (geb. 1924) ist Professorin für Kunstgeschichte an der Universität Dortmund.
Kurt Jauslin (geb. 1938) studierte Philosophie, Germanistik und Kunstgeschichte; er lebt als Publizist in Dortmund.

INGE HABIG
KURT JAUSLIN

Der Auftritt des Ästhetischen

Zur Theorie
der architektonischen Ordnung

FISCHER TASCHENBUCH VERLAG

FISCHER WISSENSCHAFT

Originalausgabe
Veröffentlicht im Fischer Taschenbuch Verlag GmbH,
Frankfurt am Main, August 1990

© 1990 Fischer Taschenbuch Verlag GmbH, Frankfurt am Main
Umschlaggestaltung: Buchholz/Hinsch/Hensinger
Gesamtherstellung: Wagner GmbH, Nördlingen
Printed in Germany
ISBN 3-596-10251-0

Inhalt

Vorrede 7

Inge Habig
Redeweisen des Ästhetischen

1	Prolegomena. Zum Strukturbegriff der Architektur . . .	15
2	Architektur als realer Schein	21
2.1	Wirklichkeitsstruktur	21
2.2	Raumform	29
2.3	Bildformen	41
2.3.1	Modularität	43
2.3.2	Reihung	47
2.3.3	Rhythmus	50
2.3.4	Figur-Grund-Verhältnis	54
3	Die Qualität der ästhetischen Rede – Fiktive Mimesis, gebaute Poiesis und theoretische Praxis in der Architektur	60
3.1	Stereotype Raumbilder	60
3.1.1	Die Höhle	64
3.1.2	Himmel und Erde	70
3.1.3	Die Konche	73
3.1.4	Der organische Raum	75
3.1.5	Der Kasten	77
3.1.6	Der Gliederraum	82
3.1.7	Der offene Innenraum	84
3.2	Die architektonische Körperfigur	88
3.2.1	Wandfiguration	94

Kurt Jauslin
Denkmale des Ästhetischen

1	Concinnitas – Die schöne Ordnung der Welt	105
2	Straße als »Längeres Gedankenspiel« Zur Ästhetik der Metropolis im 19. Jahrhundert	111
3	Allerleirauhs Imagination – Ein Märchen (unter Berufung auf Jakob und Wilhelm Grimm)	160
4	Allerleirauhs Architektur. Die Rettung der Fiktionen im Auftritt des Ästhetischen	165

Anhang

Anmerkungen zu Inge Habig: Redeweisen des Ästhetischen . . 201
Anmerkungen zu Kurt Jauslin: Denkmale des Ästhetischen . . 214
Literaturverzeichnis 219

Vorrede

Hegels Verdikt über die Kunst hat das Ästhetische in Verruf gebracht. Als mythisch Vergangenes wird es durch ihn zum Relikt vorwissenschaftlichen Denkens in der von wissenschaftlicher Rationalität beherrschten Welt. Die aus der hegelianischen Wende erwachsenen Aporien bestehen unverändert: Einerseits wird das Ästhetische von den Nachfolgern Hegels gänzlich auf ein Jenseits der aktuellen Wirklichkeit verwiesen, sei es als Vorschein einer besseren Welt (Bloch), sei es als Gegenbild nicht mehr kommensurabler gesellschaftlicher Realitäten (Adorno). Andererseits gibt es Versuche, das Ästhetische dieser Realität komplett einzuverleiben und unter dem Begriff der »Alltagskultur« ein ursprüngliches ästhetisches Verhalten nachzuweisen, das Kunstproduktion zum Allgemeingut macht. Exklusive Qualitätsansprüche ästhetischen Produzierens müssen damit als Herrschaftsanspruch diskreditiert und eskamotiert werden.

Solche Versuche zur Ästhetisierung des Alltagslebens verstehen sich aber immer nur vor der Folie der faktisch herrschenden wissenschaftlichen Rationalität, deren Übermacht sich in den tatsächlich von der Industrialisierung bestimmten gesellschaftlichen Strukturen zeigt. Schon die Ästhetisierung der Lebenswelt in der zweiten Hälfte des 19. Jahrhunderts läßt die hegelianische Aporie erkennen: das Gesamtkunstwerk entpuppt sich gegenüber den allmächtigen ökonomischen Realitäten als Fluchtburg; die unter dem Primat der instrumentalisierten Rationalität ins Werk gesetzte Aufklärung billigt dem Künstler keinen Stellenwert zu, sei es, daß er zum sozialen Outcast wird, oder aber, wie in der Stadtarchitektur, zum anonymen Produzenten von Wirtschaftsgütern. Neben dieser »heroischen« Lösung, die schließlich zum l'art pour l'art führte, stellt sich die heutige »Alltagskultur« als neues Biedermeier dar: der Kunstbegriff der Wohngemeinschaft ist der Versuch, Picasso mit dem Strickstrumpf zu annullieren. In der faschistischen Ästhetik wurde dieser Doppelaspekt der totalen gesellschaftlichen »Verwirklichung« des Ästhetischen auf nebulöse Weise kategorisch.

Der Versuch, das Ästhetische in das von wissenschaftlicher Rationalität beherrschte »Projekt der Moderne« hinüberzuretten, ist auf den

Spuren Hegels in annehmbarerer Form gescheitert. Nicht mythische Regression schien erfolgversprechend, sondern die Verwissenschaftlichung von Kunst. Indem das Ästhetische seinen Anspruch aufgab, eine originäre Form der Aneignung von Welt zu sein, eine eigenständige Positionsbestimmung des Menschen, sollte es die »Chance« erhalten, sich als gestalterische Ausprägung wissenschaftlicher Rationalität zu »erneuern«. Speziell in der Architektur wurde zu einem Akt der Aufklärung deklariert, daß die ihrer wechselnden ästhetischen Ummantelungen entkleidete Konstruktion ans Tageslicht gefördert und zum realen ästhetischen Ereignis erklärt werden konnte. Die der Architektur schon immer eigentümliche »Notwendigkeitsstruktur« des Konstruktiven, ihre Abhängigkeit von technischen Verfahren – sollten die Ergebnisse nur irgend haltbar und tauglich sein –, hat sie unter den Künsten vorzüglich für wissenschaftliche Instrumentalisierung geöffnet.

Nirgends als in der Architektur erweist sich freilich auch mit solcher Deutlichkeit, daß die Affirmation gegenüber den für zwangsläufig ausgegebenen szientistischen Prozeduren nicht zur Erneuerung des Ästhetischen, sondern zunächst nur zu einem Verlust geführt hat, nämlich *zum Verlust der ästhetischen Vorstellung als Imagination von Welt*. Die dem Ästhetischen eigene Independenz, die in der freien Entfaltung der Vorstellungskraft hervortritt – und so von Schopenhauer auch definiert wurde –, war mit den Regelwerken der technischen Systeme nicht kommensurabel und mußte gezähmt werden. Die Zähmung des Ästhetischen wurde durch Sehverbote erreicht. Die neuen ästhetischen Errungenschaften entpuppen sich als rigide Restriktionen:

- Die Einheit von Konstruktion und ästhetischer Erscheinung führte zu einem *Verbot aller ornamentalen Strukturen*, die einst am statischen Objekt den poietischen Akt in der Zeit entfaltet hatten.
- Die aus technischem Zweckdenken übernommene Forderung nach Materialgerechtigkeit *eliminierte das Spielerische* aus der Kunst, die damit aus der zwischen Realität und Vorstellung bestehenden Spannung entlassen wurde. Inventio beruft sich seitdem nicht mehr auf das induktive Vermögen des menschlichen Geistes, sondern erschöpft sich im Nachvollzug von Regeln, die auf vorgeblich verbindlichen Gesetzmäßigkeiten beruhen.

Das Erscheinungsbild der funktionalen Architektur entlarvt die ihr zugrundeliegende Ästhetik als antiindividuelles, antisubjektives und normenhöriges System, in dem das Ästhetische nur als Leiche gegenwärtig ist. Die von Raster und Reihung geprägten formalen Architektursysteme lassen der Vorstellung keinen Raum. Sie eliminieren die Lebens- und Naturwirklichkeit, deren Zufälligkeit und Individualität, der das Ästhetische durch Respektierung der »Handschrift« Rechnung getragen hatte. Und sie verhindern, daß ein der Epoche gemäßes Kunstwollen sich artikulieren kann. Hier rächt sich hegelianische Dialektik an ihren Adepten, indem sie die intellektuelle Inferiorität der Produktionen entlarvt: obwohl angeblich praktischen Zwecken verpflichtet, ist diese Architektur tatsächlich einer »Ästhetik« hörig, die sich nur als Kanonisierung von rigiden Regelwerken darstellt. Rationalität verengt sich dabei auf die Bestätigung gesellschaftlicher und ökonomischer Herrschaftsfunktionen. Sie dient gleichzeitig dazu, die vorgeblich humanen Zwecke der Architektur zu ruinieren und die Erscheinung einer von Bedeutung erfüllten ästhetischen Baugestalt zu verhindern, die jene Funktionen als Vorgeschobene enthüllen müßte.

Architektur, die *nicht mehr ästhetischer Schein* sein will, produziert augenscheinlich *nur den Anschein des Ästhetischen* und demonstriert vor allem, wie der idealistische Ansatz der Aufklärung ruiniert wurde. Idealistisch nämlich war die Aufklärung, weil sie die Vorstellung hatte, wissenschaftliche Rationalität könne definiert werden als vernünftiger Umgang mit Wirklichkeit und Welt. In jener Realität hingegen, zu der das »Projekt der Moderne« heute heruntergekommen ist, haben sich die Ziele der wissenschaftlichen Rationalität alsbald auf die Produktion des Nützlichen beschränkt.

Das Nützliche aber ist keine Kategorie, mit der sich denken oder Kunst schaffen läßt. Es ist immer nur als Relation zu verstehen, die erst in der Beantwortung der Frage zur Sache kommt: *wem* etwas nützt. Wirkliche Aufklärung hätte deshalb ihre Funktion in der Beantwortung dieser Frage zu sehen und nicht in der Vermehrung des Nützlichen. Sie würde dann die utilitaristischen Handlungsziele als nur vorgeschobene wahrnehmbar und den Zweck des Nutzens erkennbar machen: ad usum delphini.

Statt zu den Epiphanien des Ästhetischen zu führen, die nur verbal verkündet werden, bildet eine Architektur, die sich der Eigenständigkeit der ästhetischen Vorstellung und Erfindung entledigt hat, folgerichtig nur ihre eigenen Produktionsbedingungen ab: die der instrumentalisierten Vernunft. Sie zeigt unverstellt die der Wirklichkeit aufgestülpten Zweckstrukturen. Diese Instrumentalisierung der Wirklichkeit aber zerstört die aufklärerischen Intentionen der wissenschaftlichen Rationalität, wie sie von Hegel konstruiert worden war. Die aufklärerische Frage nach dem »für wen« darf in diesem Kontext keinesfalls gestellt werden: sie würde auf der Stelle die Bedeutungslosigkeit der Produkte erkennbar machen und ihre Existenz vernichten.

Die Einsicht in die »Dialektik der Aufklärung« entläßt diese allerdings nicht aus ihrer Verpflichtung, die tatsächliche Wirklichkeit und die wahren Beweggründe des instrumentellen Handelns aufzuklären. Vor diesem Anspruch erweist sich der totalitäre Charakter des Szientismus gegenüber der Wirklichkeit als mythische Regression – im Sinne Hegels. Denn die Instrumentalisierung der Architektur führt nicht zur Rationalität der gebauten Wirklichkeit, sondern zur Rationalisierung von Wirklichkeit im Sinne der Psychoanalyse. Die technischen Systeme müssen sich aus Gründen ihrer eigenen Selbsterhaltung für die Wirklichkeit ausgeben, ein Prozeß, den Freud als den neurotischen beschrieben hat.

Das Ästhetische ist demnach wesentlich nicht gegen die Aufklärung gerichtet, wohl aber gegen jenes Element an ihr, das man als den »bürgerlichen Blick« bezeichnen könnte. Denn eben jene Fragen, denen sich der auf die instrumentelle Zurichtung von Wirklichkeit bedachte Rationalismus verschließt, werden offen durch das Ästhetische gestellt. Den wahren Grund für die Verdrängung des Ästhetischen in mythische Vergangenheiten hat Freud gefunden: er liegt darin, daß das Ästhetische die Kräfte des Unbewußten ganz offen in seine Strategien einbezieht. Der die Lebenswirklichkeit instrumentalisierende Rationalismus dagegen durfte das Unbewußte, sollten seine restriktiven Ordnungen nicht in Gefahr geraten, nirgends ans Tageslicht dringen lassen. Wider das Ästhetische gerichtet war also die Disziplinierung des Blickes: Der Gesichtskreis des Bürgers erscheint von störenden Elementen gereinigt; Künstler und Wahnsinnige wurden aus dem Blickfeld der Gesellschaft verbannt, die Armut wird von diesem Schicksal gerade ereilt.

Unter den szientistischen Diktaten mußte sich ästhetische Theorie in eine Freudsche Über-Ich-Struktur verwandeln, die allein auf die Instrumentalisierung und Beherrschung von Wirklichkeit ausgerichtet ist. Weit entfernt von den Zielen der historischen Aufklärung wurde sie zu einer neuen Scholastik, mit neuen Kirchenvätern.

Ästhetische Theorie, wie wir sie verstehen und im folgenden entfalten, ist aber nur möglich, wenn das Ästhetische selbst als Widerspruch gegen die normierenden Zwänge verstanden wird, die sich in der heutigen Architektur durch Begriffe wie »Zweckform« und »mathematische Modellierung« beschreiben lassen. Aus diesem Widerspruch erst gewinnt das Ästhetische seine Ordnungen, die sich weder aus einem transzendentalen a priori noch aus vorgeblichen gesellschaftlichen Bedingungen als einem Zusammenhang von Produktivkräften und Produktionsverhältnissen ableiten lassen, sondern aus der Freiheit der Imagination, die Schiller als »Independenz« von eben solchen Verhältnissen bezeichnet hat.

Ästhetik ist ohne Kunst nicht denkbar, kann diese also nicht nur wie Hegel als ein Vergangenes betrachten. Insofern das Ästhetische immer ins Offene und Unerforschte vorstößt, hat es tatsächlich experimentellen und zukünftigen Charakter. Aber es handelt sich um ein nicht gezähmtes Experiment, das sich durch Regeln nicht instrumentalisieren läßt. Ästhetische Produktion führt ihren Diskurs mit der Wirklichkeit unter den Voraussetzungen des »wilden Denkens« (Lévi-Strauss), das die Wirklichkeit des Unbewußten nicht zu leugnen versucht, sondern seine Strategien auf das richtet, was man früher die »Seele des Menschen« nannte. Deshalb kann Architektur als Kunst nicht entstehen nach den Ausschlußverfahren von Trial-and-Error und aus deren Verifikationen regelhafter Deduktion als Abklatsch einer experimentell zurechtgebogenen Welt. Kunst, und damit auch *Baukunst, ist mythopoetische Rede von Wirklichkeit, Entwurf eigentümlicher, ästhetisch-symbolischer Welten, die als Wirklichkeit in der Wirklichkeit Erscheinung werden.*

Obwohl die Transzendentalphilosophie Kants und Hegels die Verwissenschaftlichung des Ästhetischen begründet hat, ist ihr Begriff des Ästhetischen selbst nicht szientistisch gewesen: gerade weil sich *der ästhetische Schein* den Begriffssystemen der neu begründeten Wissenschaft entzog, hat Hegel ihn für nicht kommensurabel gehalten und in die Vergangenheit zurückverwiesen. Darin steckt, wie Hegel auch selbst bemerkt hat, eine positive Vorstellung von der Andersartigkeit des Ästhetischen, die uns der idealistischen Philosophie näherückt. Was uns von ihr trennt ist die Einsicht, daß eben *Ästhetik ohne die Kunst nicht möglich* ist. Demnach bleibt also nur phänomenologisch begründbar, was sich als ästhetisches Denken begreift.

Ästhetik stellt sich für uns dar als eine gegenüber den realen Produktionen offene Erkenntnistheorie der Kunst, die zugleich Philosophie der ästhetischen Erscheinungen ist. Sie ist, wie jede Philosophie (so »wissenschaftlich« sie sich immer gebärden mag), doch selbst wiederum Imagination. Ihr Ziel ist nicht die Instrumentalisierung des Denkens, sondern das Denken selbst. Darin liegt ihr tatsächlicher Zugang zu den ästhetischen Prozessen: daß sie sich selbst wieder ästhetisch wird. Philosophieren ist, wie künstlerisches Schaffen, nicht falsifizierbar. Und die Produkte der menschlichen Vorstellung, mögen sie nun »Bilder« oder »Ideen« heißen, können weder rückgängig gemacht noch widerlegt werden. Diese Einsicht halten wir im Umgang mit unseren philosophischen Vordenkern für wesentlich. Sie sind allesamt im Recht und können als gegenwärtige angesehen werden.

Demgemäß aber halten wir auch den Fortschrittsglauben, wie er in globalem Maßstab das Gesicht der Architektur heute prägt, für hinfällig vor der Erscheinung des Ästhetischen. Die Bewertung »veraltete Architektur« ist eine Erfindung des konstruktiven Funktionalismus. Dieser glaubt im Besitz einer Wissenschaft über die Wirklichkeit zu sein, die die Bilder widerlegt, indem er eine Übertragung von logischen Strukturen auf die Wirklichkeit vornimmt. In der Architektur aber ist der Auftritt des Ästhetischen daran erkennbar, daß sie die Bilder aufruft, die in der Vorstellung von dieser Wirklichkeit entworfen worden sind.

Inge Habig   Kurt Jauslin

Inge Habig
Redeweisen des Ästhetischen

1 Prolegomena
Zum Strukturbegriff der Architektur

Das Wort Baukunst enthält in seiner etymologischen Zusammensetzung die ästhetische Dimension einer menschlichen Grundtätigkeit. »Bauen« wird sowohl im Sinne von handwerklicher Tätigkeit wie von geistiger Formung gebraucht. Wir sprechen vom Bebauen des Ackers, vom Bauen eines Staatsgebildes und vom Bauen des Hauses. Mit diesen menschlichen Tätigkeiten sind systematische Vorgänge der Lebenserhaltung, der Lebenssicherung und der Lebensordnung gemeint, die ein »Werk« zum Ziel und Ergebnis haben. Das trifft in elementarer Weise für das Bauen im engeren Sinn zu, das Modellvorstellung für all jenes Bauen ist, das mit »Baukunst« angesprochen wird.

Gemeint ist damit zunächst die Errichtung von Gehäusen, die dem Menschen den nur ihm eigenen Lebensraum geben, ihn der natürlichen Umgebung gegenüber aussondern und ihn vor dieser natürlichen Umgebung schützen, was ihn zugleich zu ihrem Herrn erhebt. Aus dem Vorgang der Abgrenzung und des Absteckens eines natur-unabhängigen Bereichs entstehen Gebäude als materielle, technisch konstruierte Raumgebilde, Artefakte, die an den Ort gebunden und durch technisch-materielle Solidität auf Dauerhaftigkeit angelegt sind. Diese Kriterien sind der Architektur derart wesenseigen, daß sie schon in einem Frühstadium von Architekturtheorie (dem allerdings hohe Baukunst längst vorausgegangen war) in den Kategorien der »Utilitas« und der »Firmitas« des Vitruv[1] enthalten sind.

Erst Immobilität und konstruktive Dauerhaftigkeit von Gehäusen ermöglichen Menschen eine seßhafte Art der Lebenssicherung. Ein vorübergehend aufgeschlagenes Zelt zum Schutz gegen Tropenregen rechnet deshalb nicht zur Architektur. Allerdings gibt es (vermutlich) sehr alte Zeltformen eurasischer Hirtennomaden von hoher technischer und funktionaler Differenziertheit, die wohl zu den Frühformen fester Architektur gerechnet werden müssen.

Neben Sicherung und Erhaltung menschlichen Lebens als den genuinen Zwecken des Gehäuse-Bauens tritt von Anfang an die Verwirklichung einer sichtbar in Erscheinung tretenden, transzendierenden Ordnung, die das soziale Leben regelt und deutet. Sie entsteht aus der

Sinngebung sozialer Verhaltensformen, macht diese aber auch erst realisierbar. So greift Architektur weit in den natürlichen Raum aus und umfaßt Brücken, Plätze und Wegbauten. Künstliche Aus- und Eingrenzung durch Mauern beschreiben ebenfalls sichernde und ordnende Funktionen des Gebauten. Damit ist die Rolle der Architektur für Ausbildung differenzierter gesellschaftlicher Systeme, für Staatsgründung und Hochkultur benannt. Im Ordnungsbegriff zeigt sich aber auch ihr genuiner Kunstcharakter als untrennbare, wenn auch geschichtlich unterschiedlich manifestierte Einheit von »Utilitas« und »Firmitas« mit der »Venustas«. Denn in Erscheinung tretende Ordnung, die mit Sinngehalten erfüllt ist, ist schön.[2]

Bauen sucht demnach nicht nur vitale Zwecke der Lebenserhaltung und gesellschaftliche Zwecke der Lebenssicherung zu verwirklichen, sondern es zielt immer wieder nach der schönen Gestalt der Bauwerke, nach deren Form, nach Kunst! Das Bauwerk als Artefakt zeigt sich so »über« den praktisch-gesellschaftlichen Zwecken als Gegenstand einer Erfahrung, die nicht notwendig aus einem wie immer formulierten und gearteten Gebrauch hervorgegangen ist, sondern aus sich und für sich selbst in der ästhetischen Erscheinung gegenwärtig wird. Friedrich Wilhelm Schelling sagte 1859, daß die praktische Funktion der Architektur – er nennt sie »Nützlichkeit« – und deren Bezug auf menschliche Bedürfnisse der Existenzsicherung »nur Bedingung und nicht Prinzip« sei.[3] Das bedeutet, daß Architektur nicht nur praktisch gebraucht, sondern ohne ausschließende Zweck-Relation ästhetisch erfunden, erfahren und erlebt wurde und werden will.

Ganz allgemein kann der Begriff Baukunst dahingehend erklärt werden, daß die realen Ergebnisse einer materiell konstruierenden, raumbildenden und unmittelbar zweckgerichteten Tätigkeit schon in ihrem Entstehungsprozeß auf die Erscheinung von Schönheit als Ordnung ausgerichtet sind. Baukunst kann deshalb auch nicht so etwas wie ein künstlerisch gearbeitetes Instrument oder Gerät sein. Denn der tiefgreifende Unterschied zur Gattung der Geräte, gerade auch der künstlerisch gestalteten, ist in zweierlei begründet: zum einen umfaßt der Gestaltungsraum der Architektur das gesamte menschliche Leben mit all seinen vitalen und idealen Dimensionen und nicht nur den Teilaspekt einer eng beschriebenen, nur durch ein ganz bestimmtes Werkzeug hervorzubringenden Handlung. Zum anderen evoziert die »schöne Gestalt« der Architektur einen künstlerischen Raum, der selbst wieder durch Körper-im-Raum realisiert wird und dessen wesentliche Wahrnehmungsform die ästhetische ist.

Wenn wir Baukunst so bestimmen, daß sie, obwohl zweckverpflichtet, doch weder Instrument noch Gerät ist, weil sie künstlich Raum schafft und als ästhetische Erscheinung Realität gewinnt, haben wir die menschliche Tätigkeit des Architektur-Bauens sowohl als nützliches, materialisierendes Handeln wie auch als künstlerisches Tun mit der Zielrichtung auf dauerhafte, ortsgebundene Raum-Körper-Gebilde definiert, die aus sich selbst einen zwecklosen »ästhetischen Überschuß« besitzen.

Die Feststellung ergibt nun, daß alles, was in diesem Sinne gebaut wurde, als Baukunst *ästhetische Wesensart* besitzt. Um sich dieser Behauptung zu versichern, gibt es *methodisch* zwei Wege. Es kann die immense Fülle von Gebautem im geistigen Besitz gegenwärtig sein und mit dem Verfahren des Vergleichs aufeinander bezogen werden. Dann wird der geschichtliche Wandel der architektonischen Produktionen offenkundig, ihr geschichtlich unterschiedlicher Verbund von Technik, Nutzen und Ästhetik in der Gestaltform des Einzelwerks sichtbar. Kunsthistorisch betrachtet, entfaltet sich hierin der breite Fächer von Stilen vor dem Panorama kultureller Hintergründe.

Um den Charakter der Architektur als einem genuin ästhetischen Sachverhalt methodisch zu erfassen, ist aber auch eine andere Blickrichtung fruchtbar. Was allen Bauwerken gemeinsam ist, weil sie Baukunst sind, ist, wie gesagt, ihre artifizielle ästhetische Struktur. Diese gibt sich als ein Verhältnis-System zu erkennen, das methodisch von der geschichtlichen Erscheinungsform der unendlich vielen Objekte absieht. Der Begriff einer ästhetischen architektonischen Struktur muß deshalb zwar den geschichtlichen Erscheinungsformen Rechnung tragen, nicht aber kann er diese selbst thematisieren und in ihren individuellen und allgemeinen Bedingungen, in ihrem »Ideolekt« (Eco), aufschließen. Denn die Schlüsselsachverhalte, die als ästhetische Struktur hervortreten, stehen senkrecht auf der horizontalen Zeitachse des Historischen. Sie sind quasi statische Größen im Fluß des geschichtlichen Wandels. Sie durchdringen die prozeßhaften, zufälligen und individuellen Kunstereignisse, die in der Gesalt eines jeweiligen Bauwerks enthalten sind, ja dieses hervorgebracht haben. So kennzeichnen sie nicht die geschichtliche, individuell geprägte, sondern eine hypothetisch definierte, »objektive« Wesensart der Architektur in ihrer besonderen Phänomenalität des Ästhetischen.

Anders ausgedrückt: Architektonische Strukturelemente meinen ästhetische Konstanten, nicht die einzelne historische Erscheinungsform.

Die Formulierung von Strukturprinzipien der Baukunst führt somit zu einem Theorem aus »konstruierenden Begriffen«, das auf einem Katalog von »Universalien«[4] beruht und zuständliche Sachverhalte im Sinne von »Idealtypen« (Max Weber) zusammenfaßt.

In der kunstwissenschaftlichen Literatur gibt es noch einen anderen Strukturbegriff, der sich auf das Gemeinsame architektonischer Erscheinungsformen in einer bestimmten Epoche, Kultur oder Landschaft bezieht.[5] Er sucht das Besondere eines architekturgeschichtlichen Zusammenhangs auf jeweilige, nur ihm jeweils eigene Grundmotive zurückzuführen. Diese »Ereignisstrukturen« decken sich nicht mit der »Notwendigkeitsstruktur«[6], um die es *hier* geht. Beide Strukturaspekte sind sogar gegenläufige Systeme, die nicht mit demselben Instrumentarium bearbeitet werden können.

Trotzdem kann eine Darstellung der »Notwendigkeitsstruktur« von Baukunst naturgemäß nicht auf historische Verweise verzichten. Sie werden zur Beschreibung der Struktur benötigt, die ja nur in den geschichtlichen Phänomenen erkennbar wird. Die Struktur der gattungsgemäßen, typischen Allgemeinheit der Architektur muß immer wieder im Hinblick auf die punktuelle Besonderheit der geschichtlichen Phänomene von Einzelbauwerk und Stil erörtert werden. Mit Erwin Panofsky wird die Ansicht vertreten, daß das Kunstwerk (hier die Baukunst) »seiner Natur nach die doppelte Eigenschaft hat, auf der einen Seite de facto durch zeitliche und örtliche Verhältnisse bedingt zu sein, und auf der anderen Seite der Idee nach zeitlose und gleichsam absolute Lösung apriori gesetzter Probleme zu bilden«.[7]

Die im folgenden betrachtete architektonische Struktur hat demnach *Systemcharakter*. Sie stellt einen interdependenten Zusammenhang von zu definierenden Sachverhalten dar, die als *Ästhetik von Technik, sinnvollem Nutzen und symbolischer Repräsentation* bezeichnet werden. Begrifflich gefaßt wird dieser Zusammenhang im folgenden als Dialektik von Wirklichkeit und Erscheinung der Architektur.

Der Begriff der ästhetischen Erscheinung kann auch als künstlerische bzw. ästhetische Fiktion umschrieben werden, die die Baukunst ausdrückt als Imagination einer Wirklichkeit in der Wirklichkeit. Was nun Wirklichkeit sei, wird nicht nur in den historischen Philosophien unterschiedlich gedeutet, sondern auch in den Disziplinen der Wissenschaft unterschiedlich definiert oder vorausgesetzt. Die Begriffe Schein und Erscheinung gehören hingegen seit Plato zu den zentralen Begriffen der Ästhetik, die ebenfalls mit unterschiedlichen Bedeutungen belegt sind. Gerade in der neueren Ästhetik, soweit sie sich als späte

Adaption marxistischer Ansätze zu erkennen gibt, haben sie noch einmal einen hohen Stellenwert – wenn auch negativ gefaßt – erlangt. Geschichte und Bedeutungswandel der Begriffe bleiben im folgenden immer gegenwärtig, obwohl beide Begriffsinhalte quasi voraussetzungslos vom Untersuchungsinhalt her bedacht und verwendet werden. Dabei kommt ein Wirklichkeitsbegriff zum Tragen, der zunächst einmal physische Wirklichkeit meint, aber auch die praktische und gesellschaftliche Lebenswirklichkeit mit einschließt. Der Gesamtbereich des Ästhetischen und Symbolischen hingegen wird als Trans-Realität oder Meta-Realität aufgefaßt und mit Erscheinung und Fiktion bezeichnet. Durch die klare Trennung und Unterscheidung beider Kategorien soll die besondere Wesensart der Architektur in ihrem Doppelcharakter deutlich gemacht werden. Die Struktur von Architektur ordnet sich so in das Spannungsfeld zweier divergierender Seinsbereiche ein. Sie kann untersucht werden als das »Sich-an-sich-selbst-Zeigen« (Kant), als »realer Schein«.

Unser Ansatz unterscheidet sich von der Methode der Kunstgeschichte, die sich der Vielzahl architektonischer Schöpfungen unter dem Gesichtspunkt eines künstlerischen Geschehens mit gesellschaftlichen Hintergründen zuwendet und sie interpretiert. Die ebenso alte wie umstrittene Frage nach der »Wahrheit« der Architektur als Kunstwerk[8] braucht nicht eigens gestellt zu werden: sie wird implizit beantwortet. Die strukturellen Sachverhalte sprechen aus, was sie an Werten enthalten.[9]

Der Versuch, Strukturprinzipien der Architektur zu gewinnen, setzt den durch die Kunstgeschichte definierten Gattungsbegriff voraus: in ihm ist enthalten, was empirisch an Gebautem vorhanden ist. Für die Kunstgeschichte gehört Architektur zu den klassischen Gattungen der Bildenden Kunst. In der Theorie wird sie seit Vitruv vielfach als Mutter der Künste bezeichnet, weil sie unter bestimmten philosophischen Voraussetzungen als deren Anfang gelten kann[10] und weil sie seit den Zeiten der Hochkulturen immer wieder Heimstatt für Plastik und Malerei gewesen ist.[11] Architektur gehört deshalb zum Themenspektrum der ästhetischen Theorie.[12]

Trotzdem erscheint sie als die fremdeste und sprödeste der Künste, da sie keine anthropomorphen Formen kennt, sondern wesentlich auf, wenn auch symbolisch transzendierender (mathematischer), Abstraktion beruht. Antike und Renaissance sahen sie gerade deshalb als Königin der Künste. Im modernen, von der technischen Zivilisation geprägten Bewußtsein hat Baukunst allerdings ihre überragende Bedeutung weitgehend eingebüßt. Die Zahlenverhältnisse der Mathematik verweisen auf keine transzendente Symbolik mehr; so sind auch die aus mathematischen Gesetzen hervorgegangenen formalen Strukturen zu rein technischen Konstruktionsregeln geworden. Hans Sedlmayr meint, daß »die neue Kunst des Konstukteurs, deren Sieg über den Architekten, eine planetarische Sache ... sei«.[13] Wird diese Deutung akzeptiert, so heißt dies, daß Architektur heute so viel von ihrem Wesen eingebüßt hätte, daß nur noch gebaute Konstruktion entstünde. Der Charakter von Architektur in seiner Dialektik von Kunst und Technik wird auf diese Weise problematisch, weil das einzelne Architekturobjekt wie eine Maschine zusammengesetzt wird und aus einem rein organisatorischen und technischen Prozeß entsteht, der keinerlei ästhetische Wahrheit mehr hervorbringt.

Da »der Gegensatz von Stoff und Formkraft, der die ganze organische Welt bewegt, (auch) das Grundthema der Architektur« ist[14], bestimmen die Größen Material/Technik und Nutzen die ästhetische Gestaltform der Baukunst im Verhältnis einer dialektischen Spannung. Anders ausgedrückt: Technik, Zweckmäßigkeit und Schönheit sind einander dergestalt zugeordnet, daß sich nicht eines aus dem anderen zwingend ergibt, sondern vielmehr ein Spiel von Kräften am Werke ist, insofern Architektur den ihr wesensmäßig innewohnenden Ansprüchen genügt. Diese Bestimmung eines notwendigen, aber als künstlerische Fiktion freien Zusammenhangs von Faktoren, die auch getrennt existieren (und deshalb getrennt bearbeitet werden können), ist solchermaßen unter die Dominanz des Ästhetischen zu stellen. Denn der Begriff der Gestaltform, der sowohl das Äußerliche von Technik und Zweck als auch das Innerliche von künstlerischer Idee und Formensprache enthält, bezeichnet umfassend die architektonische Erscheinung. Erkenntnistheoretische Einsicht in dieses künstliche System von sich geschichtlich ständig ändernden Faktoren in ihrer jeweiligen Interdependenz kann deshalb nur unter dem Gesichtspunkt des Ästhetischen gewonnen werden. Es geht dabei um die Art des Zusammenbindens von Auseinanderstrebendem, ja oft Zwiespältigem in der ästhetischen Erscheinung.

Wenn im folgenden der Begriff Architektur immer wieder durch den Begriff Baukunst ersetzt wird, bzw. beide Begriffe äquivok benutzt werden, heißt das, daß die besonderen Fragen nach der Struktur der Architektur-Ästhetik alle Elemente der Architektur mit einbeziehen.

2 Architektur als realer Schein

2.1 Wirklichkeitsstruktur

Wie die Gattungen der Bildenden Kunst weist Baukunst Wesen und Merkmale künstlerischer Gestaltung unter den Bedingungen ihrer materiell-technischen Medien auf. Sie unterscheidet sich aber in einem wichtigen Punkt von den Bildkünsten. Er betrifft das Verhältnis der Kunstgattung Architektur zur Wirklichkeit und die darin enthaltene Zweckgebundenheit.[1] Hier muß die Betrachtung architektonischer Struktur ansetzen.

Bildkünste erzeugen ihrem Wesen nach »Idealität«. Sie zeigen Wirklichkeit bzw. Wirklichkeiten nur »scheinhaft«, gleichsam bildhaft, vor, da sie nur für Anschauung gemacht sind. Ihre Objekte sind als Kunst nur in der Anschauung real. Die Realität ihrer materiellen Medien deckt sich nicht mit der Realität ihres Kunst-seins. Deshalb besitzen die Objekte der Bildenden Kunst ein doppelt zwiespältiges Verhältnis zur Wirklichkeit. Als gestaltete Gestalt sind sie an materielle Medien gebunden – etwa wie die Plastik an das Stück Holz, aus dem sie besteht; aber diese Bindung ist geprägt durch die das Material formende Kraft des Geistes, der Idee. Das gleiche Verhältnis besitzt die Architektur zu ihrem »Stoff«. Daneben bildet aber das künstlerische Objekt eine ausgewählte Wirklichkeit ab im Sinne einer Zuwendung zu der Welt, die es darstellt. Auch dieses gilt in gewissem Sinn für Architektur, insofern sie gestaltetes ästhetisches Objekt ist. Darüber hinaus setzt Baukunst aber trotz dieses ästhetischen Scheincharakters selbst konkrete Wirklichkeit im vollen Sinne und ist mehr als deren Abbild und Schein!

Worin ist der besondere, eigentümliche, der Baukunst wesensmäßige Anteil an Realität begründet?

Der Wirklichkeitscharakter beruht zunächst im *Wirklichkeitscharakter von Raum*.[2] Das gilt in mehrfacher Hinsicht. Raum ist physikalisch und erlebnisjenseitig wirklich (er ist deshalb Gegenstand der Physik). Aber er ist auch anschaulich wirklich und somit unmittelbar auf den erlebenden Menschen bezogen. Zum Wesen der Architektur gehört es nun, daß sie Raum *schafft*. Sie erzeugt Raum, indem sie Potentialität von Raum verwirklicht und einem »Stück Raum« Grenzen setzt. Damit nimmt sie teil an den Eigenschaften von Raum sowohl in seiner Meßbarkeit als auch in seiner Anschaulichkeit. Ein drittes Merkmal von Raum gilt auch für den Architektur-Raum: er wird in der *Dimension der Zeit* als der Dimension der »inneren Anschauung unserer selbst« (Kant) erfahren. »Das Raumerlebnis ist letzten Endes das Erlebnis der Dauer einer Bewegungsempfindung.«[3] Hinsichtlich ihres Räumlichen als »reine äußere Anschauung« (Kant) ist Architektur statisch, hinsichtlich ihres Räumlichen als Bewegungsfeld in der Zeiterfahrung ist sie dynamisch. So antwortet der architektonische Raum physisch-psychischen Grundbedürfnissen des Menschen, der sich als ein Seiender im Raum wahrnimmt und die seienden Dinge in ihrer Räumlichkeit erfährt. Die menschliche, leib-seelische Beschaffenheit ist darauf angewiesen, sich selbst in Beziehung zur gebauten Räumlichkeit zu setzen, die ihrerseits der Wahrnehmung antwortet. Damit gewinnt der Mensch die Möglichkeit, sich einen realen und geistigen Standort im Raum zu geben und die Dinge in ein geordnetes Verhältnis zu sich zu bringen. Er kann dem ständigen natürlichen Zerfall einen Haltepunkt setzen. Er behauptet sich gegen die metaphysischen Mächte von Raum und Zeit[4], indem er sich selbst den Raum in der Zeit schafft.

Der künstlich geschaffene Raum der Architektur befindet sich jeweils im natürlichen Raum.[5] Denn Herstellung von Raum durch Errichtung von Raumkörpern heißt auch Ausgliederung von Raum. Architektur fängt nicht nur Raum ein, indem sie ihn gestaltet, sondern scheidet auch Raum aus durch ihre Körpergebilde im Umraum. Sie realisiert eine Doppelheit von eingrenzender Raum-Setzung und körperhafter Raum-Verdrängung. Sie erzeugt räumliche *Immaterialität* und körperhafte *Materialität*, die aus sich selbst Empfindungen von *Dauer*, *Prozeßsensualität* und *Individualität*[6] hervorrufen.

Diesem besonderen Realitätscharakter von Architektur als einer gestalteten Anschauungsform und Erfahrungsmodalität von Raum in der Zeit wohnen weitere Bezüge zur leib-seelisch-geistigen Wirklichkeit inne. Sie beruhen auf der zweck-funktionalen Bestimmtheit des architektonischen Raumes. Denn das Schaffen eines Architektur-Raumes erfolgt aus vitalen und geistigen *Bedürfnissen* nach ordnendem Verstehen, die Leib und Seele umfassen, und es erfüllt konkrete, ja elementare *Aufgaben*, die jedermann und zu jeder Zeit, wenn auch nicht in gleicher Weise und gleichermaßen, betreffen. Weil Architektur unmittelbar in Lebenszusammenhänge eingepaßt ist, denen sie den gewollten, künstlerischen Rahmen gibt, ist sie aus sich heraus *zweckgerichtet.* Sie besitzt praktische *Gebrauchswerte* – wie diese auch immer formuliert werden –, die ihren Wirklichkeitscharakter als zur Lebenswirklichkeit im kulturellen und sozialen Kontext gehörend konstituieren.

Die mehrsinnigen Gebrauchswerte der Architektur lassen sich zweckfunktional und ontologisch unter dem Begriff »*Wohnen*« zusammenfassen. Damit wird mit Martin Heidegger[7] ein anthropologischer Grundsachverhalt verstanden, der in einem weiteren Sinn das »eingerichtete« und »sich einrichtende« Dasein des Menschen auf der Erde überhaupt, im engeren Sinn aber das Darin-sein in einem Gehäuse meint. Wohnen heißt »Aufenthalt im Geviert bei den Dingen« (Heidegger). Mit der Entwicklung zu einem Kulturwesen verband der Mensch den Wunsch, nicht nur irgendwo, sondern »dort«, und nicht irgendwie, sondern »so« und beständig »zu Hause« zu sein.[8] Er wollte und will sein Zuhause als einen festen »Ort« konstruieren. Er will *»am Ort«* wohnen.[9] Auch sogenannte primitive, halbnomadische Kulturen kennen die Besonderheit des Ortes, den sie, wenn auch nicht als ihren ständigen Lebensraum, aber als magische Stätte ihres Lebenssinnes auszeichnen. Für Nomaden ist da, wo sie ihre Toten begruben und ihren Göttern und Dämonen begegneten und wo für Dämonen, Ahnen und Götter ein Durchlaß aus dem Jenseits in das Diesseits der Familien- und Stammesgemeinschaft bestand, »der Ort«. Denn den Menschen vergangener Kulturen war der Gedanke vertraut, daß »die Jenseitigen« an einem Ort weilten, dort ihren Wohnsitz hatten und sich von dort Zugang zu den Lebenden verschafften. Dieses Wissen begleitet das Seßhaft-werden der frühgeschichtlichen Menschen und ist vielleicht einer der geheimen Ursprünge des Am-Ort-bleiben-Wollens[10], das in der neolithischen Revolution um 10 000 v. Chr. zum Ackerbau, zur Siedlungs- und Städtegründung trieb. Seit dieser Zeit baute der Mensch für sich, seine Familie, die Könige, die Toten und die Götter feste Bleiben, die nicht nur den biologischen Notwendigkeiten des Schutzes und der Wehr gegen Wildnis und gewaltige Natur als Ort von Zuflucht und Geborgenheit dienen sollten, sondern auch seinen besonderen Vorstellungen von Wohnen und den damit verbundenen Einordnungen in seine magischen, religiösen, sozialen und ökonomischen Welten Rechnung trugen. Überdies war es wohl auch die »Selbsterkenntnis des kulturellen Individuums als eines bestimmenden Subjekts«[11], das eines eigenen, festen Hauses bedurfte, wo sich das schweifende Umherziehen zu einem konkreten Ort des Wohnens materialisierte. O. F. Bollnow spricht hier von der »archaischen Binität« Subjekt – Haus, die dann zur doppelten Binität Gemeinschaft – Siedlung geworden ist.[12] Jedenfalls taucht am Beginn der menschlichen Kultur »*das Haus*« auf und ist seitdem zum Inbegriff von Wohnen geworden.

Dieses »Am-Ort-Wohnen« und »In-Häusern-Wohnen« ließ Architektur entstehen. Verkürzt kann man sagen, daß mit der Geburt der Geschichte im engeren Sinn die Geburt der Architektur zusammenfällt. Seitdem wurden dieser eine Vielzahl von Zwecken zugewiesen, die in ihrer Entstehungszeit zunächst nur im Bauwerk des Hauses, des Palastes, der Vorratskammer, des Gehäuses für die Toten und des Tempels konzentriert waren. Darüber hinaus bedurfte der bebaute und umbaute Ort seit eh der künstlichen Verbindungen von Ort zu Ort, die die einzelnen Bauwerke und Bauwerkgruppen zu einer größeren architektonischen Organisation zusammenschlossen und dynamisch über die Grenzen des Ortes hinausdrängten. Aus der räumlichen Gestaltung vitalpraktischer, gemeinschaftsordnender und sinngebender metaphysischer Aufgaben und Interessen war *die Kunst des Bauens* mit ihren geschichtlich und landschaftlich gebundenen Realisationen entstanden.

Zum Wohnen in dem beschriebenen Sinn gehört das Arbeiten. Wohnen und Arbeiten bedingen einander. Um zu wohnen muß der Mensch arbeiten, und ohne einen Ort zu haben, an dem er wohnt, kann er nicht arbeiten. Architektur selbst ist schlechterdings das Ergebnis von Arbeit.

Die Vielfalt des architektonisch Gebauten kann geordnet werden: Zum alltäglichen Leben gehört das *Bauwerk des Hauses* im engeren Sinn; zum Feiern des Kultes *Tempel* und *Kirche*; zur Bestattung der Toten *Grabbauten*; zur mobilen Kommunikation die Bauwerke von *Straßen, Brücken, Treppen* und *Tore*; zum Versammeln und Tauschen *Plätze* und *Hallen*; zum Aufbewahren *Scheunen, Speicher* und *Warenhäuser*; zum Arbeiten *Werkstätten* und *Fabriken*; zu Schutz und Verteidigung *Festungen*; zum Lernen *Schulen* und *Universitäten*; zum Trennen und Isolieren *Mauern* und *Gefängnisse*. Schiffe und Flugzeuge gehören dem Grenzbereich zwischen Maschine und Architektur an. Die Architekturgeschichte unserer Tage hält zudem eine große Zahl von Mischtypen und freien Kombinationsmöglichkeiten bereit.

Wohnen ist zum wenigsten ein privates, der Gesellschaft beraubtes (privation), vielmehr und trotz der archaischen Binität: Subjekt-Haus – und menschheitsgeschichtlich primär –, gesellschaftlich organisiert und interpretiert. Architektur besitzt deshalb vorrangig einen *öffentlichen Charakter*. Das gilt in eminenter Weise für Siedlung und Stadt, aber auch für das einzelne Wohngebäude. »Das Haus als Mitte der Welt«[13]

ist ja prinzipiell in ein öffentliches System von Siedlung oder Stadt eingebunden und nimmt auch in individuellen Sonderformen mit nur privaten Zwecken einen Platz im gesellschaftlichen Kulturganzen ein. Die gestalthafte Seite dieses Zusammenhangs ist überall sichtbar. Entweder fügt sich das Einzelgebäude in das gegliederte, untergliederte, verzweigte und zentrierende Ganze von Siedlungsarchitekturen ein oder stört dieses! Jedenfalls ist es Teil des erbauten Lebensraumes in seiner Gesamtheit. Moderne (postmoderne!) Städteplanung nimmt das Wissen darum wieder auf und versucht, die in diesem Bereich verlorengegangene Lebensqualität neu zu gewinnen. Einzelgebäude können aber auch Architektur-Konglomerate um sich herum »regeln«, ja initiieren, wenn um Klöster, Schlösser und andere öffentliche Gebäude überhaupt erst Anordnungen von Gebäudegruppierung entstanden, die funktional und ästhetisch abhängig geplant waren. Die gebauten Verbindungen von Ort zu Ort, wie wir sie in Brücken, Treppen, Toren und Straßenanlagen besitzen, sind öffentliche Gebäude schlechthin, weil sie Öffentlichkeit herstellen und darstellen.

Architektur muß noch in einem weiteren Zusammenhang gesehen werden. Das architektonische Ensemble befindet sich jeweils im anschaulichen Dialog mit seiner »natürlichen« Umgebung. Diese wird dadurch ästhetisch verändert, gestaltet, verunstaltet. Jedenfalls vermag Architektur die natürliche Landschaft zur künstlichen Landschaft zu stilisieren, und dies mit positiven wie mit negativen Zügen. Wir können beliebig an eine dörfliche Siedlung in den Bergen, an eine Stadt wie New York oder Brasilia denken. Der optische Prospekt ist die Außenseite des inneren Bezuges, den der bauende Mensch zu seinem Lebensraum hat. Die gefundenen, schöpferisch erfundenen, die geplanten und die zufälligen, vielleicht willkürlichen Baugestalten nehmen deshalb nicht nur Zwecke *im* Lebensraum wahr, sondern sind selbst Lebensraum. Haus, Siedlung und Stadt sind des Menschen zweite, künstliche Natur.

Mit dem anthropologischen Begriff des »Wohnens« sprachen wir bisher phänomenologisch zwei konkrete Realisationsfelder an: die Architektur als das einzelne Bauwerk und das, aus welchen Gründen auch immer, zusammengehörende gebaute Ensemble. Beide Phänomenbereiche nehmen teil an dem eigentümlichen Wirklichkeitscharakter von Architektur.

Wirklichkeit erschöpft sich aber, wie erwähnt, nicht nur im äußerlich materiellen und sozialpraktischen Funktionieren, sondern will für den Wahrnehmenden und Erfahrungsbereiten »symbolische Tiefe« haben.[14] Wie der leib-seelisch-geistigen Wirklichkeit des Menschen selbst sind auch der künstlichen Wirklichkeit der Architektur *symbolische Dimensionen* eigen, die sowohl aus ihrer Anschaulichkeit wie aus ihrer jeweils zugewiesenen sozialen Bedeutung herrühren. Weil vom ganzen Menschen mit seinen vielfältigen vitalen und geistigen Bedürfnissen und von seinem sinnfordernden Ausdruckswillen hervorgebracht, sind den genannten Zwecken ideelle Bestimmungen eingeschrieben, die die äußere Wirklichkeit des Gebauten in den anderen Seinsmodus der symbolischen Tiefe einer ästhetischen Gestalt hinein fortsetzen. Schließlich mag die »Wohnung« entweder die Behausung für die Familie mit dem Herdplatz, den Schlaf- und Gemeinschaftsräumen sein, oder als Kammer für die Toten, als Wohnsitz der Götter und Dämonen oder als »Haus Gottes« dienen! Sie kann Königshalle oder Regierungssitz sein. Die Versammlungshalle kann dem Kult, dem Gebet, der Beratung, dem Proklamationswillen der Gemeinschaft oder dem Vergnügen zur Verfügung stehen. Die Straße kann ein Prozessionsweg oder eine sichere Verkehrsverbindung sein, die Treppe eine Freitreppe oder Ort des Défilées der eleganten Gesellschaft, der Platz eine »Cour d'honneur«, Schauplatz für bürgerlichen Handel und Wandel oder für militärische Aufmärsche. Die Unterschiedlichkeit der Zwecke enthält also zugleich unterschiedliche *zeichenhafte Gehalte* und verlangt, anthropologischen Grundsachverhalten gemäß, sinnfälligen Ausdruck und die »sprechende« ästhetische Gestalt.[15] Sie verlangt Darstellung.[16] Denn geschützt am Ort wohnen und arbeiten, dort miteinander, mit den Toten, den Göttern und Gott kommunizieren, am Ort Herrschaft ausüben und es sich da wohl sein lassen, das wollten die Menschen nicht nur seit eh und je. Sie wollten an ihren nützlichen Bauwerken auch *zeigen, wer da wohnt* – ob die Familie, der König oder der Tote –, *wer sich da versammelt* – ob die Sippe, die Bürgerschaft, die betende Gemeinde, die Partei, die Festgesellschaft, die Hörer oder die Zuschauer –, *welches Ziel* die Straße hat usw. Und sie wollen zeigen, *welche Bedeutung* die primären und sekundären sozialen Formen und Verflechtungen in ihrem Denken einnehmen. Das heißt, daß die Menschen immer wieder ihre Vorstellungs- und Gedankenwelten, die über die praktischen Erfordernisse der Architektur hinausgingen, in eben dieser Architektur in Erscheinung treten lassen.[17] Hier konnten sie sie deutlicher darstellen als in anderen Lebensäußerungen. Hier konnten sie die diffuse Symbolik ihrer künstlichen Welt umwandeln. Sie konnten aus der Lebenspraxis ästhetische Anschauung und aus der ästhetischen Anschauung Lebenspraxis machen, und das nicht institutionalisiert, sondern künstlerisch kreativ. Sie konnten der symbolischen Wirklichkeit der Natur die symbolische Wirklichkeit der Kunst entgegensetzen! In der Architektur strebten und streben so konstituierende vitalpraktische und sozialpraktische Zwecke nach Vergegenwärtigung und Darstellung, nach *Repräsentation*. Ihre Formen ragen aus der Zweck-Ebene in eine zeichenhafte Dimension hinein und sind aufgrund der ästhetischen Gestaltetheit »Bilder« von Wirklichkeit.

In die Praxis des menschlichen Lebens integriert und im gesellschaftlichen und persönlichen Bereich verwurzelt, ist Architektur somit nicht nur materieller und zweckerfüllter Ort, sondern auch *geistiger* Ort. Sie vermag das darzustellen, was an Vorstellungen, Interpretationen, Organisationsformen und Systembildungen die praktischen Zwecke durchdringt und regelt. Sie kündet ebenso von magischen, mythischen, politischen und religiösen Inhalten, wie sie selbst aus sozialen, ökonomischen und individuellen Verhältnissen herrührt.

Architektur kann aber auch *reines Zeichen* ohne jeglichen praktischen Zweck sein. In diesem Fall will sie, die dann nichts als ideale Setzung ist, einen Ort bezeichnen, an dem sie das Gedächtnis an ein Numinoses, an ein denkwürdiges Ereignis oder an eine große Idee bewahrt. Solche *Bezeichnungsarchitektur* nennen wir *Mal*.[18] Megalithische Architekturen, wie beispielsweise im britischen Stonehenge, legen die Annahme nahe, daß der andere Ursprung von Architektur neben dem Willen zum »Wohnen-am-Ort« in ihrem Mal-Charakter mit seiner Bezeichnungsfunktion zu suchen ist.

Der in der Geschichte immer wieder manifeste Wunsch, einen bestimmten Ort symbolisch zu überhöhen, hat jedenfalls ursächliche Bedeutung für Architektur. Obwohl Ausdruck von wechselhafter Zeiterfahrung, vermag Baukunst deshalb zugleich als ein Mittel der *Überwindung von Zeitlichkeit* anzutreten. Sie erlangt damit in ihrer »zeitlich naturalen Repräsentation von Anfang an die Idee der Unsterblichkeit«.[19]

Zusammenfassend läßt sich erkennen: Architektur *setzt* Wirklichkeit, weil sie Raum konstituiert, ihn organisiert, ausgliedert, begrenzt und physisch-psychisch erlebbar macht. Sie macht außerdem Wirklichkeit *praktisch verfügbar*, indem sie solche lebensnotwendigen, kulturell-gesellschaftlichen wie individuell geprägten Aufgaben übernimmt, die an den Ort gebunden sind und von da aus geordnet werden können. Sie macht aber auch Wirklichkeit *symbolisch* und *zeichenhaft* sichtbar, da ihrer erfundenen Gestalthaftigkeit ein genuin ästhetischer Charakter eigen ist, der künstlerische Gestaltgebung herausfordert. Damit ist die praktische Wirklichkeit von Architektur durchsetzt von ihrer *Bildhaftigkeit*. In ihrem wirklichkeitsgesättigten Dasein ist ihr Dasein als *Erscheinung* inbegriffen. Weil »Sein in Raum und Zeit eine Weise des Erscheinens«[20] ist, macht Baukunst offenkundig, daß Welt nicht nur praktisch, theoretisch und ethisch bewältigt wird, sondern auf sich selbst verweisende Potenzen der Anschaulichkeit besitzt. Auch sie wollen von Architektur mit den ihr wesensmäßigen Mitteln gestaltend umgesetzt werden.

Gegenüber der materiellen und praktischen Architektur-Wirklichkeit stellt dieses anschauliche In-Erscheinung-Treten eine *Meta-Wirklichkeit*, eine »Mitrealität« (Max Bense), eine »Mitwahrnehmung« (C. Fr. v. Weizsäcker) dar, ausgezeichnet durch die Merkmale des Ästhetischen und Symbolischen. Darin bilden die gebauten Realitätselemente den Stoff ästhetischer und symbolischer Werte, die jenem Materiellen und Funktionalem gegenüber neu und fremd sind wie der Geist gegenüber dem Körper. So werden in der zweckgebundenen materialen Raumsetzung ästhetische Sachverhalte autonom virulent, die zugleich auf Lebenssinn und Weltverständnis der Produzenten hinweisen. Sie wollen vom Rezipienten wiedererkannt und nacherlebt werden.

Das in den Realitätsstücken und Praxiszwecken erscheinende Andere des Ästhetischen ist die gestaltete *Raum-Körper-Figur* der Architektur mit dem Ziel, Kunstwerk sein zu sollen! Sie will vom produzierenden Subjekt im kulturell-gesellschaftlichen Kontext, in kreativer Freiheit und unter den Bedingungen künstlerischer Regelsetzung hervorgebracht werden.

Der vorhandene Bestand an Bauwerken, im Ensemble und einzeln, dokumentiert Wirklichkeitssetzung, Wirklichkeitsgebrauch, Wirklichkeitsinterpretation und ästhetische Erscheinung in unendlicher Fülle und Vielfalt. Er ist mit dem »Stempel des Gewordenen« (Adorno) versehen. In seiner Dauer zeigt er die Kontinuität menschlicher Erfahrungen und Bedürfnisse, in seinem Zerfall die menschliche Geschichte. Im Wandel der Baugestalten läßt er unterschiedliches »Formwollen«[21] von schöpferischen Individuen, von gesellschaftlichen Gruppen, geschichtlichen Epochen und Landschaften bildhaft erscheinen. In seinem Zusammenhang mit Bedingungen des Hervorbringens weist er auf die widerspruchsvolle Ganzheit von Kulturäußerung hin, wohingegen er in seinen ästhetischen Gestaltformen Anteil an Autonomie und Gültigkeit des Kunstwerks über die Zeiten hinweg besitzt.

2.2 Raumform

Die Essenz der Architektur als Erscheinung ist ihre konkrete Raumform. Diese besitzt die sechs Ausdehnungen von oben und unten, rechts und links, vorne und hinten, die schon von Aristoteles benannt wurden; sie bezeichnen nicht den geometrisch vermessenen, sondern den anthropologisch bezogenen Raum. In der Raumform sind alle genannten Zwecke von Wohnen und Tätigsein am Ort prinzipiell erfüllbar. Alle vital-praktischen und sozial-praktischen Bedürfnisse nach künstlichem Raum können darin mit den Bedürfnissen nach symbolischem Ausdruck und künstlerischer Form verbunden werden. Die architektonische Raumform ist deshalb der Sache nach zugleich ein *materielles, ästhetisches* und *symbolisches* Gebilde. Ihren Wirklichkeitsgehalt gewinnt die Raumform aus ihrem materiellen, auf die menschliche Physis und Psyche bezogenen Sein; ihr ästhetischer Charakter begründet die Weise ihres Erscheinens; ihre symbolisch-zeichenhafte Wesensart ist im Zusammenhang ihrer psychischen und ästhetischen Wirkung beschlossen. Wie Wirklichkeit des Wohnens zur Darstellung von Wohnen transzendiert, so transzendiert die Materialität des architektonischen Stoffes und des technischen Verfahrens zur Ästhetik der architektonischen Form und zur zeichenhaften Wirkung des aus Formen gebauten Raumes. Im Begriff der architektonischen Raumform sind also auch die transzendierenden ästhetischen Gegebenheiten und die wirkenden symbolischen Gehalte des gebauten Raumes mitenthalten.

Die architektonische Raumform konstituiert sich aus Faktoren, bei denen die materiellen und immateriellen, die immanenten und transzendierenden Komponenten vielschichtig zusammenwirken: Immer haben wir es in der Architektur mit einer bestimmten Bauart oder Konstruktion, mit einem so und so gearteten Raumkörper und mit einer Flächenkategorie zu tun, die als Bildhaftigkeit von Konstruktion und Raumkörper in Erscheinung tritt.[22] Alle drei Faktoren haben ihr eigenes Wesen mit unterschiedlichen Inhalten und Werten. Systematisch betrachtet bilden sie die strukturalen Grundelemente der Raumform. In phänomenologischer Hinsicht ist sowohl ihr einzelnes Sosein wie ihr interdependenter Wirkungszusammenhang von Bedeutung. Auf ihre Qualitäten kommt es an, wenn von Baukunst gesprochen wird. Da, wo die stofflich und konstruktiv bedingten Materialeigenschaften des Verfahrens, wo die Ausdruckseigenschaften des Raumes und die Gefügeeigenschaften des körperhaften »Bildes« originär, ganzheitlich und eindringlich Gestalt gewonnen haben – wobei das eine, das andere oder das dritte den Ton angeben mag –, ist baukünstlerische Qualität vorhanden. Und die Kunstgeschichte der Architektur ist es, die den Wandel dieses punktuell unterschiedlichen Ineinander der Faktoren bedenkt.[23]

Konstitutiv für das Sein der Raumform ist ihre *Konstruktion*. Allgemein kann man mit Mies van der Rohe sagen – den besonderen modernen Anspruch aussparend –, daß Architektur da entsteht, wo jeweilige Technik ihre Erfüllung findet. Damit sind die beiden Aspekte der architektonischen Konstruktion angesprochen, konkrete Bedingung für Baukunst zu sein und als solche für die architektonische Erscheinung ästhetische Relevanz und symbolische Bedeutung zu besitzen.

Konstruktion ist Ergebnis aus Verfahren, die zur Herstellung des Bauwerks bestimmte Materialien nach bestimmten technischen Regeln benutzen. Das geschieht einmal in der Weise, daß aus der stofflichen Eigenart des Baumaterials das technische *Ziel* des Bauens, der Raumkörper, entwickelt und so Raum mit Hilfe körperhafter Gebilde erzeugt wird. Die konstruktiven Verfahren erreichen ihr erstes und engeres Ziel, wenn sie den Materialien zu statischer Konsistenz verhelfen. Indem sich der Baumeister in die stofflichen Bedingungen der Konstruktion handwerklich »einfühlt« – wie in alter Zeit – oder theoretisch in sie »eindringt« – wie neuerdings –, um entsprechende Verfahren zu gewinnen, zwingt er die Gesetze der Schwerkraft praktisch in den Dienst der Architektur. Zugleich erlangt er die Voraussetzungen, über die Praxis hinauszugehen und Material und Technik im Sinne einer erstrebten Bildästhetik »zum Sprechen« zu bringen und ihre immanenten anschaulichen Werte künstlerisch zu nutzen. In primitiven Kulturen flochten die Menschen Wände und Dächer ihrer Behausungen aus Zweigen, Binsen und Blättern, verstärkten sie durch Lehm und Mist und gelangten zu materialgerechten, dem Klima angemessenen Bauformen, wie wir sie zum Teil noch in der afrikanischen Äquatorzone antreffen können. Ihr Formwille drängte diese anonymen Baumeister dazu, die naturgegebenen Baustoffe mit Hilfe hoher handwerklicher Fertigkeiten in künstlerische Gestalten hineinzuverwandeln, indem sie den innewohnenden ästhetischen Reiz des materiellen Formenrepertoires zusammen mit den darstellenden Möglichkeiten des Verfahrens spielerisch und phantasievoll ausnutzten. Daß hierbei beispielsweise dem Flechtwerk vielfach textile Strukuren gegeben wurden, weist deshalb nicht nur auf traditionsreiche Erfahrung hinsichtlich statischer Erfordernisse, sondern auch auf die Lust an ästhetischer Umsetzung hin. Im holzreichen Norden und in der Mitte Europas fügten dagegen Zimmerleute schon in vorgeschichtlicher Zeit Block- und Ständerhäuser aus Pfosten, Balken, Streben, Rund- und Kanthölzern zusammen, deren Gefache mit einer Masse aus Ruten und Strohlehm ausgestrichen wurden. Aus der späteren Kultur des Fachwerkbaus läßt sich rückschließen, daß begabte Handwerker auch hierbei schon die besonderen graphischen Reize von Fläche und Linie erkannten und damit spielten. Überdies gab skulptierende Bearbeitung den Pfosten, Rahmen und Riegeln zusätzliche Ornamentik, in dem Umfang, in dem das Verlangen nach symbolischer Aussage und Schmuckfreude ihrer bedurfte.

Im Mittelmeerraum wurden vornehmlich Mauertechniken aus behauenen und unbehauenen Steinen gefunden und erprobt. In Ägypten entstanden die ersten monumentalen Steinbauten, die von höchster technischer Leistungsfähigkeit zeugen. Ästhetische Qualität und symbolische Bedeutsamkeit der Pharaonenarchitektur hängen eng mit der eigentümlichen Potenz ihrer architektonischen Konstruktion zusammen, technische Vollkommenheit darstellen und Baumaterial sprechen lassen zu können. Die Griechen brachten die Steinmauertechnik zur Vollendung. Die mörtellosen Fugen der Kalkstein- und Marmorblöcke griechischer Tempel sind so genau angepaßt, daß kein Messerrücken eindringen kann. Diese handwerkliche Kunstfertigkeit zusammen mit dem lichtgesättigten Glanz des Materials hat nicht geringen Anteil an der Schönheit der Tempelbauten, wie sie zu ihrer Zeit Ziel des Bauhandwerks war. Die Römer mauerten dann vielfach mit gebrannten Ziegeln oder einer Betonmasse aus Schotter und Kalk, die sie nach innen und außen säuberlich verputzten oder mit Marmorplatten verkleideten. So verbargen sie ihre virtuose Mauer- und Wölbetechnik hinter schmückenden Verblendungen.

Die Materialien Holz, Stein, Ziegel und Beton blieben in Europa die meist verwendeten Baustoffe bis zur Neuzeit und bestimmen die landschaftlich gebundenen Stilepochen hinsichtlich ihrer Konstruktionspraxis. Erst seit runden hundert Jahren hat der Baumeister neue Techniken der Eisen-, Glas-, Stahl- und Spannbetonkonstruktion zur Verfügung, die auch neue ästhetische Reize ermöglichen. Mit diesen neuen Techniken ist er zum Baumeister-Ingenieur geworden. So entstand architektonische Konstruktion seit eh in Blätter- und Schilfhütten, in Lehm-, Fachwerk- und Zeltbauten, in Ziegel-, Bruchstein-, Quader- und Betonbauten, in Gerüstbauten aus Eisen und Stahl und vielerlei Mischtypen der Massiv- und Skelettbauweise. Hierin entfaltete sie immer wieder neue Formgedanken und Ausdruckswerte.

Aber architektonisch konstruieren heißt nicht nur, Wände und Dächer aus geeignetem Material praktisch aufzuführen und gewollt oder ungewollt Stoff und Verfahren »sprechen« zu lassen. Es heißt auch *Entwerfen aus einem rechnenden Denken* heraus, das die Praxis des Bauens unmittelbar zu bestimmen in der Lage ist. Konstruktion ist damit nicht nur ein sichtbares Fügen, sondern auch Materialisation erprobter und errechneter Verhältnisse.[24] Daß hierin Baumeister schon früh Instrumente ihrer Weltsicht erkannten, gehörte offenbar nicht nur in Mesopotamien und im Mittelmeerraum, sondern auch in amerikanischen Alt-Kulturen zu den »Inhalten« architektonischer Konstruktion. Seit den ersten Hochkulturen fand die Entdeckung der mathematischen Abstraktion gerade dort ihr besonderes Betätigungsfeld, wo sie als Hilfsmittel für die Ordnung von Tätigkeiten zur Beherrschung der Natur, in einem weiteren Zusammenhang zur Beherrschung des Baumaterials und damit für die Erschaffung von Raumgestalten genutzt wurde. Als Baumeister in Mesopotamien und Ägypten Großbauten aus Stein errichteten, um architektonischen Gebilden eine besondere Entsprechung zur errechneten kosmischen Ordnung zu geben, wurden *geometrische Figuren* mit ihren Abarten, Durchdringungen und Kombinationen zu Grundelementen der Architektur. Die überlieferte handwerkliche Erfahrung des Bauens wurde vom *mathematischen Modell* durchsetzt. Und dieses selbst stand im Dienst der Begegnung von irdischem Diesseits und kosmischem Jenseits.

Seit Pythagoras im 6. Jahrhundert v. Chr. in den Zahlenverhältnissen der Tonleiter eine symbolische Darstellung des Lebens und den Inbegriff kosmischer Ordnung entdeckte, drangen auch in die abendländische Konstruktionsgeschichte exakte mathematische Verhältnisse ein, selbst wenn sie im Einzelfall nicht im Sinne bewußter Widerspiegelung verwendet wurden. Die philosophische Deutung der naturunabhängigen Formenwelt der Kreise, Dreiecke, Quadrate, Kuben, Pyramiden und Kegel mit ihren Verhältnisbeziehungen, ob als natürliches Abbild der Ideen (Plato) oder als Prinzipien der Natur (Aristoteles) gedacht, bildete den Nährboden für eine mathematische Praxisgrundlage der Architektur.[25] Architektur verwandelte sich damit sowohl zur Symbolgestalt mathematischer Regeln als auch zum handwerklichen Erprobungsfeld für die Erkenntnis von Naturgesetzen. Aus dem gleichen Nährboden gewann sie nun die Normen für das, was unter ihrer *Schönheit* zu verstehen war. Denn als die widerstrebenden Kräfte von Last und Stütze in den Motiven von Grundriß, Wand, Stütze und Decke nach Maßstab festgelegter geometrischer Ordnungen bewältigt werden konnten, boten sie auch das Betätigungsfeld für einen normativen ästhetischen Formwillen. In der daraus begründeten Entwicklung erhielten Triangulatur, Quadratur und Achtort[26] den Rang baukünstlerischer Prinzipien und wurden Voraussetzung für praktische Arbeitsmethoden.[27] Ovale und ellipsoide Figuren vervollständigten seit der Renaissance bis heute das geometrische Repertoire, während aus dem Fundus mathematischer Verhältnisse immer wieder bestimmte Regelsysteme, wie beispielsweise der Goldene Schnitt, zur Verwendung kamen.

Auf diese Weise bemühten sich griechische, römische, mittelalterliche und neuzeitliche Baumeister um die Verwirklichung der Erkenntnis, daß die Stereometrie der Grund- und Aufrisse sich analog verhalten müsse wie die Teile zum Ganzen. Widerspiegelung der schön geordneten Welt (Antike), Gleichnis der Schöpfungsordnung (Mittelalter), Ideal harmonischer Verhältnisse als Nach-Schöpfung (Renaissance) und Ästhetik komplizierter mathematischer Beziehungen (Barock), das waren Analogiemodelle symbolisch verstandener Architekturkonstruktion in den verschiedenen Stilepochen europäischer Geschichte. Mit der Dominanz des rechten Winkels nimmt noch das Weimarer Bauhaus im Zusammenhang mit der De-Stijl-Bewegung dieses Analogie-Denkens auf; wenn auch sein Bezug zum funktional und industriell definierten Lebensganzen andere Begründungen setzte.

In der Mitte des 20. Jahrhunderts machte sich die Technologie der architektonischen Konstruktion insofern weitgehend selbständig, als sie sich nahezu ausschließlich als Grundlage von Massenproduktion mit rational-praktischen und ökonomischen Maßstäben verstand. Ästhetik und Zeichenhaftigkeit der Konstruktion werden hierbei zum Luxus und dem Diktat wirtschaftlicher Rentabilität geopfert. Der integrative Zusammenhang zwischen Technik, Ästhetik und Symbolik ging verloren. Hier sucht die »Postmoderne« wieder neue Ansätze.

Architektonische Konstruktion als Bedingung der architektonischen Raumform besitzt ein Janusgesicht. Denn einerseits bewirken Materialcharakter und ablesbares technisches Verfahren den unmittelbaren Ausdruck des Konstruktes. Und diese Ausdrucksqualitäten sind in der Lage, Träger symbolischer Bedeutung zu sein. Andererseits schlägt sich das dem Vorgang des Bauens zugrundeliegende Denkgerüst mathematischer Beziehungen aber mittelbar in der Ästhetik als Darstellung abstrakter Verhältnisse nieder.

Die Geschichte der Architektur ist eine riesige Beispielsammlung, in welcher die Rolle der Konstruktion im Hinblick auf ästhetische und symbolische Bedeutung von kunstfertigem Verfahren, von Materialcharakter und von mathematisch begründeter konstruktiver Phantasie studiert werden kann. Kein Baustil ist ohne die Ästhetik seiner Technik zu interpretieren und zu bewerten.[28] Bei einer kunstphilosophischen Betrachtung aus diesem Blickwinkel tauchen allerdings Fragen auf: Wieweit ist ein Baustil tatsächlich abhängig vom verbauten Material, vom Verfahren und von seinem mathematischen Gerüst? Bestimmen die jeweils bewußt oder unbewußt gesuchten symbolischen und ästhetischen Werte eine Auswahl des Materials, der Technik und der Verhältnisse oder umgekehrt? Haben etwa mediterrane Baumeister erst die Technik des Wölbens erfunden und dann ihre symbolisch-ästhetische Wirkung eingesetzt? Oder suchten sie zuerst danach, wie sie die Himmelskalotte nachahmen könnten und erfanden auf diesem Wege das gewölbte Kreisrund? Antworten auf solche Fragen, weil empirisch nicht erweisbar, liefert die Architekturgeschichte nicht; Antworten gibt allenfalls die Kunstphilosophie, indem sie – verkürzt gesagt – das Wesen der Architektur entweder als Abbild von Ideen in der Dialektik von Wirklichkeit und Erscheinung oder als monokausale Mimesis ökonomisch bedingter gesellschaftlicher Zwecke bestimmt. Das Deutungsmuster einer Philosophie der Raumform hängt von ihrem Ausgangspunkt ab: einen anderen Interpretationsrahmen erhält sie, wenn sie von der beschriebenen Dialektik ausgeht, einen anderen, wenn sie materialistische Prämissen setzt. Dabei muß jedenfalls der empirisch feststellbare Sachverhalt, daß Konstruktion auch immer ein mehr oder weniger zwangsläufiges Ergebnis handwerklicher Erfahrung und praktischer Berechnung ist, einbezogen sein.

Weitere Merkmale bestimmen die Kategorie der Raumform. Zunächst gilt es, vom *Raum-Körper-sein* der Architektur zu sprechen, die zugleich ihr *Raum-haben* bedeutet. Raum-Körper-sein von Architektur besitzt Erscheinungsweisen, die einander bedingen und syntaktisch aufeinander bezogen, aber von gänzlich unterschiedlicher Art sind: da gibt es ein *Innen*, das Raum umschließt. Und es gibt ein *Außen*, eben dieses Innen, das sich als ein Körper im Umraum oder als die feste Grenze dieses Innen zeigt. Während aber das räumliche Innen in seiner Identität von Ausdehnung und Schrumpfung ein Unbeschreibliches, Diffuses ist, kommt dem räumlichen Außen als »freies« Volumen oder als Raumgrenze alle Festigkeit und Konkretheit materieller Gebilde zu. Raum wird dadurch zum architektonischen Innenraum, daß seiner »Kontinuität des Ausgedehnten« (Bergson) Grenzen durch konstruierte Gestalten gesetzt werden. Das körperhafte Außen teilt dem »negativen« Innen des Architektur-Raumes erst seine »positive« Gestalt zu. Architektonisches Innen existiert nicht ohne das architektonische

Außen. Dieses ist die Prägung, die dem Innen gegeben wird. Als konkrete Gestalt ist es aber gegenüber dem Innen auch ein Selbständiges, das sich aus dem Eigenen seiner materiellen Form dem Innen widersetzen kann. Innen und Außen der Architektur stehen zueinander im Spannungsverhältnis des vereinten Unterschiedenen.

Der architektonische Innenraum muß zunächst im Zusammenhang mit seiner phylogenetisch begründeten Symbolik verstanden werden. Er ist der dem Menschen notwendige, seiner beweglichen Körperlichkeit angemessene und von ihm künstlich fest umgrenzte Begleitraum, in dem sich der Bewohner gegen eine feindliche Wildnis und eine grenzenlose Natur, schließlich allgemein gegen Fremdes und Fremde schützen kann, in dem sein leib-seelisches Dasein einen geborgenen Platz findet. Er ist Besitzergreifen einer Stätte und Bezeichnen eines Ortes durch Scheidung vom Außen. My home is my castle! Er ist das schlechthinnige »Zuhause«. Deshalb ist dieses Innen symbolgesättigt, während das Außen durch die Bildhaftigkeit seiner voluminösen Gestalt formalästhetischen Kriterien ausgesetzt ist. Da sich der architektonische Raum jeweils bis an seine Grenzen erstreckt, um sich dort zum Körper »zusammenzuziehen«[29], steht dem *Raum-sein* des Innen das *Raum-haben* des gebauten Volumens gegenüber.[30] Heidegger sagt dazu »extensio« und »spatio«.

Nicht nur faktisch, sondern auch wahrnehmungspsychologisch fordert das architektonische Volumen seinen eigenen Raum. Gleichermaßen wie dieses sowohl Äußeres eines Bauwerkes, also Baukörper, als auch voluminöse (innere) Raumgrenze sein kann, wird es sich entweder auf das räumliche Innen rückbeziehen oder selbst Bezugspunkt eines Raumfeldes sein. Dieses Raumfeld selber vermag wiederum »luftiges« Innen zu werden, wenn umgebende Baukörper eine Hof- oder Platzarchitektur bilden. So können sich immer wieder Begegnungen von Außen und Innen vollziehen, deren Art und Qualität die jeweilige Raumform bestimmen.

In eigenen Typen fand die Begegnung zwischen Innen und Außen in der Architekturgeschichte Gestalt. Da gibt es beispielsweise die Höfe, Wandelgänge, Lauben, Galerien, die Antecella, die Loggia, Terrasse, Veranda, den Narthex, das Atrium, den Kreuzgang. Man könnte eine Geschichte der Baukunst schreiben, in der eigens das besondere Verhältnis von innerer und äußerer Raumform untersucht wird. Man fände nicht nur ungemein reizvolle und kunstgeschichtlich bedeutsame Lösungen dieses Grundproblems der Architektur, sondern hielte im Hinblick auf seine jeweilige Symbolik auch einen Schlüssel zum Verständnis tiefgründiger Lebensäußerungen in der Hand, die in diesen Typen ihr Abbild gefunden hatten.³¹

Dem vorher beschriebenen Realitätscharakter folgend, schließt das Strukturphänomen »Raumform« anthropologische Sachverhalte mit ein. »Extensio« und »Spatio« ruhen ja ästhetisch nicht nur in sich selbst, sondern sind Antwort auf Gebrauch und Erleben.³² Raum-sein und Raum-haben von Architektur werden erst dadurch virulent, daß geschichtliche Individuen und Gruppen in geschichtlich eigentümlicher Weise im gebauten Raum sind und gebauten Raum ästhetisch haben. Zwar ist der physische Raum mit seiner »anfänglichen Beziehung zur Form, zum Ausmaß, zum Material und zur technischen Lösung«³³ auch Grundlage des architektonischen Raumes, der sich damit gewissermaßen jenseits der Geschichte befindet. Andererseits fließen aber alle nur geschichtlich zu verstehenden Lebensbezüge in den architektonischen Raum ein und können im Verhältnis dazu abgelesen werden.³⁴

Raum-sein und Raum-haben enthalten die Kategorie des *Raumerlebnisses*. Dieses ist psychosomatisch zunächst Leiberfahrung³⁵ und hängt vom Gefühl für Bewegungsmöglichkeit ab.³⁶ Für den Menschen ist Raum eine notwendige Anschauung »a priori« (Kant), weil wir unsere simultanen Wahrnehmungen durchweg in räumlicher Form machen. Raumerlebnis ist aber auch Zeiterfahrung: wir umschreiten einen Raum, wir durchmessen, fühlen, ahnen und bewerten ihn. Das Ich erlebt sich dabei in einer tiefen Weise jenseits von Rationalität. Diese elementare und in gewisser Weise schöpferische Erfahrungsdimension, bei der die Phantasie eine große Rolle spielt³⁷, findet in der bestimmenden Gestalt der jeweiligen Raumform der Architektur einen festen Halt und bekommt inhaltliche Qualitäten. Da sind wir »Mitspieler« und nicht nur Zuschauer.³⁸ Den Einfluß, den die Raumform auf unsere Psyche ausübt, erleben wir auch physisch. Architektonischer Raum kann bedrücken oder erheben, er kann befreiend oder furchterregend wirken, er kann feierlich oder ängstlich stimmen. Zwischenräume laden zum Verweilen ein oder motivieren unsere Bewegung. Wir fühlen Weite oder Geschlossenheit eines Platzes, die Beweglichkeit einer von Häusern umstandenen Straßenzeile oder ihre langweilige Öde, das Kosmische eines Kuppelraumes, den horror vacui eines leeren Raumes und die Schrecken eines lichtlosen Bunkers. Wir erleben die Ecke als eine solche, den Verweilraum, den Bewegungsraum, den ge- oder zergliederten Raum, den statischen und dynamischen Raum, die Nische, den Korridor und den Schacht. So sprechen alle räumlichen Merkmale ihre besondere Sprache: die Maßverhältnisse, die Verbindung von Innen und Außen, Art und Material der Raumgrenzen und der Volumina, die Rolle des Lichtes. Sie rühren tiefe leib-seelische Schichten an und bewirken die »Tonart« unserer Architekturerlebnisse. Gebauter und umbauter Raum wird für uns zum »Stimmungsraum«, zum »Seelenraum«.[39] Mensch und Raum stehen ontologisch und geschichtlich in einer psychischen Korrespondenz.

Die Abhängigkeit unserer architektonischen Raumerfahrung von physischen und psychischen Faktoren ist Gegenstand neuerer Forschung.[40] Wie wirken sich Persönlichkeitsmerkmale des Betrachters, seine Erfahrungen und Gefühlslage, seine psychische Vergangenheit und Erwartungshaltung aus? Und wie beeinflußt umgekehrt die tatsächliche Höhe eines Innenraumes oder eines Baukörpers unser Raumempfinden? Welche Gefühle weckt in uns die räumliche Ausdehnung in der Ebene? Räumliche Lust- und Angstgefühle dringen bis in unsere Träume vor. Tabellen und Angaben über Maßnormen, die unserem modernen Baugebaren zugrunde liegen, versuchen auf solche Erkenntnisse Rücksicht zu nehmen, obwohl die Irrationalität der Raumerfahrung, weil sowohl von der objektiven Ästhetik der Raumform wie von ihrer subjektiven Rezeption abhängig, nicht qualifizierbar, d. h. nicht restlos wissenschaftlich erfaßbar ist. Hier sind kunstphilosophische und kunstgeschichtliche Betrachtung am Platze.

Die Erkenntnis, daß unsere Raumerfahrung im Bereich der Architektur nicht nur von psychosomatischen, sondern auch von normativen ästhetischen Komponenten vermittelt wird, führt uns notwendig zum Begriff der *Bildhaftigkeit* als einer Strukturkategorie der architektonischen Raumform. Alles, was wir vom Raum-sein und Raum-haben des Gebauten hinsichtlich ihrer objektiven Sachverhalte und subjektiven Erlebnisdimensionen gesagt haben, besitzt für uns auch den Charakter des »Bildes«, und zwar – weil vom Baumeister in bestimmten Materialien und mit Hilfe bestimmter Techniken errichtet – den Charakter eines Bildes mit nur ihm eigentümlichen ästhetischen Werten und symbolischen Gehalten. In der Anschauung wird uns der Raum zum Bild geordnet! Vom Raumerlebnis aus diffuser Empfindung verschiebt sich der Akzent hin zur genauen Wahrnehmung eines bestimmten Raum-Bildes. Wir schauen ins Antlitz der Architektur und treten aus der Gefühlswelt lebendigen körperhaften Daseins in den *Vorgang des erkennenden Schauens* ein.

Der Bildcharakter von Raum-sein und Raum-haben sowohl als Innen wie als Außen wird durch Sachverhalte geprägt, die voneinander unabhängig bestehen, aber, ob geplant oder nicht, zusammenwirken.

Die Hauptrolle spielt hierbei die *Raum-grenze* in ihrer unterschiedlichen Möglichkeit, entweder Wand oder Körper-im-Raum zu sein. Zusätzlich kommt aber auch dem *Licht* eine hohe Bedeutung für ein jeweiliges Raumbild zu. Licht verstärkt oder vermindert die Formen der Grenze. Während die jeweilige Wand oder der jeweilige Körper-im-Raum in ihrer begrenzenden Funktion das statische Element verkörpern und deshalb wie ein stehendes Bild gelesen werden wollen – bestimmte Stile in der Architekturgeschichte entwickeln gerade in der Entfaltung der Raumgrenze zum Bild ihre ästhetischen Prinzipien –, bringt das natürliche Licht als ein kosmisches Phänomen Leben und Sinnfülle in das ruhige Dasein des architektonisch Bleibenden. Wandernde Schatten verwandeln die ruhige Bildfläche in lebhaftes Farbenspiel: ein plötzlicher Lichteinfall vermag sie in ein unruhiges, bedeutungsschwangeres Raumbild zu verändern. Wer das farbig schimmernde Licht der Kathedralfenster von Chartres einmal beobachtete, versteht, daß die dem Transzendenten offenen Menschen mittelalterlicher Zeit die Metaphorik alles Seienden auch wahrnehmend verstehen konnten. Eines theologischen Schlusses bedurfte es da nicht unbedingt, um den Kirchenraum als Bild und Gleichnis zu schauen! Auch künstliches Licht übernimmt ästhetische Funktionen innerhalb von Raumgrenzen. Es kann einen voll ausgeleuchteten Raum starr und tot machen, es kann ihn aber auch punktuell steigern.

Auf die unterschiedlichen Bild-Wirkungen des Lichtes sind die kunstwissenschaftlichen Grundbegriffe von »Fülle« und »Form« anwendbar.[41] Während nämlich die gebaute Raumgrenze materiell das fest Geformte des Raumes darstellt, bringt das wandernde, sich ausbreitende und konturlos fließende Licht dessen Substanzlosigkeit zur Sprache. Die antithetischen Elemente von »Fülle« und »Form« gehen dabei vielfältige Synthesen ein, die zu einem wichtigen Merkmal des jeweiligen architektonischen Bildes werden. Je stärker der Einfluß des Lichtes, auch als Abwesendes, desto mehr verliert die feste Form der Raumgrenze an Eigenwert. Ein Platz in gleißender Sonne zerfließt formlos in der Fülle optischer Helligkeit, während in der Dämmernis eines gewölbten Raumes dessen Materialität aufhört zu wirken. Die »Raum-Fülle« hat die »Raum-Form« verschluckt.

In jeder bedeutenden Bauschöpfung kommt deshalb dem Spiel des Lichtes mit den Körperformen des Raumes hohe Wichtigkeit zu. Dabei kann es sich um symbolisch-ästhetische oder formal-ästhetische Funktionen handeln, die diesem Spiel zugedacht wurden. Als ob der atmosphärische Kosmos in das gebaute Rund eindringen wollte, so fällt beispielsweise das Tageslicht durch das große Loch im Zenit des Kuppelraumes des römischen Pantheons. Auch für die »diaphane« Schichtenstruktur des hochgotischen Kirchenraumes[42] übernimmt das farbig gefilterte Licht allegorische Aussagen, die zur thematischen Aussage der Motive in den Fensterbildern hinzukommen. Wenn aber der moderne Architekt Arthur Erikson davon spricht, daß Architektur eine »Antwort auf das Licht« sei, so meinte er sicherlich nur dessen formalästhetische Wirkung auf das Gebaute. Während es der nüchternen wissenschaftlichen Sprache kaum gelingen kann, Art und Wirkung des Lichtes für einen bestimmten Raum auszudrücken, haben kunstwissenschaftliche Beschreibung und Analyse von Raumgrenzen als Wand und Körper-im-Raum längst ihre Methodik und Begrifflichkeit in den Form- und Stilbestimmungen gefunden, in denen jeweils der besondere künstlerische Charakter zur Sprache gebracht werden kann.

Die Bildhaftigkeit von Architektur fordert uns heraus, sie auf ihre abstrakten Gehalte hin zu prüfen, wie es auch Bildwerke von uns verlangen. Während aber Bildwerke außerkünstlerische Inhalte narrativ oder in Form von »Sujets« oder »Bildmotiven« mimetisch thematisieren können – die sogenannte abstrakte Kunst verweigert sich allerdings solchen Sujets bzw. Motiven –, ist der »Inhalt« des »Bildes« Architektur *die Sprache ihrer Raumform* selbst. Diese Sprache hebt die Form des Raumes oder der Körper-im-Raum in die Sphäre von erlebtem Ausdruck und Darstellung von gegenstandslosen Inhalten und Werten. Architektur in ihrer Bildhaftigkeit besitzt deshalb den Charakter des »*Realsymbols*«, bei dem Zeichen und Bezeichnetes in eins zusammenfallen (symballein), und realisiert die Ausdruckskraft von »Schlüsselgebärden der Form«. Beispielsweise drückt die monumentale Reihung der Säulenplastiken vor dem sparsam gegliederten, eher flächigen Raumgrund der Ostfassade des Louvre zugleich einförmig und vornehm Anspruch und Distanz der Herrscherpersönlichkeit Ludwigs XIV. aus, ohne daß erklärende Zusätze nötig wären.

Architektur als Bild wird aber nicht nur vom Ausdruck architektonischer Figuren bestimmt, sondern, wie schon erwähnt, auch von der Wirkung beeinflußt, die von *Material* und *Technik* selbst ausgeht.[43] Am Material Stein ist dies einleuchtend darzulegen: Schwere und Verschlossenheit des Steins machten ihn, vor allem wenn er nur grob behauen ist, seit der Frühzeit des Bauens zum Bild von Machtwillen und Todesgedanken, wie wir es noch heute an Menhiren und Dolmengräbern spüren können. Die Unvergänglichkeit des Steins verlieh diesem eine Aura des Numinosen: der Omphalos von Delphi war der Nabel der

Welt. Und die Kaaba von Mekka vermag in ihrer Statik eines ruhenden Steins bis heute allumfassendes religiöses Symbol zu sein. Mahnmal, Denkmal und Heiligtum war der Stein also von je schon aus sich selbst – Nomadenvölker Nordafrikas und Anden-Indianer kannten die Sitte, daß Vorüberziehende einen Stein an heiligem Ort niederlegten – und wurde es überdies durch sorgfältige Schichtung und künstlerische Verwendung. Die gewaltigen, sauber gefügten Blöcke des Königspalastes von Persepolis beispielsweise boten das Bild scheinbar unzerstörbarer Macht und Alleinherrscher. Reste der uralten Vorstellung vom Stein als Bild von »Entrückung und sprechendem Schweigen«[44] sind auch uns geblieben, wenn wir Monolithen auf unsere Gräber stellen. Italienische Adelsgeschlechter stellten ihre Paläste im 15. Jahrhundert auf mächtige Sockel von bossierten Quadern oder verstärkten deren Bildwirkung von Dauer und Härte durch eine diamantenschliffähnliche Bearbeitung, wie beim Palazzo Diamanti in Ferrara oder Bevilacqua in Bologna zu sehen. Hingegen zeigen Fassaden von bäuerlichen Fachwerkbauten Westfalens das bildhafte Zusammenwirken von Material und Technik im Raster von schwarzgerahmten weißen Feldern weniger symbolisch als formalästhetisch.

Alle genannten Bereiche – Technik, Material, Raum-Körpergestalt und Formfigurationen – wirken bildhaft zusammen und machen in ihrer Unterschiedlichkeit die individuelle und traditionelle Besonderheit der jeweiligen Raumform aus. Die Akzente mögen dabei mehr im abstrakt-figürlichen oder im technisch-materialen Bereich liegen oder auch beide ambivalent verbinden. Die Raumform, die uns beispielsweise die Kathedrale von Notre-Dame in Paris bietet, ist sowohl »Bild« einer Komposition aus Vertikalen und Horizontalen mit gleichmäßig rhythmisch gereihten Gliedern als auch Bild der Schubkräfte von streng angeordneten, weißgrauen Mauermassen, die in schlanken Volumen auf- und voreinandergeschichtet sind. Daß dieses architektonische Bild der Notre-Dame-Fassade darüber hinaus im Mittelalter eine festgelegte, symbolische Darstellungsfunktion besaß, die sowohl in Maß, Zahl und Einzelform ebenso wie in der thematischen Bauplastik aufzufinden ist, bedeutet ein Mehr an Bildhaftigkeit, welches die Sprache der architektonischen Figurationen in ihrem thematisch festgelegten symbolischen Sinn aufgehen läßt.

Architektonische Raumformen mit ihrem ästhetischen Gefüge und dem darin enthaltenen zeichenhaften Ausdruck können somit geschichtlich gebundene symbolische Inhalte aufnehmen, die die Bildhaftigkeit in Bedeutungsgehalte vertiefen. Bildhaftigkeit von Architektur besitzt also *formalästhetische, materialästhetische* und *raumästhetische* Merkmale, die in einen zeichenhaften Ausdruck übergehen und einen symbolischen Sinn enthalten können. Sie ist ästhetische Symbolbildung aufgrund von jeweiliger formaler Symptombildung und als Ganzes punktuell und kontinuierlich in den geschichtlichen Kontext eingebunden.

Das komplexe und differenzierte Wesen der architektonischen Raumform hat zur Folge, daß verschiedenartigste Zugänge der Beobachtung, Untersuchung, Beurteilung und Interpretation möglich sind. In der älteren Ästhetik, die zugleich Kunstphilosophie ist, nimmt die Architektur als eine der klassischen Kunstgattungen einen wichtigen Platz ein. Immanuel Kant erkennt in ihr vor allem die Verwirklichung der baulichen Prinzipien von Tragen und Lasten, in denen die Prinzipien des Anorganischen in Erscheinung träten.[45] F. W. J. Schelling ist hingegen der Ansicht, daß Architektur als schöne Kunst den Organismus als das Wesen des Anorganischen darzustellen habe.[46]

Die kunstgeschichtliche Forschung betrachtet Architektur eher in ihrem stilistischen Wandel und in der künstlerischen Eigenart des einzelnen Bauwerks.[47] Die subjektiven psychischen Prozesse, die sich im Raum-sein und Raum-haben von Architektur ereignen, sind der Sache nach Gegenstand psychologisierender Ästhetik und Wahrnehmungspsychologie, wurden aber in die allgemeine Ästhetik der Architektur bislang kaum aufgenommen. Die Disziplin der Semiotik beginnt neuerdings, sich der Zeichenhaftigkeit der Architektur theoretisch zu bemächtigen[48], während Ikonologie und Ikonographie danach fragen, welche inhaltlichen Mitteilungen durch die ästhetischen Tatbestände verbindlich ausgedrückt wurden.[49] Daß hierbei notwendig die Interdependenzen zwischen gesellschaftlichen Vorstellungen und Bedürfnissen und baukünstlerischer Gestalt systematisch einbezogen werden, ergibt sich aus der tatsächlichen Integration von Wirklichkeits- und Erscheinungsstruktur der Architektur.[50]

2.3 Bildformen

»Die Architektur hat, als die Musik der Plastik, wie jene einen rhythmischen, harmonischen und melodischen Teil«, sagt Schelling in seiner *Philosophie der Kunst* (§ 114). Diese Begrifflichkeit weist darauf hin, daß eine Untersuchung der Bild-Ästhetik der Baukunst damit rechnen muß, daß sich architektonische Bildhaftigkeit nach unterschiedlichen

Formen entfaltet. Es geht dabei um ästhetische Ordnungen der gebauten Fläche oder der Raum-Körper, die sich im Einzelobjekt oder Ensemble zu einer anschaulichen Einheit zusammenschließen und so die Qualität eines Bildes erhalten.

Die architektonischen Bilder aus gebauten Figuren und Figurationen besitzen – wie jedes bildhafte Phänomen – die Eigenart, daß sie scheinbar aus sich und für sich bestehen und den Menschen zum distanzierten Betrachter machen. Sie sprechen ihn an in der Distanz des Objektes zum Subjekt. Die Begegnung geschieht durch die geistige Tätigkeit des Bild-Sehens und nicht primär durch ein physisches Handeln von Raumbegehung und psychisches Erleben von Raum. Auch ein solches Bild-Sehen bezieht zwar den räumlichen Standort des Betrachters mit ein, der sich damit auf eine räumlich festgelegte optische Beziehung zum Objekt einläßt. Dieser Betrachter bezieht die ästhetischen Sachverhalte aber nicht unwillkürlich auf sich, sondern beschäftigt sich mit deren Wirkung vom Standpunkt des Außenstehenden. Er anerkennt die Objektivität ihrer Merkmale und unterscheidet sie von den subjektiven Empfindungen seines ästhetischen Raumerlebnisses.

Beim Zusammenwirken der sinnlichen und geistigen Kräfte in der ästhetischen Erfahrung ist im Bild-Sehen der Architektur die »anima«, das Organ der Seele, besonders beteiligt, denn sie besitzt die Fähigkeit des Erkennens durch die Anschauung.[51] Die Anschauung erzeugt Wirkungen auf die Tiefenperson des Betrachters, weil das Schöne in der Ordnung des gebauten Gegenstandes offenkundig werden und nicht nur als Idee, sondern real in Erscheinung treten kann. In der Anschauung der Ordnung des Gebauten kann sich das ästhetische Urteil bilden und der eigentümliche geistige Lustgewinn sich einstellen, den ästhetische Erfahrung zu vermitteln vermag.

Bildhaftigkeit von Architektur heißt Verwirklichung von Formprinzipien der gebauten Fläche und Kompositionsprinzipien von Körpern des gebauten und umbauten Raumes. Diese Prinzipien beziehen sich wahrnehmungspsychologisch auf die *Breite* der Raumkörper und auf eine »extensive Sehfläche« und »Dimensionsart, in der die Dinge untereinander in Beziehung stehen und die Weltansicht in der Anschauung der Sachlage repräsentieren«.[52] Eine Analyse und Deutung betrifft also nicht mehr die Welt des Handelns und Erlebens im architektonischen Raum, sondern die Sachlage der vertikal bestimmten, auf die Schwerkraft bezogenen Fläche des Sehbildes[53], das im geistigen Akt des Schauens erkannt wird. So definieren diese Prinzipien die *Breiten-Erscheinung* von gebauter Form, darin ein Zusammenspiel von *Ordnungsprin-*

zipien, *Ordnungselementen, Ordnungsrelationen* und *Ordnungswerten* mit flächigem und haptischem Charakter sichtbar wird. Es entsteht ein System horizontaler und vertikaler ästhetischer Beziehungen im Sehbild, das im einzelnen folgende Konstituenten enthält:

Modularität, Reihung, Figur-Grund-Verhältnis, plastischer *Oberflächencharakter* und *Art* der stereometrischen Körper in ihrer Breitenansichtigkeit.

Diese formalen Konstituenten sind Träger der bildhaften Symbol- und Ausdruckswerte, von denen die Rede war. Semiotisch gesprochen bilden sie Zeichenkörper.

2.3.1 Modularität

Das wichtigste, zugleich umfassende, aber abstrakteste Prinzip für die Ästhetik der architektonischen Form ist die Ordnungsrelation des Modularen.[54] Vom Modularen hängen weitgehend künstlerischer Rang und Schönheit des jeweiligen Bauwerkes ab. Der Begriff ist von »Modul«[55] abgeleitet und meint ganz allgemein das je und je *organisierte System proportionaler Beziehungen*, in das die einzelnen Bauglieder und -elemente eingebunden sind als ein vorgestelltes Muster von jeweiligen Maßverhältnissen architektonischer Figuren. Die ästhetische Wirkung des Modularen kommt also aufgrund von mathematisch definierbaren Verhältnisgrößen zustande. Zwar besitzt jede architektonische Figur eine topografische Relation zu Nachbarfiguren – darauf beruht ja die Möglichkeit des ästhetischen Urteils! –, aber mit Modularität ist diejenige Proportions-Regel gemeint, die Architektur als Bauwerk oder Bauensemble insgesamt konstitutiv bestimmt, weil von vornherein gewollt. Dafür gilt Leon Albertis auf Vitruv fußender Satz, den er 1454 an Matteo de Pastis schrieb: »Wenn du etwas änderst, ist die Harmonie völlig zerstört.«[56]

Aufgrund wahrnehmungspsychologischer Voraussetzungen, die vor aller Kultur-Abhängigkeit existieren[57], haben sich – vor allem seit der griechischen Antike – Maßverhältnisse für Architektur herausgebildet, die mit einem höchsten Maß an Harmonie ein höchstes Maß an innerer Spannung verbinden.[58] Diese Maßverhältnisse beruhen sowohl auf bestimmten Modules als auch auf der Verwendung der Grundfiguren Kreis, Quadrat und Dreieck nach bestimmten Beziehungsschemata.[59] Auch die schwierigen Figuren von Hyperbel und Ellipse sind in der Architekturgeschichte Elemente modularer Ordnungen geworden, wie die Baukunst des 17. und 18. Jahrhunderts zeigt. Modularität aufgrund arithmetischer Verhältnisse ist aber keineswegs identisch mit der Modularität geometrischer Verhältnisse. Erstere bleiben verborgen im Zueinander der gebauten Formen, letztere liegen auf der Architekturoberfläche offen zutage.

Modularität ist auf jeder Stufe von Komplexität in der Architekturgeschichte möglich geworden und konnte jede Form in ihr System aufnehmen. Beispielsweise konnte der »Goldene Schnitt« im Mittelalter, in der Renaissance und in der Neuzeit unabhängig von jeweiligen »inhaltlichen« Vorstellungen angewandt werden. Dennoch haben die einzelnen Epochen unverwechselbare modulare Absichten. Und die großen Meister der Architektur erbrachten gerade in diesem Bereich immer wieder innovative Leistungen, indem sie ihre Bauwerke nach selbstgewählten modularen Regeln erfinderisch, streng und kühn konstruierten. Das Reservoir modularer Variationen ist unerschöpflich, obzwar die Anzahl brauchbarer arithmetischer und geometrischer Verhältnisse begrenzt ist. Die mittelalterlichen Fassaden der Notre-Dame in Paris und des Straßburger Münsters sind höchst unterschiedlich in ihrer jeweiligen spannungsgeladenen Verwendung der gleichen modularen Elemente. Denn die strenge Bindung an die von der mittelalterlichen Hütten-Tradition gebotene Verhältnismäßigkeit der Bauteile in einem bestimmten quadratischen und triangulären System[60] minderte ja nicht die Möglichkeiten von deren originaler Handhabung.

Wahrnehmungspsychologisch wie ästhetisch hängen Wert und Reiz des Modularen in der Architektur mit der Spannung zwischen Redundanz und Innovation der Verhältnisse einerseits und der Komplexität der Einzelformen andererseits zusammen. »Bild-Sehen« will ebensowenig wie Raumerfahrung geschockt sein durch unverständliche Innovationen oder durch Redundanz gelangweilt werden. Jedenfalls wünscht sich das Auge eine gewisse formale Mannigfaltigkeit im modularen System – außer wenn modulare Grundkörper selbst monumentalisiert werden, wie es bei den ägyptischen Pyramiden der Fall ist. Auch die symbolische Intensität ägyptischer Obelisken oder der Kuppel von St. Peter in Rom rühren her von der Reinheit der Proportionalität ihrer einfachen Figuren.

Die Abwesenheit modularer Bauregeln hat zweierlei Folgen: anstelle der Spannung, die in Proportionalität enthalten ist, bringt entweder Gleichartigkeit der Konstruktionsfiguren im übergeordneten Zusammenhang ästhetische Eintönigkeit zustande. Im Gegensatz dazu entsteht aus willkürlichen und deshalb »sinnlosen« räumlichen und flächigen Beziehungen Unordnung.⁶¹ Beides sind Mängel, die die Qualität des architektonischen Objektes vermindern. Sowohl ein Fehlen von Spannung in der Beziehung zwischen den Formen als auch Unordnung im Sinne von Zufälligkeit verhindern das, was von Vitruv als »venustas« bezeichnet wurde. In der Sprechweise der Renaissance drückte sich Alberti so aus: Die Schönheit ist eine Art Übereinstimmung und ein Zusammenklang der Teile zu einem Ganzen, das nach einer bestimmten Zahl, einer besonderen Beziehung und Anordnung ausgeführt wurde ... (*De Re Aedificatoria*, Buch IX, Kap. 5). Ohne die venustas des Modularen pervertiert Architektur zu etwas, was nur gebaut ist.

Es ist nun aber nicht so, daß Modularität immer ein streng mathematisierbares, rationales Prinzip gewesen wäre oder sein müßte. Grundmaßverhältnisse entstehen vielmehr in der »anonymen Architektur« aller Zeiten vielfach aus Traditionsregeln, die die geographischen, technologischen und soziologischen Bedingungen in bestimmte, überlieferte ästhetische Muster überführen, die von einem Feingefühl für undefinierte formale Verhältnisse zeugen. Hier drückt das Zusammenspiel der Ordnungen, die selbst nicht aus Theorie, sondern aus überlieferter Praxis stammen, unmittelbar Lebenswirklichkeit aus und läßt Freude an der gelungenen Erfindung relationaler Gestalten erkennen.⁶²

Hingegen arbeiteten die alten Hochkulturen offenbar schon früh mit modularen Systemen, die aus astronomisch-astrologischen Denkmodellen begründet und damit theoriegebunden waren. Die genaue Beobachtung der ewigen Wiederkehr ungleicher kosmischer Phänomene wie Tage und Nächte, Monate und Jahre verführte zu ihrer symbolischen Abbildung mit Hilfe mathematischer Größen und zu deren Realisierung in einer dem Kosmos zugewandten Modularität. Das bedeutet, daß in dieser Modularität nicht nur Formempfinden und Formtradition augenfällig werden, sondern daß die Beziehung der Teile zueinander selbst Ikonizität besitzt und darin Erfüllung findet.

In der Geschichte der Architektur kennen wir so vornehmlich praktisch erfundene wie auch theoretisch durchformulierte modulare Systeme. Sie bilden das Skelett der Baustile bis in unsere Tage. Ihre geistigen Wurzeln haben sie im tiefsten Sinngehalt der jeweiligen Architektur, in ihrer »Ikonologie«. Was in Malerei und Plastik Inhalt und Thema sind, konzentriert sich in der Baukunst sowohl in der geistigen Begründung wie im Ausdruckshaften der Modularität. Vitruv leitete die in seinen Zehn Büchern für Architektur niedergelegten stilistischen Normen von der Proportionalität des menschlichen Körpers ab: »Die

Alten konnten also, da ja die Natur den menschlichen Körper so entworfen hat, daß seine Glieder in einem bestimmten Verhältnis zur ganzen Gestalt stehen, mit gutem Grund die Regel aufstellen, »daß in vollkommenen Bauwerken die verschiedenen Teile in einem genau symmetrischen Verhältnis zum Ganzen stehen müssen ...« (liber III, 1, 1–4)[63] Für ihn war die Säule das modulare Kernstück der Architektur. Die Renaissance-Baumeister Italiens übernahmen die Prinzipien antiker Architektur-Regeln mit der unterschiedlichen dekorativen und symbolischen Rollenzuweisung der einzelnen Säulenordnungen. L. B. Alberti (*De Re Aedificatoria*) formulierte in Anlehnung daran die weiterhin für diese Epoche gültigen Architektur-Normen.

Modules ganz anderer Provenienz treten uns in den Baurissen gotischer Kathedralen entgegen. In von den Bauhütten des französischen Kronlandes streng bewahrten Maßverhältnissen und Abfolgen macht hier das Zusammen von Arkaturen, Galerien, Maßwerk, Wimpergen und Baldachinen, Portalen und Fensterrosen die modulare Struktur anschaulich und zeigt die enge Verbindung zwischen kosmisch-mathematischer Theologie im 12. und 13. Jahrhundert und bauhandwerklicher Konstruktion.[64] Daraus waren die Architekturen der Kathedralen des Kronlandes entstanden. Schließlich seien noch die Kirchenbauten des 17. und 18. Jahrhundert angeführt, bei denen aus schwierigen mathematischen Grundriß- und Wölbefiguren wie Ellipse, Hyperbel und sphärischen Segmenten dynamische, wie schwebende Raumgestalten konstruiert wurden, wie bei St. Ivo in Rom von Francesco Borromini (beg. 1642) oder im 18. Jahrhundert Vierzehnheiligen von Balthasar Neumann (beg. 1744). Auch Jugendstil und Bauhaus arbeiteten noch und wieder im 20. Jahrhundert mit modularen Systemen, im Bewußtsein ihrer symbolischen Bedeutung und ästhetischen Aussagekraft. Im Sinne der De Stijl-Vorstellungen zeigt sich uns so beispielsweise das Palais Stoclet in Brüssel, das ab 1905 von Josef Hoffmann erbaut wurde.[65] Le Corbusier konstruierte nach dem Goldenen Schnitt das Proportionssystem »Le Modulor« (1951), in dem er vorgibt, die menschliche Figur mit ihren Körperverhältnissen und Gliedmaßenausdehnung zu Grundmaßen der Architektur und vor allem der Innenräume zu mathematisieren.

Der Blick in die Kunstgeschichte der Architektur zeigt, daß das Modulare einer abstrakten Struktur im konkreten Körper der Bauwerke gleicht, einer bewußten oder unbewußten »Logistik« des Zusammenbindens widerspruchsvoller Maßverhältnisse, die als Gesicht der Baukunst vor Augen treten und in Raumerfahrung eingehen. Aber nicht in einer radikalen Konsequenz seiner Anwendung liegt unbedingt das Geheimnisvolle der Funktion dieses ästhetischen Grundgesetzes für die Baukunst. Vielmehr treten die ästhetischen Reize des Modularen deutlicher zutage, wenn unmerkliche Abweichungen von der unerbittlichen Regelvorgabe vorliegen. Nicht an mathematischer Starrheit, sondern an den Spuren des nicht mathematisierbaren künstlerischen Einfalls finden Auge und Raumerfahrung Gefallen, um so mehr, wenn ein symbolischer Hintersinn spürbar wird. Architektur erweist sich auch in diesem Fall als eine künstliche Natur.

2.3.2 Reihung

Wenn Modularität ein verborgenes, weil abstraktes Prinzip der Bildhaftigkeit von Architektur ist, muß das Prinzip der *Reihung* als ein ihr äußerliches und konkretes Mittel der Gestaltung gelten. Reihung[66] meint eine gleichmäßige Wiederholung von gleichen baulichen Elementen in einer Richtung und ist gekennzeichnet durch Addition mit ihrer Struktur der Koordination. Reihung ist eine prinzipiell unendliche Minimalordnung, deren tatsächliches Ende anscheinend dem Zufall überlassen bleibt.

Reihung konstruktiver Formen und Figuren, etwa von Pfeilern, Säulen, Pilastern, Wandvorlagen, Türen, Fenstern, Profilen, Bauzierat, Geländern ist der Architektur insofern angemessen, als die Ausdehnung des Gebauten mit seinen konstruktiven Bedingungen eine Addition gleicher Bauteile nahelegen kann. Auch mag es Freude an der einmal gefundenen gelungenen Gestalt sein, die ihre Widerholung veranlaßt. So gehört Reihung weitgehend zum Erscheinungsbild von Architektur, und zwar am einzelnen Gebäude, als Element einer Straße oder eines Platzes. In unseren Tagen, da Reihung zum Schema degenerierte, gibt es sogar ganze Siedlungen in der Anordnung der Reihung. Allerdings machte Architektur auch immer wieder den Anspruch geltend, ohne Reihung auszukommen. Ein Beispiel im 20. Jahrhundert ist die Wallfahrtskirche von Ronchamp von Le Corbusier, die den Besucher auch deshalb erstaunt, weil er einer Ansammlung von Fenstern ansichtig wird, die ohne Rücksicht auf diesen Ordnungsgedanken in die Außenwand eingebrochen wurden.

Reihung stellt keine simultan anschauliche Ganzheit her wie etwa die Symmetrie, noch ist sukzessives Sehen von Mannigfaltigem wie bei einer rhythmischen Anordnung erfordert. Vielmehr wird das visuelle

Einholen eines schon in der Vorstellung Bekannten virulent.[67] Zugleich ergibt sich eine optische Evidenz, die auf Rationalität hinweist. Das gereihte System bringt gegenüber dem Erkennen einiger weniger seiner Glieder nichts Neues. Darin wird das ästhetische Doppelgesicht der Reihung deutlich. Einerseits stellt Reihung eine Potenzierung von Rationalität dar, andererseits entsteht so A-Rationalität als Verstärkung! Es hängt von der individuellen Kraft des einzelnen Baugliedes ab, inwieweit es sich in der überwältigenden Wirkung seiner Addition behaupten kann. Jedenfalls aber erhält es durch seine Quantität eine neue ästhetische Qualität.

Dabei ist anzumerken, daß es einen Unterschied macht, ob sich ikonische oder nicht-ikonische Bauelemente reihen. Einmal geht in die ästhetische Verstärkung der ikonische Bedeutungsgehalt ein, zum anderen betrifft die ästhetische Qualität der Wiederholung das abstrakte, formale Gebilde. Eine antike Kolonnade steigert nicht nur den ästhetischen, sondern auch den symbolischen Wert der einzelnen Säule. Wohingegen die Reihung einer Fensterfront zutage bringt, ob das einzelne Fensterelement Wert als ästhetische Form besitzt. Wenn nein, steigert seine Reihung die ästhetische Öde.

Wahrnehmungspsychologisch hat Reihung weitere Konsequenzen. Ein zunächst vertikal betontes Einzel-»Bild« geht im Zuge der Wiederholung anscheinend in die horizontale Dimension über. Es entsteht, vom Standort des Betrachters aus gesehen, die Optik der Perspektive durch das tatsächliche Fortschreiten der gereihten Figuren in den Raum hinein. Wenn die so angeschauten Figuren ästhetisch und sogar symbolisch etwas bieten, regen sie den Betrachter an, sich realiter oder in Gedanken auf den Weg zu machen. Prüfende Augen mögen an ihnen entlang wandern, die Weite suchen und wieder zurückkehren, hin und her. Der Weg wird feierlicher, ja mysteriös, je länger er von bedeutungserfüllten gereihten Figuren begleitet wird. Die Repetition erlangt episches Gehabe. Der Betrachter mag aus ihrem Faden eine unendliche Geschichte spinnen oder diese Geschichte im wirklichen Durchschreiten des von Elementen gesäumten Weges erleben. Die Erbauer mittelalterlicher Kreuzgänge hatten dieses im Bewußtsein, wenn sie den Meditationsweg mit schönen Arkaturreihen säumten und mit Darstellungen heiliger Begebenheiten schmückten.

So macht architektonische Reihung einen rationalen Ordnungsgedanken sinnfällig und spricht zugleich eine eindringliche, nicht rationalisierbare ästhetische Sprache. Die objektivierende Absonderung, die der Betrachter vielleicht vor dem Einzelwerk empfunden hätte, zieht sich zurück in die Empfindung der Kommunikation mit der Reihe. Eine einzelne ägyptische Sphinx mag als Kunstwerk und als Symbol fremd und distanziert sein, auf dem Weg durch eine Sphingen-Allee im oberägyptischen Karnak stellt sich Vertrautheit ein. Die Einzelplastik des knienden Knaben von Georg Minne im Folkwang-Museum in Essen überrascht und befremdet in ihrer isolierenden Melancholie, angeordnet zum Brunnen aus fünf gleichen Gestalten läßt sie kommunikative Einfühlung zu. Dieses Wiedererkennen nimmt auch künstlerischen Erfindungen von Bauform ihre Distanz. So wirkt die einzelne toskanische Säule von Berninis Kolonnaden auf dem Petersplatz streng und fremd, ihre gereihte Vielzahl aber spricht unmittelbar.

Nur dann bedeutet Reihung schön geordnete Ikonizität und Formausdruck, wenn darin künstlerischer Einfallsreichtum und Qualität des Formenrepertoires selbständig zur Sprache kommen. Bildet nämlich das gereihte Hauptmotiv selbst einen hochkarätigen künstlerischen Komplex, bewirkt seine Wiederholung erhöhtes ästhetisch-symbolisches Selbstgenügen und ein verstärktes Angebot, sich einfühlend damit zu befassen. Eine nach diesen Maßstäben wert-volle Repetition verwandelt sich in epische Feierlichkeit, die vom Betrachter Übereinstimmung und Zustimmung erlangt. Ein Ädicula-Fenster an einem Palazzo von Michelangelo, bestehend aus Brüstung, profilierter Wandung mit vorgestellten Pilastern, aus Architravstücken und Giebeln, ist im einzelnen ein hochkarätiger Gestaltenverbund, der durch Wiederholung die Fassade als Ganzes schön gestaltet. Aus der Statik des schönen Individuellen ist die Dynamik des schönen Vielfachen geworden. Und der Betrachter wird zum ästhetischen Genießer.

Als pure Zweckform verkehrt sich das Prinzip der Reihung ins Negative. Es wird kalter Maschinenstil, dessen Ästhetisches leer ist. Sein anderes Gesicht tritt zutage, auf dem geschrieben steht: Triumph der Rationalität wider die Kunst! Die ästhetischen und symbolischen Potenzen des Prinzips werden durch die Realität außerästhetischer Bedingungen sterilisiert und vermögen nicht mehr als Schönes in Erscheinung zu treten. Sinnvolle Ordnung schrumpft zur äußerlichen Minimalordnung unter der Herrschaft totaler Ökonomie zusammen, der nichts bleibt als eine beliebige Zahlenfolge uniformer Teile ohne künstlerische Individualität, ohne Phantasie und fiktive Lebendigkeit. Die Ästhetik der Reihung verkommt zum errechneten Funktionalismus um seiner selbst willen und wird Symbol von Unmenschlichkeit. Statt einem Bauwerk haben wir eine Kaserne vor uns, statt einer Straße einen Verkehrsweg und statt dem Organismus einer Siedlung eine Ansammlung von Wohnsilos. Monotonie, Öde, Fadheit und Unnatur greifen Platz, die Menschen werden wie »genormte Termiten« (Ernst Bloch[68]) behandelt.

Die ästhetische Wesensart der architektonischen Reihung weist auf interessante stilpsychologische Probleme hin. Sind etwa diejenigen Epochen in besonderem Maß und allgemein von Rationalität geprägt, deren Architektur von gereihten Elementen strukturiert ist? Kommt hier eine das Bewußtsein der Zeitgenossen besonders kennzeichnende Neigung zu logisch systematisierendem Denken zum Ausdruck? Lassen ungereihte Architektursysteme dagegen eher auf ganzheitliche, intuitive Weltsicht schließen? Oder muß man folgern, daß da, wo vor allem Reihung ikonischer Figuren eingesetzt wurde, ein Überhang an Bedeutung sich nicht anders ausdrücken konnte? Diese Fragen wenden sich an den Umgang mit dem Prinzip der Reihung, wie er in früheren Epochen der Architekturgeschichte geübt wurde. Daß die moderne Anwendungsweise weitgehend unter dem Diktat einer ästhetikfeindlichen Funktionalität steht, wurde schon erwähnt.

2.3.3 Rhythmus

Wie eng das Ästhetische mit seinem Schein des Schönen den Strukturen der Natur verbunden ist, wird am Prinzip des Rhythmus in der Architektur besonders augenfällig. Soll Baukunst nicht spannungs- und reizlos wirken, müssen ihre Gliederungsformen rhythmisch geordnet sein. Das, was dem Kontinuum gleicher Einheiten in einer Richtung und Ebene, der Reihung, fehlt, erbringt ein rhythmisches Zusammenspiel dieser Formen.

Physisch und psychisch sind wir von den Rhythmen des Lebendigseins abhängig. Periodische und aperiodische Rhythmen bestimmen den Fluß des natürlichen Daseins zwischen Entstehen und Vergehen. Rhythmus ist das Leben selbst. Denn das Grundgefühl des Lebendigseins kann man als asymmetrisch aufstrebende und absinkende Bewegung oder als eine Empfindung von vertikalem Wachsen und horizontalem Ruhen im lebensnotwendigen Wechsel auffassen. Erfahrung dieses Wechsels von Druck und Ausdehnung, Fließen und Stocken, Höhen und Tiefen, Enge und Weite, Trauer und Freude, schließlich von Wohllaut und Mißtönigkeit trifft uns in allen Bereichen der Wirklichkeit. Wir sind ihrer bedürftig und suchen sie auch in der Formwahrnehmung. Und künstlerische Sensibilität materialisiert ihr Bild. Einer völlig ungegliederten Fläche gegenüber oder angesichts der unendlichen Weite räumlicher Ebenen verlieren wir das Gefühl für unser Selbstsein.

Rhythmische Sachverhalte, die objektiv in der Natur gegeben sind und subjektiv als »Komplementarität von Instinkt und Bewußtsein« (Arnold Gehlen[69]) erfahren werden, haben die Qualität von Dynamik in kreisender und fortschreitender Bewegung. Sie sind Phänomene der Zeit. Aber nicht, indem sie der Zeit unterworfen sind, sondern indem sie Zeit in sich selbst haben (Schelling). Sie stellen sich im Raum dar, insofern ihre Träger materieller Natur und geordnet sind. Als Bildprinzipien der Architektur spiegeln sie auf raum-körperhafte Weise Zeitintervalle wider. Für Vitruv ist Rhythmus in der Baukunst ein raum-zeitliches Maßverhältnis. »Denn um mich jetzt zum Behuf des Beweises nur des allgemeinsten Begriffs von Rhythmus zu bedienen, so ist er in diesem Sinn nichts anderes als eine periodische Einteilung des Gleichartigen, wodurch das Einförmige desselben mit Mannigfaltigkeit, die Einheit also mit Vielheit verbunden wird« (Schelling)[70]. Formal und künstlerisch betrachtet ist Rhythmus also ein Zusammenbinden von gleichen und – gegenüber dieser Gleichheit – neuen Figuren.[71] Das Neue »pulsiert« im Gleichen der schematischen architektonischen Ordnung der Reihung als Ungleiches. Dadurch entsteht Mannigfaltigkeit als Bild von Leben im Hinblick auf Gestaltenfülle, auf meßbare Abstände der Baufiguren und auf Größenverhältnisse. Dieser gebaute Rhythmus mag ungewollt »nachgeahmt« sein und aus dem Lebensgefühl selbst herrühren, oder »durchgemessen«, einfach oder kompliziert zusammengesetzt, jedenfalls eignet ihm die Wirkung eines natürlich Schönen im Sinne eines »Erschwingungsstrebens mit erhebenden und steigernden Kräften«.[72] Bauwerke, die rhythmische Variationen aus modularen Einheiten vorzeigen, vermitteln ästhetische Spannung durch das schematisch ungleiche Staccato ihrer Figuren. Methoden des Spiels mit seiner kennzeichnenden Verknüpfung von Freiheit und Regel gewinnen hier Gestalt, da das quantitativ Zufällige der Wiederholung von Gleichem in die freie Notwendigkeit eines regelhaften Zusammen von Ungleichem überführt wird. Das Einzelne des Baumotivs erhält eine neue Qualität, insofern es innerhalb eines mannigfaltig geregelten Taktverlaufs seinen Platz einnimmt. Reihung löst sich in Taktfolge auf. Es ist das große Interesse der Kunstgeschichte der Architektur, epochale und individuelle Rhythmusbilder zu erkennen, zu analysieren und zu deuten.

Die Eigenart der Architektur, sowohl Abbild des Pflanzenorganismus als auch mathematisch definierbarer Stukturmodelle der Natur sein zu können, bringt es mit sich, daß der gebaute Takt sowohl aus mimetischen »Noten«-Elementen von organischer Formung als auch von geometrischen Figuren und Verhältnissen zusammengesetzt sein kann. Und dies im Hinblick auf die baukünstlerische Raumform wie auf die Gliederung ihrer Körpergestalt. Dementsprechend gibt es in der Architekturgeschichte rhythmisch angeordnete Raumfolgen, rhythmisch gegliederte Bildflächen und rhythmisch miteinander verbundene Körpergestalten. Hierbei ist eine Unterscheidung zwischen der Rhythmik organischer Figurmotive und der Rhythmik geometrischer Verhältnisse zu treffen. Während eine baukünstlerische Mimesis des Pflanzenorganismus aus Wachsen, Tragen, Sichverzweigen und Herabhängen selbst Raum- und Körperfigur wird, bleibt das Abbild mathematischer Strukturen abstrakt und verbirgt sich hinter sichtbaren Größenverhältnissen. Es gehört zu den Eigenarten einer Stilepoche, in je welchem dieser ästhetischen Bereiche sich das Empfinden von Rhythmus am deutlichsten ausdrücken wollte. Die asymmetrische Anordnung der Peristyl-Säulen des griechischen Tempels – beim Athener Parthenon sind es 13 »aktive« Frontsäulen und 19 »passive« an den Langseiten – rhythmisiert die Intervalle der Säulenplastiken wie unmerkliches Ausdehnen und Schrumpfen von der Mitte zu den Ecken hin. In der Entasis der Säulen wiederholt sich Schwellen und Zusammenziehen. Klassizistische Säulenfronten ohne diesen »lebendigen« Rhythmus wirken starr. Der Theoretiker unter den Renaissance-Architekten, Leon B. Alberti, hingegen gliederte das Flächenbild der Fassade des Palazzo Ruccellai in Florenz durch die Wiederholung antiker Architekturmotive in modular proportionierte Maßeinheiten mit rhythmischer Abfolge. Die Reihung rhythmisch skandierter Felder und Geschosse wirkt wie bildhaft ausgebreitete Proportionsregeln. Eine solche Auffassung von Fassade als durchorganisiertes Bild sich wiederholender, rhythmisch gegliederter Baufiguren blieb lange verbindlich. Beispiele für rhythmisch zusammenklingende Körpergestalten im *Außenbau* bietet die Architekturgeschichte in Fülle. Der Außenbau von St. Michael in Hildesheim als Polyphonie aus rechtwinkligen und runden, aufsteigenden und lagernden Körpern, die sich mächtig im Raum ausdehnen, soll die hierin vergleichbaren ottonischen und romanischen Kirchen vertreten. Der Anblick der mittelalterlichen Klosterkirche von Cluny (zerstört im 19. Jahrhundert) von einem nahe gelegenen Hügel aus muß überwältigend gewesen sein. Nicht formal und motivisch vergleichbar, aber ästhetisch ähnlich eindrucksvoll erinnern die Kamine über den Dächern des Renaissance-Schlosses Chambord an der Loire an eine Tanz-Choreographie aus schlanken Baufiguren auf dem breiten Sockel des Schloßkörpers. Zur Rhythmik von Raumfolgen sei auf Kirchenbauten des 18. Jahrhunderts, etwa von Balthasar Neumann in Neresheim, verwiesen, der die oberitalienischen Raumfugen des Guarino Guarini in die Sprache der Baukunst nördlich der Alpen übersetzte.

Hier ist ein besonderes Wort über *Wesen und Rolle des Ornaments* für die Baukunst am Platze. Die anthropologische Funktion des Ornaments, dem Bedürfnis nach einer schön geordneten Spur motorische Impulse und deren Sinngebung Ausdruck zu verleihen[73], verbindet sich hierbei mit der Architektur. Sie vermehrt die lustvolle Zuwendung zu den gebauten Umwelt-Objekten und Lebens-Räumen[74], indem diese schmückend ausgezeichnet und zum Sprechen gebracht werden. Ornamentik übernimmt hier immer wieder die geschichtliche Aufgabe, ästhetisierende und sinngebende Verdeutlichung von Baukunst zu sein.

Sowohl der eigene Aufbau des Ornaments wie seine Anbringung am Bauwerk können rhythmisch verstärkend wirken. Zu den ältesten Ornamenten, die wir kennen, gehören Zickzack- und Wellenlinien, die verschönernd und symbolisch bedeutsam gemeint waren als Darstellung des Wechsels von Tag und Nacht, Sommer und Winter, Geburt und Tod. Der Lebensrhythmus im kosmischen Wandel wurde so dem vor- und frühgeschichtlichen Menschen bildhaft. Der Ursprung des klassischen Ornaments der Antike, der Mäander, kann nicht anders verstanden werden. Wir müssen annehmen, daß sich das Ornament in dem kulturgeschichtlichen Augenblick, in welchem Architektur entstand, nicht mehr nur auf der Gefäßwand, im Flechtwerk und als Tätowierung am Menschen selbst, sondern auch auf dem Bauwerk, und hier besonders an Stützen und Türen, ansiedelte. In diesem Augenblick mag es seine beiden unterschiedlichen Verwirklichungsmöglichkeiten gefunden haben, entweder abstrakte Zeichenkette oder mimetisches Naturmotiv zu sein. Die reif ausgebildete griechische Tempelarchitektur kam nicht mehr ohne Zahnschnitt, Eierstab, Kymation und Kapitellschmuck aus Voluten und Blättern aus. Im architektonischen Rhythmus des Ganzen ist diese Ornamentik gleichsam das Tüpfelchen auf dem I und gibt ihm zugleich inhaltliche Akzente. Vergleichbares läßt sich vom gotischen Fischblasen-Ornament und von Muschel und Roccaille im 17. und 18. Jahrhundert sagen. Da die Geschichte der Ornamentik immer auch mit der Geschichte der Baukunst zu tun hat, ist der

Je-und-je-Rhythmus des Ornaments immer auch mit dem Rhythmus des Bauwerks ästhetisch verbunden gewesen. Eine ästhetisch geglückte Verwirklichung dieser Beziehung und ihre ästhetischen Schwächen wirken sich auf das Ganze aus. Unsere Epoche der »Verdrängung des Ornaments«[75] macht gerade hierin eine besondere Aussage.

Architektonischer Rhythmus als Wechsel von Häufigkeit und Abstand gleichartiger Baumotive, als unterschiedliche Gewichtung innerhalb ihrer schematischen Anordnung, als Takt der Proportionen, als Miteinander von starken und schwachen Volumina im Regelverhältnis und als Zusammenziehen und Lockerung von raumbildenden Grundrißfigurationen, schließlich auch unterstützt von akzentuierender Ornamentik, ist Pulsschlag im modularen Gerüst, »Blut, das in seinen Adern fließt« und Agogik der ästhetischen Struktur.

2.3.4 Figur-Grund-Verhältnis

Die bewegliche Kontinuität des architektonischen Raumes erhält ihre Stabilität in der *Raumgrenze*. Sowohl Architektur als Körper-im-Raum als auch als Raum-im-Körper wird von ihrer Grenze bestimmt. Was aber ist es, das diese Grenze jeweils charakterisiert und den für Architektur-Raum Empfindlichen suggestiv beeinflußt, ihn anzieht und abstößt?

Als Antwort benennen wir ein weiteres ästhetisches Prinzip: das Figur-Grund-Verhältnis der architektonischen Körper im architektonischen Raum.

Das Figur-Grund-Verhältnis gehört zu beiden Aspekten der Architektur, dem Körperlichen in seiner Substantialität und dem Räumlichen in seiner Begrenzung durch den festen Baukörper. Deshalb besitzt es zwei Erscheinungsweisen. Die erste betrifft die Gestalt des Baukörpers in der sie umschließenden Räumlichkeit seiner Umgebung, die zweite die Raumgrenze selbst in ihrer möglichen Schichtung. »Stoff« und »Kraft«, diese Antipoden und Ergänzungen jeder Körperhaftigkeit, konkretisieren sich dabei im doppelten Wirkzusammenhang von gebauter stofflicher Figur und zugehörendem »energetischen« Raumgrund, von Volumen neben Volumen, wobei eines als Figur und das andere als Grund wirkt. Anders ausgedrückt: in diesem Verhältnis handelt es sich um ein Spiel von Isolierung und In-Beziehung-Setzung von Form-Massen und um »aktive« und »passive« räumliche Zustände. Vom Objekt aus definiert ist dieses Verhältnis eine bestimmte Variation des Bezuges von Volumen zu seiner räumlichen Umgebung. Für den ästhetisch empfindenden Betrachter wird es zu einem auf die Ebene projizierten und zum »Relief« zusammengezogenen Bezug von Körpern im Raum bzw. zu einem Raumbild aus mehreren Schichten. »Seiendes stößt an Seiendes« (Anaximander).

Hier muß auf ein grundlegendes Problem hingewiesen werden. Der physikalische Raum ist endlos; unser Blick umfaßt aber nur Ausschnitte. Wo sollen wir also das Bezugssystem von Figur und Grund jeweils ansetzen? Ist der »energetische Raumgrund« vom realen oder vom geistigen Standort des Betrachters abhängig? Diese Frage stellt sich zwar nicht, wenn das Bezugssystem der Größen »Figur« bzw. »Grund« ein Gebäude als abgeschlossene Einheit ist, wenn es also um das Volumen von Bauelementen im Verhältnis zur Raumfolie eben dieser Bauelemente geht. Wohl aber taucht sie auf, wenn der Zusammenhang dieses Gebäudes mit der räumlichen Umgebung als Ganzes gemeint oder eigens als Bauaufgabe gestellt ist[76], wie als erste Erscheinungsweise des Figur-Grund-Verhältnisses oben angegeben wurde. Sprechen wir von dieser ersten Beziehung zwischen Körper und Raum im allgemeinen. Da zeigt sich Architektur als konkrete und reale Masse in Gestalt von Baukörpern mit ihrer Ausdehnung und ihrem Umriß, die sich im fließenden Bett des atmosphärischen Raumes befinden; als Mauer, Wand, Fassade, Balkon, Pfeiler, Erker, Dach, Kuppel, Kubus, Zylinder, Polyeder, Säule usw. Diese Körper dringen in Raum ein, stoßen ihn ab, bewegen ihn konvex, saugen ihn konkav ein, teilen ihn, sperren ihn ab, rhythmisieren ihn, kurz: geben ihm Gestalt. Künstlerisch einbezogen hat dieser Raumgrund die Funktion, die einzelne Baugestalt zu steigern und zur eindeutigen Figur werden zu lassen. So sehen wir die Geschlechtertürme der toskanischen Stadt San Gimignano, die Kuppel des Petersdomes in Rom und den Eiffelturm in Paris.

Einen weiteren Gesichtspunkt dieser Beziehung erkennen wir da, wo es sich um die Einbettung von Baukörpern in eine bestimmte geographisch-geologische Situation handelt. Immer wieder erfreut es das Auge, wie sich Bauten althergebrachter, sog. »anonymer Architektur«, in ihre natürliche Umgebung fügen, ohne ihr besonderes Gesicht zu verlieren. Ein Schwarzwaldhaus am Hang, eine alte Stadt in Etrurien an den Abhängen der Tuffsteinberge oder eine mittelalterliche Burg auf einem Bergrücken zeigen Gespür für den Zusammenhang zwischen architektonischer und natürlicher Gestalt im Sinne eines zugleich spannungsvollen und befriedigenden Wechselverhältnisses; moderne Angebote wirken dagegen oft brutal in ihrem rücksichtslosen Verzicht darauf. Auch in berühmten Stadtensembles ist gerade dieses Problem künstlerisch originär gelöst. Das anerkennen wir beispielsweise in Venedig, wo der jeweilige Stadt-Ausschnitt zum reizvollen ästhetischen Ganzen aus Körper-, Flächen-, Raum-Figuren und -Gründen geworden ist.

Eine süddeutsche Kirchenfassade des Rokoko mag uns zu dem anderen, schon angesprochenen Figur-Grund-Verhältnis führen. Flache Eckpilaster begrenzen zum Beispiel die Fassade der ehemaligen Benediktiner-Abteikirche Zwiefalten (18. Jahrhundert). Der Mauergrund schwingt sanft nach vorn zur Mitte hin und verschwindet dort hinter kräftigen Doppelsäulen zu beiden Seiten der Mittelachse, die selbst wieder als eine tiefliegende Wandfolie mit mittlerer Mauernische den Rhythmus von Vor und Zurück aufnimmt. Den Ansatz des frei in den atmosphärischen Raum ausschwingenden Giebels unterstreicht ein stark plastisches, die Wellenbewegung der Fassade begleitendes Gesims, dessen äußerstes Profil scharf hervorgehoben wird durch die darunter und zurückliegende, schwächere Profilzone. So treten die unterschiedlichen Volumina der Fassadenglieder in einen lebhaften körperhaft-räumlichen Austausch miteinander, wie es im Stil der Mitte des 18. Jahrhunderts Brauch ist.

Bei diesem Exempel ist das Figur-Grund-Verhältnis so geartet, daß ein begrenzter Grund von Baumasse zur Figur der Baumasse in alternierende Beziehung gesetzt und als dünne »Raumscheibe« zwischen beiden thematisiert wurde. Es entstand ein mehrfach geschichtetes Architekturrelief. Hans Jantzen spricht von einem vergleichbaren Sachverhalt im Hinblick auf Raumzonen, wenn er die gotische Wandstruktur als »diaphan« beschreibt:[77] die Pfeilerbündel des gotischen Mittelschiffs werden vom Raum der Seitenschiffe umspült, die Arkaden der Triforien raumdunkel hinterfangen, das Maßwerk der Fenster von der Folie farbigen Lichts hinterlegt, während sich schließlich die Gewölberippen wie Kraftlinien über den beschatteten sphärischen Feldern der Decke kreuzen. Wie gegensätzlich faßten die Baumeister der älteren romanischen Epoche dagegen die Kirchenwand auf! Sie schnitten aus der kompakten Mauermasse Arkaden und Fenster wie Löcher aus und betonten das Kompakte, Abgesonderte und Ausgedehnte der einzelnen Architekturfiguren. Daß eine solche Ästhetik des Körperhaften keineswegs nur konstruktiv bedingt ist, zeigt sich daran, daß sie in den einzelnen Kulturlandschaften Europas Variationen hervorbrachte, die sich in polarer Gegensätzlichkeit voneinander unterscheiden.[78] Ganz anders etwa der Renaissance-Baumeister Filippo Brunelleschi, der die Wände der Pazzi-Kapelle in Florenz wie eine dichte Haut behandelte, der er eine zarte Zeichnung von dünnen Profilen auflegte. So »reagieren« Mauermassen immer wieder unterschiedlich für ästhetische Wahrnehmung, je nachdem ob sie als Figur oder als raumabschließender Grund gestaltet sind und gesehen werden wollen.

Diese Je-Besonderheit des Figur-Grund-Verhältnisses, wie sie in der Geschichte der Architektur in jeder Epoche wieder neu und in unendlichen Abwandlungen auftritt, hat ihre tiefe Begründung in Entwicklung und unterschiedlicher Ausprägung von Wahrnehmen und Denken im Laufe der Menschheitsgeschichte. Wie Gustav Britsch darlegte[79], entfalten sich beim Kinde gezeichnete Figuren zunächst vor oder in leerem Grund; auch der gemeinte Farbfleck wird grenzhaft abgehoben von der nicht gemeinten Umgebung. Das »A-Gemeinte« hat noch keine Verbindung zur »U-Umgebung«, wie es in der Terminologie von Britsch heißt. Erst in der Jugend bildet sich ein Verhältnis zwischen Figur-Darstellung und ihrer räumlichen Umgebung heraus.

Ähnlich müssen wir uns die Gesamtentwicklung der künstlerischen Ausdrucksformen im Gang der Menschheitsgeschichte vorstellen.[80] Unterschiedliche Figur-Auffassungen im Gegensatz zum oder im Zusammenhang mit dem Raumgrund zeigen nämlich auch unterschiedliche Bewertungen von Sinneswahrnehmung an, die im geschichtlichen Charakter des Raumbegriffs und dem Denken darüber ihre Parallelen finden. In Denkmodellen frühgriechischer Philosophen war Welt als geformte Materie scharf abgegrenzt gegen das Ungeformte, das Chaos. Die aus den vier Elementen bestehende und nach vier Himmelsrichtungen ausgedehnte, arithmetisch und geometrisch erfaßbare und geformte Welt war unterschieden von der grenzenlosen, unbestimmbaren Materie des ewigen Urstoffes.[81] Auch in der biblischen Genesis besteht der Schöpfungsakt darin, daß Gott aus dem leeren Chaos, dem Nichts, die Gestalten der Welt schuf, die eine jede gesondert nach der anderen ins Dasein gerufen wurden. In der Frühzeit der Kunst erscheinen so die Dinge als Seiende vor leerem Grund. Tiere und Figuren vorgeschichtlicher Höhlenmalerei »schweben« ortlos in einem Nicht-Raum. Auch frühe Architekturmonumente, die ja schon Zeugnisse von Hochkulturen sind, spiegeln eine Bewußtseinsstufe wider, die in der Unterscheidung von Sein und Nichtsein als Figur und Grund ausgesprochen wurde. Der mesopotamische Zikkurat, die ägyptische Pyramide und der griechische Tempel als sprechendste Figuren früher Architektur müssen jedenfalls unter dem Gesichtspunkt klarer Sonderung der geformten Materie von der ungeformten, grenzenlosen Umgebung gesehen werden. Ihre Baumeister haben die kompakten Massen der Baukörper, aber auch der Pfeiler, Säulen und Wandstücke in einen »leeren« Raum gesetzt, der »nicht-gemeint« und als Umraum ästhetisch nicht einbezogen war. Noch die Anordnung der im klassischen Zeitalter Griechenlands erbauten Tempel auf der Akropolis von Athen spricht die Sprache räumlicher Beziehungslosigkeit des einen Bauwerks zum anderen. Wir haben es hier mit einzelnen Baufiguren zu tun, deren Zusammenhang im Temenos, dem heiligen Bezirk, mythisch, aber nicht raumästhetisch gemeint war. Für den modernen Betrachter allerdings ist gerade diese Leere des Raumes im Umfeld einer abgrenzenden Architekturgestalt ästhetisch reizvoll und steigert die reine Körperhaftigkeit der Figur geheimnisvoll. Erst in der Epoche des Hellenismus und des römischen Weltreiches wird dann das architektonische Relief aus Raumschichten Gegenstand baukünstlerischer Bemühungen. Der Raumgrund selbst kann sich zur Architekturgestalt verfestigen. Im Motiv der Nische fanden die physikalischen und ästhetischen Sachverhalte von räumlicher Anziehung und Abstoßung eine besonders fruchtbare Negativform. Die Nische wurde gebaute Hülle von Raum und materialisierte so den Charakter des architektonischen Grundes in vollkommener Weise. Sie geriet zum Gegenmotiv der Säule, die das architektonische Figurvolumen rein verkörperte. Sie wurde zum Hoheitsmotiv, insofern sie die Götterstatue, den Sitz des Kaisers, schließlich als Apsis der christlichen Kirche den Bischofsthron umschloß. (Bezeichnenderweise verschwanden beide, Säule und Nische, in der modernen – nicht postmodernen! – funktionalen Architektur). Dieser dergestalt materialisierte Raumgrund konnte die Aufgabe übernehmen, auf das hinzuweisen, was als hierarchische Ordnung von Materie und Geist im Kirchenraum in Erscheinung treten sollte: nämlich der göttliche ordo über den menschlichen Ordnungen, ikonographisch gefaßt im Bilde der Epiphanie der Majestas Domini und der Maria als Thronus Salomonis.

In der Architektur der Barockzeit spielten die Baumeister noch einmal das Spiel mit gemeinter und nicht-gemeinter Form. Für sie besaß dieses Spiel höchste ästhetische Reize und ließ sich mit Hilfe integrierter Malerei und Plastik zu allegorischer Metaphorik transzendieren. Römische Pathosformeln für Körper-Raum-Beziehungen wurden aufgenommen, verwandelt und bis in die vibrierende Formenwelt des Rokoko weitergeführt. Die Illusion beherrschte das Figur-Grund-Verhältnis.

Skandierung und Takt gebauter Körper als Figuren und Raumgrenzen, als substantielle Gründe waren immer wieder ein der Architektur genuiner ästhetischer Aufgabenbereich, weil der künstlerischen Bewältigung bedarf, wo Körperform und Raumform einander begegnen, aufeinanderstoßen, sich gegenseitig durchdringen und zum ästhetischen Kraftfeld werden. Heute steht dieser Aufgabenbereich kaum mehr im Mittelpunkt des Interesses. Ob darin unser a-kategoriales Weltbild wirksam wird?[82]

3 Die Qualität der ästhetischen Rede – Fiktive Mimesis, gebaute Poiesis und theoretische Praxis in der Architektur

3.1 Stereotype Raumbilder

Raum ist nur begrenzt vorstellbar. Erst die Form seiner Begrenzung verleiht ihm Gestalt. Weil seine Grenzen konstruiert sind, zeichnen den gebauten Raum Festigkeit und Eindeutigkeit aus. Darin sind seine ästhetischen Potenzen begründet.

Nun wäre es denkbar, daß Baumeister im Laufe der Menschheitsgeschichte eine unendliche Vielzahl beliebiger Raumgestalten gefunden hätten. Hingegen lassen sich die Gestalten des architektonischen Raumes, wie sie in der Architekturgeschichte in immer neuen Formulierungen vorkommen, auf einige bestimmte Grundtypen zurückführen. In ihnen erfüllt sich Baukunst – in ihrem Wesen als durch gebaute Grenzen geprägter Raum – gleichermaßen nach wenigen Matern. Bei der historischen Entstehung dieser räumlichen Grundtypen verbanden sich epochale Vorstellungen von Wohnzwecken mit einem aus innerem Verlangen geborenen und aus Teilhabe an vorformuliertem Formengut gebildeten Ausdruckswillen zu Raumbildern ganz bestimmter Ausprägung, die durch unverwechselbare und von allen anderen geschiedene Raumgestalten gekennzeichnet werden. In solchermaßen traditionell gewordenen Architekturräumen, die ja nicht willkürlich produziert worden waren, vielmehr aus gesellschaftlich gedeuteten Lebensbedingungen herrühren und von dem Geist geleitet sind, der im geschichtlichen Zeitpunkt wirksam war, fanden »Raummatrizen« ihren Niederschlag, in denen sich zeichenhafte ästhetische Anschaulichkeit zu exemplarischen Formen verdichtet hatte.

In der konkreten Raumgestalt als Typos tritt Idealtypisches im geschichtlichen Gewande in Erscheinung. Kollektiver Lebenssinn wurde aktiv und konstruierte Räume, in denen er die allgemein verständlichen Aussagen des Räumlichen in exemplarischen Bildungen entdeckte. Das »Zeichensystem Architekturraum« war erfunden! Die künstlerische Phantasie des Baumeistersubjektes gab dem gebauten Raum zwar individuelle Physiognomik, Kultur in der Landschaft wurde als etwas Gesondertes sinnfällig, Erinnerung an geschichtliche Vergangenheit blieb darin enthalten, utopische Zukunft wurde habhaft, nüchterne Gegenwart bestimmter Artung breitete sich aus. In all der historischen Dependenz und künstlerischen Autonomie trat aber in Erscheinung, was menschlicher Erfahrung von Raum allgemein eigen ist und in bestimmten »Gußformen« Realität gewinnt. In stereotypen Raumbildern schufen sich Menschen selbständige räumliche Organismen, die die Kräfte der Sinne, des Verstandes und der Seele zum Ausdruck brachten und in stereotypen Gestaltqualitäten aus Gefügestruktur und Materialeigenschaften sichtbar machten.

Untersuchen wir die Geschichte der Baukunst hinsichtlich der Ausprägung der einzelnen Raumtypen, so lassen sich zwei große Gruppen abgrenzen, die ihrem Ursprung und ihrer Darstellungspotenz nach von je unterschiedlichem Naturverständnis Auskunft geben.[1] Es gibt zum einen Architekturräume, die *Natur äußerlich abbilden*.[2] Sie ahmen Gebilde nach, die Menschen als natürliche Raum- und Konstruktionsformen erkannt und benutzt hatten. Diese nachgeahmten, aber künstlichen Räume kamen zustande, indem Naturwahrnehmung und -erfahrung in unmittelbaren Herstellungsprozessen produktiv wurden. Die entstehenden Räume wurden mimetisch und kommen wie Natur daher. Wenn aus Pflanzenmaterial Wände geflochten, aus Lehm mit den Händen frei aufgebaut oder durch in die Erde gerammte Stämme hölzernes Tragwerk errichtet wurde, dann kamen quasi natürliche Raumgestalten zustande, die sich scheinbar nur wenig von Vogelnestern und Hamsterbauten unterschieden. In solchen Frühformen von Architektur »schläft« der Kunstcharakter noch, die einzelnen Raumgestalten sind aber in ihrer Besonderheit schon ausgebildet. Einfache Lehmhütten bestimmter Negerstämme beispielsweise sind rund, geschichtlich weit zurückreichende Hüttenformen asiatischer Nomadenvölker aus Reisig und Latten sind viereckig. Andere Arten früher mimetischer Raumproduktionen mit eigentümlicher Gestalt finden sich in Konstruktionen aus Stein, wo dieser, zu scheinbar natürlichen Massiven aufgetürmt, Hohlräume zu lebenspraktischem Nutzen freiläßt.

Bei genauerer Betrachtung zeigen aber alle diese mimetischen Bauweisen – seien sie aus Stein-, Pflanzen-, Holz- und Erdmaterial oder Mist –, daß darin ein Wille zur Gestaltung Natur deutender Raumformen tätig wird, die in bestimmten Raumbildern gesucht und gefunden werden. Mit der konstruktiven Meisterung architekturnaher Vorbilder geht der Antrieb zur Formulierung von Raumtypen einher, deren Beziehung zur Natur symbolischer Art ist und selbständige Bedeutung gewinnt. Die äußerliche Naturnähe wird zum Mittel der Darstellung naturferner Symbolik. Hier wird »die äußere Natur als eine aus dem Geiste selbst durch die Kunst zur Schönheit gestaltete Umschließung« heraufgebildet, »die ihre Bedeutung nicht mehr in sich selbst trägt, sondern in einem anderen, dem Menschen und dessen Bedürfnissen ... findet«, sagt Hegel.[3]

Mit Beginn der Hochkulturen treten aber auch Raumtypen mit einer deutlich anderen Genese auf. Ihre Gestalt ist durch Theorie, durch »Schau« vermittelt und entstand als Ergebnis eines theoretisierenden Umgangs mit *Maß* und *Zahl*. Die Herstellungsprozesse wurden mit Meßlatte und Zirkel vollzogen, die Bauten sind Produkte aus Quadraten, Kreisen, Dreiecken und Rechtecken. Wir haben es mit poietischen Raumgestalten zu tun. »So ist aber durch die Architektur die unorganische Außenwelt gereinigt, symmetrisch geordnet, dem Geiste verwandt gemacht«, formuliert Hegel in bezug auf die Baukunst insgesamt. Wir meinen, seine Erkenntnis muß auf gebaute Poiesis angewendet werden.

Der doppelte Ursprung des architektonischen Raumes sowohl aus unvermittelter mimetischer, als auch aus theoretisch vermittelter poietischer Praxis weist, wie angesprochen, auf unterschiedliche Aneignungsweisen von Natur durch die erlebenden, erfahrungsgesättigten Sinne einerseits und den schauenden, reflektierenden Verstand andererseits hin. Die stereotypischen Raumergebnisse stellen die Unterschiedlichkeit von Perzeption und Apperzeption der Natur bildästhetisch dar. Einmal begegnet die Natur dem Menschen als eine Schatzkammer voller praktikabler und zugleich sprechender Gestalten. Die des künstlichen Raumes Bedürftigen bedienten sich, und das Gebaute geriet ihnen zu einer zweiten und, weil für sie geschaffen, vertrauten »Kunst-Natur«. Die menschliche Potenz, sich in Naturtatsachen »einzufühlen«[4], setzte den Baumeister in die Lage, naturähnliche und gleichzeitig in ihrer Symbolik naturunabhängige Bauten zu errichten. Ihre mimetische Gestalt verleiht diesen Bauten Vertrautheit, ihre formale Absonderung aber macht transzendierende »Sinn-Zugaben« sichtbar. So bildeten sich überall auf der Erde mimetische Raumtypen heraus, die nicht nur den örtlichen klimatischen Bedingungen entsprachen und die örtlichen Materialvorkommnisse ausbeuteten, sondern auch Sinnvorstellungen symbolisch widerspiegelten, die sich in diesen Raumtypen als Riten und Gebräuche entfalten konnten.

Abhängig vom Theoriegebäude ihrer Welterklärung drangen Menschen aber auch verstandesmäßig ordnend in die Naturgeschehnisse ein und erkannten darin Gesetze und Regeln. Im Ablauf der Jahreszeiten und in der Bahn der Gestirne erschauten sie ein System von Zahlen und Verhältnissen. Sie faßten die sinnlichen Tatsachen biologischer und kosmischer Phänomene in mathematische Regeln. Zahlen konnten zu Wesenheiten werden (Plato) und zu Bildern ewiger Weltordnung, zu Ideen. In Zahlen leuchtete Schönheit aus Ordnung auf, sie verwandelten sich zu unsinnlichen Symbolen schlechthin. Baumeister hatten an einer solchen philosophierenden Naturaneignung insofern Anteil, als es ihnen zur Praxis wurde, mathematisch konstruierte Raumgestalten zu schaffen. Sie errichteten Architektur, indem sie sich von Zahlen und Zahlenverhältnissen leiten ließen und darin die Modalität sahen, Schönheit zu verwirklichen. Bis in Mittelalter, Renaissance und Barock bewirkte dieses Denken Raumschöpfungen nach Maßgabe mathematischer Ordnungen, in denen Schönheit von Architektur in Erscheinung treten sollte.

Beide genetisch zu trennenden Ursprungsvorstellungen räumlicher Architekturgestalt gingen in den Hochkulturen vielfache Verbindungen ein. Schließlich vermochte aus unmittelbarer Naturnachahmung bewußt mimetisches Verhalten zu werden, das einfühlsame Naturmotive der Baukunst unter die Kontrolle von Berechnung und rationaler Planung brachte. Hieraus konnte ein tiefes Gefühl für den Zusammenhang von lebendigem Sein und mathematisch faßbarer Relationalität entstehen, das Goethe angesichts der Straßburger Münsterfassade ausspricht: »Je mehr sich die Seele erhebt zum Gefühl der Verhältnisse, die allein schön und von Ewigkeit sind, deren Hauptakkord man beweisen, deren Geheimnisse man nur fühlen kann, ... desto tiefer gebeugt stehen wir da.«[5] Was noch der Historismus in einer, wenn auch veräußerlichten Zusammenschau von Naturnachahmung und technischer Rationalität leisten konnte, zeigt beispielsweise ein Innenraum wie der der alten Frankfurter Börse, in welchem eiserne Stützen wie Palmwedel den Hauptraum trugen. So blieben sowohl der Vorstellung nach mimetische, wie auch aus dem Rechenvorgang entstandene Raumgestalten typenbildend und als Möglichkeit der Architektur erhalten, obzwar die Architektur-Mimesis sich immer ausschließlicher hoch technisierter Formen bediente, somit das nachgeahmte Vorbild verkünstlichte und der naturähnlichen Aussage die neuen Aspekte einer industrialisierten Technik hinzufügte.

Der Sachverhalt des historischen Bestandes von Raumtypen evoziert Fragen, die zentrale Probleme der Raumästhetik betreffen. Wie hängt die Sprache eines Raumtyps mit seiner Naturnähe zusammen? Nimmt der nach autonomen Regeln hergestellte Architekturraum ästhetisch am Grad der Abstraktheit seiner mathematischen Verhältnisse teil, d.h.: verliert er an ästhetischer Bedeutung, wenn diese Abstraktheit selbstgenügsamer Endzweck ist? Gibt es also eo ipso mehr oder weniger sprechende Architekturräume, je nachdem wie bildhaft sie sind? Und weiter: sind ikonologisch bedeutungsarme Raumgestalten potenziell genauso wirkungsvoll wie solche, die nach der geistigen Absicht ihrer Autoren und Benutzer metaphysische Sinndimensionen ausdrükken, ja um deretwillen geschaffen wurden? Kann räumliche Darstellung monistisch reiner mathematischer Verhältnisse schön sein, oder verlangt unser Schönheitsgefühl auch in der gebauten Raumgestalt eine Beziehung zu den lebendigen, rechnerisch nicht aufzulösenden Bildungen der Natur, und sei dies nur in der Art kleiner mathematischer Ungenauigkeiten, die sich von der Regel wie von einer Vergewaltigung befreien? Schließlich: muß die gelungene Raumgestalt Sinn transzendieren, d.h., muß sie etwas ausdrücken, das wir ganzheitlich, also physisch-psychisch nachempfinden?

3.1.1 Die Höhle

Unter den mimetischen Raumformen kommt der Urform des Innenraums, der Höhle, eine besondere Bedeutung zu. Sie ist wohl die erste bergende und umfassende Behausung des Menschen gewesen. Für den »vor-architektonischen« Jäger und Sammler des Unteren Paläolithikums besaß sie mehrere Nutzungsmöglichkeiten: sie bot Verwendung als Schutz vor den Unbilden der Witterung und anderen äußeren Gefährdungen und eignete sich unter günstigen Umständen als Wohn- und Versammlungsstätte für Familie und Sippe. In dieser animistisch-magischen Menschheitsepoche, in der die Natur ein beseeltes Gegenüber war, mußte der Höhlenraum eine bedeutungsschwangere »Raumseele« besessen haben (die allerdings auch heute noch für den sensiblen Menschen spürbar werden kann!). Wie wir aus künstlerischen Zeugnissen in Höhlen aus dem Aurignacien und später wissen, waren deren Benutzer in höchstem Maße angesprochen von Erlebnisgehalten, die durch diese Raumform vermittelt wurden. Die Höhle war für sie ein Ort schicksalhaften Gewahrsams, der eine unmittelbare Beziehung zur Erde und ihren Geheimnissen besaß. Diese Erlebnisse waren Teil ihres magischen Weltbildes, in dem die Meßbarkeit des Räumlichen noch keine Rolle spielte, als das Weltbild »raumlos« war und die Zeit noch nicht die Dimension des Geschichtlichen in sich barg. Raumerfahrun-

gen kamen hier aus tiefen Schichten der Vitalität selbst. In diesem Sinn hatten Höhlen in der Frühzeit mehrere Aufgaben zu erfüllen: sie waren sowohl Stätten der Geborgenheit als auch numinose Orte, die Kulthandlungen geradezu herausforderten. Dafür spricht die erhaltene Höhlenkunst, deren präziser Sinn allerdings nicht entschlüsselt ist.[6]
Sicher dienten natürliche Höhlen auch früh der Totenbestattung. Bekannt ist, daß die Neandertaler ihre Toten dort auf dem Boden begruben, weil beides gewährleistet war, der Schutz des Grabes und das Geheimnis des heiligen Ortes.[7] So war der frühe Mensch in der bergenden Höhle der Macht des Numinosen anheimgegeben und zugleich vor der Wirrsal eines vielgestaltigen, undurchschaubaren Draußen geschützt. Noch Jahrtausende später wurzelten Höhlenerfahrungen so tief im Bewußtsein, daß der Aufbruch aus der Höhle zum Gleichnis der menschlichen Erkenntnis schlechthin geriet. In der Platonischen Ideenlehre erkennt der Mensch gleich einem Gefangenen in der Höhle nur Schatten, wenn er sich nicht nach außen wendet, von wo der erleuchtende Strahl der ewig wirklichen Ideen eindringt, die dort als wahre Wesenheiten beheimatet sind.

Diese natürlichen Höhlenräume wurden in *dem* geschichtlichen Augenblick zu Architektur, als entweder eine eigene Eingangskonstruktion die bedeutungsvolle Absonderung der Stätte zum Ausdruck brachte, oder als darüber hinaus der Innenraum eine bauliche Auskleidung erfuhr und dadurch eine künstlich festgelegte Raumgestalt erhielt. Durch Torgestaltung und Innenschmuck wurde die natürliche Höhle zu einer Vorform von Architektur.[8] Welchen Charakter und welche Merkmale besitzt aber Architektur im engeren Sinne, wenn sie das »Vorbild« der natürlichen Höhle zum Leitmotiv macht?

Zunächst ist festzustellen, daß der »Architektur-Höhlenraum« aus sich keine eigene, sich selbst bezeichnende Raumgestalt, sondern nur Raumeigenschaften besitzt. Er ist vielmehr eine *Raumidee*, die den totalen Innenraum verkörpert. Seine wesentlichen Eigenschaften bestehen darin, daß er vor dem Außen verborgen ist und keinen oder nur wenig Anteil am wandernden Licht von Tages- und Jahreszeiten hat. Die in den verschiedenen Epochen der Menschheitsgeschichte verwirklichten architektonischen Höhlenräume weisen daher sehr unterschiedliche Innenraumformen auf, je nachdem, welche symbolischen und praktischen Funktionen ein jeweiliger Höhlenstil ausbildete. Sie können einräumig oder mehrschiffig sein oder sogar apsidiale Ausbuchtungen besitzen. Meist wurden für die Architekturhöhlen geologische Verhältnisse ausgenützt und Räume direkt aus dem Felsen geschlagen⁹; oder sie entstanden, indem vollständig mit Erde bedeckte Hohlräume geschaffen und durch steinerne Konstruktionen hergestellt wurden.

Formal und konstruktiv sind nur diffuse Kennzeichen für Architektur-Höhlen typisch. Aus ihrer mangelnden Beziehung zum lichtvollen Außen folgert, daß sie eher form- und richtungsambivalent sind, wenn man von der Eingangssituation absieht. Auch brauchen horizontale und vertikale Prinzipien nicht miteinander zu konkurrieren, weil die statischen Faktoren von Tragen und Lasten allenfalls innen in Erscheinung treten und deshalb geringere Bedeutung haben. »Vertikale und Horizontale besitzen kein Vorzugsrecht.«¹⁰ Raum wird wie in einer Vorratskammer aufbewahrt, aus der er nicht entweichen kann. Er wird nur eingehüllt, ohne am diffusen Fließen gehindert zu sein, so wie es die technischen Möglichkeiten eben zuließen.

In den Frühkulturen kommen alle räumlichen Grundformen vor, runde, rechteckige, gestreckte. Die Decken dieser »Höhlenräume« sind vielfach durch einfachste Kragtechnik nach oben geschlossen. Wenn sie in den Fels geschlagen sind, haben sie diejenige sphärische Wölbungsgestalt, die des geringsten technischen Aufwandes bedurfte. In solchen Räumen finden rational nicht nachvollziehbare Bewegungsrichtungen ihren Ausdruck, die sich mit physisch-psychischen Urerlebnissen zu einer drängenden Semantik verbinden. Denn ein solch ganzheitliches Innen weckte Tiefenerlebnisse wie Mutterschoß, Geburt, Nacht und Tod. Es war geheimnisvoll. Das Chthonische gewann gestaltlos Gestalt. Zugleich floß die Symbolik des Innen zusammen mit der Symbolik von Übergang. Hier war der Ort des Überschritts aus der Welt des Tages und Alltages in die Welt der Feier und der Nacht, ermöglicht und verhindert durch das Eingangstor. Das Tor war Sinnbild von »Beschwernis und Durchlaß«; es trennte das Veränderliche draußen vom Unveränderlichen drinnen.¹¹ Es trennte die zweckgerichteten Tätigkeiten des hellen Tages vom erfüllten Ruhen in Meditation und Mysterium. In der Geschichte der höhlenartigen Architektur überlagern die genannten Erlebniswerte offenbar immer wieder andere, ethnologisch und mythologisch begründete Auslöser dieser besonderen Konstruktion. Soziale und politische Funktionen scheinen zurückzutreten und in der angesprochenen chthonischen und kosmologischen Semantik aufzugehen. Dies ist der Grund, warum Architektur mit Höhlencharakter auch in geschichtlichen Zeiten immer wieder Toten- und Grabkulten diente. Hier spielt noch ein zweiter Ursprungsstrang eine wichtige Rolle, der sich vielfach mit dem Urbild der Höhle zu einer einzigen

Raumform verband. Es ist der Grabhügel mit seiner verborgenen Grabkammer.

Der örtlichen Tradition entsprechend, konnte Höhlen-Architektur, wie erwähnt, stereometrisch eher unentschiedene und räumlich zufällige Innengestalten von Kammern und Stollen besitzen. Es lassen sich aber auch schon früh eindeutigere Raumtypen finden. Dann kann von regelhafter Architektur im engeren Sinn gesprochen werden, die den Höhlencharakter mit seinen Merkmalen der Verborgenheit, der Abgeschlossenheit nach außen, des einzigen Einganges und schließlich des semantischen Momentes eines chthonischen Gehaltes übernimmt und architektonisch interpretiert. Oft legten technische Gründe es nahe, daß der unterirdische Charakter erst nachträglich hervorgerufen wurde, wenn die wie Freiarchitektur konstruierten Bauten einfach mit Erde zugeschüttet wurden.

In den frühen Kulturen des Mittelmeerraumes erhielten die Toten ein eigenes Haus abseits der Lebenden. Es war naturgemäß vom Licht abgesondert und besaß nur einen Eingang, der zudem versperrt war oder fest verschlossen werden konnte. Dieses Totenhaus erfuhr verschiedene Ausprägungen. In einem Megalith-Grab in Cueva de Menga in Südspanien aus der zweiten Hälfte des 3. Jahrhunderts v. Chr. wurden unterirdische Kompartimente dadurch hergestellt, daß beim Aushauen des gewachsenen Felsens Stücke als natürliche Stützen stehen gelassen wurden, so daß mehrschiffige Kammern entstanden.[12] Diese Raumform begegnet uns auch in etruskischen Gräbern.[13] Die Ägypter des Mittleren und Neuen Reiches bauten Treppen und Stollen in das Felsengebirge, das den Nil begleitet, die sich unterirdisch zu Kammern und Kammersystemen öffneten. Auf Sardinien hat man eine große Zahl von Kammergräbern entdeckt, die seit dem Ende des 3. Jahrtausends angelegt wurden. Sie sind oberirdischen Hausbauten unmittelbar nachgearbeitet, haben Stützen und Deckenkonstruktionen, aber sie sind totales Innen ohne Licht.[14] In Etrurien sind noch heute an den Tuffsteinhängen der Urtäler gewaltige, aus Stein gehauene Fassaden mit Schein-Portalen zu sehen, die die Etrusker in vorrömischer Zeit dort bauten; sie schließen die in den Berg getriebenen Grabstollen und Kammern nach außen ab. Hellenistisch sind die monumentalen Felsgräber in Petra, die ca. 80 km vom Toten Meer entfernt in das Gebirge gehauen wurden. Um außereuropäische Monumente zu nennen, sei auf die indischen Tschaitya-Hallen verwiesen. Seit dem 3. Jahrhundert v. Chr. übertrugen vermutlich indogermanische Stämme im Nordwesten des indischen Subkontinents den Typ der dörflichen Holzhalle in aus dem

Felsen geschlagene Großtempel mit nachgeahmten steinernen Holzspanten als Innenauskleidung und einem zunächst aus Holz und später aus Stein gefertigten Gebälk an der Giebelfassade.[15] Diese Tschaitya-Hallen bergen den buddhistischen Reliquienschrein, die heilige Stûpa, die auf den vorgeschichtlichen Typ des Helden- und Königsgrabes zurückgeht.

Der »natürliche« chthonische Charakter von Höhlenarchitekturen darf nicht zu der Vorstellung verführen, daß diese besondere und so urtümlich wirkende Raumidee am Anfang von Architektur überhaupt zu denken sei. Vielmehr ist es offenbar auch das Erst-Motiv des Hauses, das sich dem Motiv der Höhle unterordnen konnte und zum unterirdischen Haus, zur Wohnhöhle der Toten wurde. Der Sinn der Architektur, das Zuhause zu schaffen, verschmolz hierbei mit dem Sinn des In-der-Erde-, Mit-der-Erde-Verbundenseins, des Zur-Erde-Zurückkehrens, in der Höhle zu sein. Höhlen-Architektur wurde zum »Haus der Erde«.[16] Zwei weitere Beispiele seien genannt: Im Spät-Neolithikum bauten Ureinwohner auf der Mittelmeerinsel Malta merkwürdige Tempelanlagen, die mit Erde überdeckt waren und innen aus mächtigen Monolith-Blöcken rund oder ellipsoid errichtet wurden.[17] Auch diese Tempel mit ihren unbekannten Ritualen sind wohl aus Grabanlagen entstanden, wie das Verbergen unter Erdschichten anzeigt. Eine der architektonisch vollkommensten Grabhöhlen mit Torarchitektur ist das sog. Schatzhaus des Atreus in Mykene aus dem dritten Viertel des 14. Jahrhunderts v. Chr. Es gehört neben ähnlichen Tholosgräbern in die spätmykenische Kulturstufe und verkörpert die Hochform eines verbreiteten Typs.[18] Ein langer, in die Erde gegrabener, unbedeckter Gang, der Dromos, führte zur hohen, reliefgeschmückten Portalfassade der unterirdischen Tholos, die sich als gewaltiger Grabdom aus sorgfältig geschichteten, vorkragenden Steinlagen über dem weihevollen Ort spitzbogig wölbt. Die eigentliche Grabkammer war durch eine kleine Tür vom Kuppelraum aus erreichbar. Licht fiel nur durch das Eingangsportal in den Raum, dessen magischer Höhlencharakter zur strengsten Architekturform verwandelt worden war. Ein Gegenbild des gestirnten Kosmos im Bauch der Erde?

Noch eine andere Vorstellung zeigt sich in vielen Beispielen höhlenartiger Architektur vornehmlich in vor- und frühgeschichtlichen Epochen mittelmeerischer Kultur. Äußerlich bietet sich bei ihnen das Erscheinungsbild eines aufgerichteten Steinhaufens oder aufgeschichteter Blöcke über einem Loch. Nuraghen auf Sardinien, aber auch Steinhäufungen über Brunnenhöhlen in Mallorca, die vermutlich in der Anlage aus vorgriechischer Zeit stammen, zeigen eine solche Baustruktur. Hier ist das Innere des zu Stein verwandelten Erdhügels äußerlich zum Mal geworden, das nicht mehr in der Erde, sondern auf ihr steht wie eine zweite, gebaute Erdhülle, die den inneren Höhlenraum umschließt. Kennzeichnung der Erdhöhle durch architektonische Überbauung verbindet hier beides, das numinose Höhlenloch und das diesem Ort gewidmete Denkmal, das verborgene Innen und das ihm zugewiesene äußere Architekturzeichen.

Der Baugedanke von aus Steinlagen errichteten und/oder mit Erde überhäuften, durch einen Mauerring abgeschlossenen und nach außen mit Trophäen bezeichneten Kammern und Gelassen ist in der Antike überaus fruchtbar geworden. Als Verschmelzung der Bedeutung der Höhle mit der des Males bot er die Sinnfülle, deren das architektonische Schaffen dieser Zeit bedurfte.

So erfuhr der mit Erde bedeckte Bau, welcher im Inneren die Totenhöhle eines Tumulus nachahmte, vor allem im antiken Rundbau monumentale Lösungen. In der Nachfolge etruskischer und älterer Grabtumuli bauten römische Kaiser gewaltige Mausoleen, die nach alter Tradition die Grabstätte symbolisch in der Erde beließen, oberirdisch aber zur monumentalen Denkmalarchitektur gestaltet wurden.[19] Die architektonische Überhöhung einer natürlichen oder künstlichen Grabhöhle wurde auch auf die Weise durchgeführt, daß ein Baldachin, ein gebautes Zelt oder ein Tempelchen das numinose Erdloch verschloß. Die konstantinische Memoria über dem Heiligen Grab zu Jerusalem und alle Nachfolgebauten nahmen ihren Baugedanken aus dieser Vorstellung. Noch der zweigeschossige Grab-Kuppelbau des Theoderich in Ravenna verwirklicht ein ähnliches Denkmodell, wenn auch in höchst komplexer und baukünstlerisch verschlüsselter Weise. Die Raumidee der Höhle mit inneren Gängen und Kammern war erhalten geblieben und hatte sich mit Konstruktionstypen der Monumentalarchitektur verbunden, die in langer Überlieferung nach festen mathematischen Regeln zu kanonischen Körper- und Raumformen geworden waren. Wenn es um Grabarchitektur ging, konnte auf den chthonischen Charakter von Innenraum und seiner äußerlichen Bezeichnung durch das architektonische Totenmal nicht verzichtet werden.

Mit dem Untergang der Antike verschwindet die Raumidee der Höhle nicht vollständig. An der Stätte des christlichen Märtyrergrabes wurden in der Spätantike Gedächtnisräume errichtet, aus denen sich im frühen Mittelalter der Bautyp der Krypta entwickelte.[20] Er verschwand im hohem Mittelalter wieder, weil die Reliquienverehrung eigene

Kunstformen hervorgebracht hatte, die das Heiligengrab aus seiner Verborgenheit hervorholten. Im Barock taucht der Höhlengedanke noch einmal in der Schloßarchitektur auf und wird sehr kunstvoll im Raumtyp der Sala terrena bzw. des Grottensaales verwirklicht.[21] Dann verliert er seine Fruchtbarkeit für die Architektur[22] und erscheint nur noch vereinzelt als Zitat oder Kuriosität. Denken wir an den Entwurf eines Grabmonumentes »für Souveräne eines großen Imperiums« von Pierre F. L. Fontaine, 1785, Paris, École des Beaux Arts, an den dadaistischen Merz-Bau Ernst Schwitters oder an die »Tropfsteinhöhlen-Architektur« des (zerstörten) Berliner Schauspielhauses von Hans Poelzig, 1919, dann erkennen wir Versuche, diese alte und einstmals bedeutungsträchtige Raumidee wieder aufleben zu lassen.

3.1.2 Himmel und Erde

Das räumliche Gegenbild der Höhle ist der Erdkreis mit der Himmelskuppel. Als der sich selbst bewußt werdende Mensch aus der Höhle heraustrat, fand er sich nicht im Offenen schlechthin, sondern sah sich unter der Weite des Himmelsdaches im Erdenraum. Für ihn ruhte ja der Himmel, an dem Sonne, Mond und Sterne wandern, im Rund auf der Erdscheibe auf, und er erfuhr sich aufrecht stehend unter der atmosphärischen Kalotte inmitten eines großen Kreises.[23] Nun setzte er an heiligem Ort einen neuen Mittelpunkt, den Omphalos, den Nabel der Welt, wie er aus der Hochzeit zwischen Himmel und Erde entstanden war.[24] Dieses räumliche Urbild einer von einem kreisförmigen Horizont umschlossenen Fläche mit kugelförmigem Gewölbe fand seine architektonischen Abbilder. Es ist die Raumform der Kuppel über kreisförmigen Grundriß, in deren selbstbehauptender Mitte phallische Symbolik ihren Platz finden konnte, da, wo sich Unterwelt, Mensch und Himmel begegnen und sich dynamisch und widersprüchlich zueinander verhalten.

In der Geschichte der Architektur gehören konstruierte Rundbauten aus Kreisebene und sphäroider Bedachung zu den elementaren Raum-Körper-Gestalten. Sie tauchen als architektonisches Grundmodell in allen Kulturen auf und wurden schon in allen Materialien, aus Flechtwerk, Lehm, Stein, Ziegeln, Holz, Beton, Eisen und Glaskonstruktion hergestellt.[25] So dürfen wir annehmen, daß wir es beim Rundbau mit kuppelförmigem Innendach mit einem typologischen Sachverhalt zu tun haben, der in einer tiefen Symbolik verwurzelt ist. Die Doppelheit von zentrifugalen und zentripetalen Kräften, die natürlicherweise in einem solchen Raumgebilde wirken, lassen ursprüngliche Gefühle von »Am-Ort-Sein«, von »Ein-und-Ausatmen«, von Spannung zwischen Konzentration und Freiheit, von »Bei-sich-selbst-Sein« und »Außersich-Sein«, von Mitte schlechthin entstehen. Solche Raumerlebnisse vermitteln aber auch Teilhabe am kosmischen Geschehen irdischen und himmlischen Kreisens, von Ausdehnen und Zusammenziehen des Lebendigen, das zugleich auf sich selbst hin und über sich selbst hinaus transzendiert. So sind das runde Haus und der runde Tempelraum sowohl kosmogen wie anthropogen, weil sie den Menschen in die Mitte des Kräftefeldes von Erde und Himmel stellen und mit dem Menschen auch das, was ihn am Leben erhält, das Herdfeuer, und was seinem Leben Sinn verleiht, den Opferaltar, architektonisch festhalten.

Hier ist auf die Bedeutung des Rauchabzugs für die runde Raumgestalt hinzuweisen. Er ist ja die vertikale Raumachse über dem Herdfeuer, um den sich sinnvoll das Dach schließt. Die Frage nach der prima causa aller Architektur mag sich anschließen: war der praktische Zweck formgebend oder die symbolische Gestalt? Diese Frage ist müßig, wenn man annimmt, daß symbolisierendes Schaffen für den Menschen ebenso elementar ist wie auf Lebenerhalten gerichtetes Handeln.[26]

Vor allem in der Frühzeit der »Architektur«, in der die Menschen noch von keiner Trennung von Erfahrung, Erkennen und Handeln wußten und alles Dasein und Tun in die Einheit des Welterlebens eingebunden war, fielen praktische und ideelle Funktionalität zusammen und brachten die ihnen adäquate Gestalt hervor.

Wenn vom räumlichen Rund die Rede ist, müssen die Gemeinschaftsanlagen dörflicher Art erwähnt werden, wie sie in primitiven Kulturen zu finden sind. In Afrika ist nicht nur die Rundhütte Hausbauweise verschiedener Negerstämme, sondern auch Dorfanlagen in Rundform und große Ringgehöfte sind dort heimisch.[27] Der Grundriß des Erdenrundes wird hier zum Siedlungstyp.

Der reine Rundbau erfuhr in der Geschichte der Hochkulturen herausragende Lösungen. Die griechische Tholos mit flacher Decke innen, einfachen Holzbalken oder Kassetten und Kegeldach diente ursprünglich wohl dem Heroenkult. Sie war Ummantelung von Opfergruben oder eines mythischen Grabes.[28] Sie war mit oder ohne Peristasis ausgestattet. Da ihr Innenraum ästhetisch nicht vorhanden, symbolisch aber um so mehr von Bedeutung war, müssen die Tholoi eher als Denkmäler denn als sakrale Rundhäuser angesprochen werden. Erst die Römer verbanden den Gedanken des heiligen Hauses mit dem Rundbau, wie der Vesta-Tempel auf dem Forum Romanum lehrt. Er barg das heilige Staatsfeuer. Im römischen Pantheon des Kaisers Hadrian wurde am Beginn des 2. Jahrhunderts dann ein vollkommenes Bild von Erdenrund und Himmelskugel auf kreisförmigem Grundriß und mit der in das Quadrat eingeschriebenen Halbkugel auf Sockel errichtet. In dieser runden Sockelzone waren Altäre für alle Götter aufgestellt; an der großen Öffnung der Kuppel zieht das wandernde Licht der Tageszeiten vorbei. Vitruv hatte in seinen Büchern über die Architektur Kreis und Quadrat als geometrische Urformen des Schönen angesprochen.[29] Er hatte damit griechisches Gedankengut aufgenommen, das in Maß und Zahl die vollkommene Schönheit von Kosmos und Menschengestalt ausgedrückt fand.[30] Der Architekt des Pantheon ging aber insofern über Vitruv hinaus, als er in der Verwendung der Kugelgestalt mystische Vorstellungen der Pythagoreer über den Kosmos übernahm.

In spätantiker Epoche entstand dann aus etruskischem Grab-Kuppelbau und römischem »Himmelsgewölbe-Bau« der Typ der christlichen Grab-Auferstehungsmemoria, wie ihn zuerst Kaiser Konstantin als Grabeskirche in Jerusalem über dem Tropaion des Heiligen Grabes und später in der Constantia-Rotunde errichten ließ. Das christliche Baptisterium der Spätantike und des frühen Mittelalters verwirklichte verwandte Baugedanken, wenn auch meist in die zahlensymbolische Grundrißform von Sechs- und Achteck verändert.[31]

Die Hochzeit des imperialen Erdenraumes mit dem göttlichen Himmelsrund wurde baukünstlerisch am großartigsten in der Hagia Sophia des Kaisers Justinian in Konstantinopel dargestellt. Auf einem zentralisierenden Grundriß, der zwar nicht rund, sondern aus der mittleren Kreisform und kumulierenden West- und Osträumen mit Umgängen gebildet wird, erheben sich um den riesigen Innensaal Kaiser- und Hoflogen; von oben senkt sich – alle Raumkräfte einsammelnd – schwebend über einem Lichtband aus Fenstern die goldmosaikgeschmückte Himmelskuppel herab.

Die Neuplatoniker der Florentiner Akademie hatten im 15. Jahrhundert die antike Zahlenmystik wiederentdeckt. Sie befruchtete die Architekten der Zeit, die sich erneut mit dem zentralen Kuppelbau beschäftigten. Leon B. Alberti sagte, daß die Natur selbst das Kreisrund liebe, weil sie solche runden Dinge schaffe wie den Erdball, die Gestirne, die Bäume, viele Tiere und ihre Nester (*De Re Aedificatoria*, Buch IX, Kap. 5). Deshalb ist sein Ideal der Zentralbau, was für die Renaissance-Baumeister allgemein gilt.

Im kleinen Tempietto im Hof von San Pietro in Montorio in Rom fand Donato Bramante die reine Gestalt der kuppelbedeckten Kreisform wieder und benutzte sie, um den Ort des Todes des heiligen Petrus auszuzeichnen. Die Kirche ist zugleich Denkmal und Beispiel reiner Klassizität in der Verwirklichung dieses Baugedankens. Damit schließt sich der historische Kreis wieder. Die späteren Monopteroi bleiben zwar in der Gestalttradition, verlieren aber deren Sinnfülle. Sie verändern sich zum konstruierten Zitat eines hochbedeutsamen Sinngebildes, das vergangene Symbolik künstlich wieder hereinholt. So ist auch Friedrich Wilhelm Schelling zu verstehen, wenn er sagt: »Hier (im Rundbau der Kuppel, d. Vfr.) ist die konzentrische Stellung am vollkommensten, und indem sich hier die einzelnen Teile wechselseitig tragen und unterstützen, entsteht die vollkommenste Totalität, ein Bild des allgemeinen, alles tragenden Organismus und der himmlischen Überwölbung.«[32]

In der Moderne realisierte Frank Lloyd Wright noch einmal den Gedanken des Rundes aus Erd- und Himmelskreis im Guggenheim-Museum, New York. Es war diese Konzeption für ihn ein »polemisches Manifest«[33] gegen die Schachbrettarchitektur der Großstadt. Die statische Ruhe des in sich Kreisenden des Rundes übersetzte er dabei in die Spiralenbewegung von innen umlaufenden Ausstellungskorridoren.

3.1.3 Die Konche

Der aus Kugelsegmenten bestehende Raumtyp der Konche fand zumeist nur als einzelnes Raumteil Verwendung, wenn es im antiken Griechenland auch freistehende Exedren gab. Die Konche öffnet sich entweder zu einem Hauptraum hin oder erweitert diesen als ausschwingendes Raumglied. Die Art der Hinzufügung ist deshalb bestimmend für die Wirkung der Konche. Buchtet der Hauptraum in seiner ganzen Höhe und Breite zu einer oder mehreren Konchen aus, gerät er damit in sanfte, diffus schwingende Bewegung mit zugleich schließender und öffnender Wirkung. Aber auch kleinere Konchen, Nischen also, bilden eine schwimmende weiche Raumgrenze, die die Härte von starren Geraden mildert und neu interpretiert.

Die Konche ist eine anspruchsvolle Gliedform hochentwickelter Architektur. Ihre Raumstruktur wird gekennzeichnet durch die bestimmte Erwartungshaltung des Betrachters, sie als Hülle für ein ausgezeichnetes, ja verehrungswürdiges Objekt zu sehen. Deshalb ist ihr die Aura eines Hoheitszeichens eigen.[34] Mit dieser ihr genuin zugehörenden ästhetischen Wesensart übernahm sie in der Architekturgeschichte immer wieder Funktionen von Hervorhebung und Auszeichnung.

Das Bedürfnis nach einem solchen Raummotiv, das architektonische Überhöhung eines bedeutungsschweren Ortes oder Gegenstandes leisten konnte, bestand offenbar schon früh in der Architekturgeschichte. Die erwähnten Erdtempel auf Malta besaßen Konchen-Annexe, wie aus den erhaltenen Kleeblattgrundrissen abzulesen ist. Was wurde in diesen Konchen aufbewahrt und zur Schau gestellt?

Ihre künstlerische Hochform erlangte das Konchenmotiv in der römischen Spätantike. Kaiserzeitliche Thermenbauten mit ihren mehrpassigen Grundrissen können wir uns in der Raumwirkung nicht großartig genug vorstellen. Heute zu betrachten ist ein solches Raumbild noch in der im 16. Jahrhundert verkleideten Kleeblatt-Kirche von San Lorenzo in Mailand aus dem 4. und 5. Jahrhundert n. Chr.

In der Nachfolge kaiserlicher Audienzsäle wie der sog. konstantinischen Basilika in Trier wurde die Konche im frühchristlichen Kirchenbau zur Hauptapsis des Chores und seitdem zum Ziel-Motiv im Osten der spätrömischen, byzantinischen und romanischen Kirchenarchitektur. Hier stand anstelle des Götterbildes oder des Richterstuhles in der heidnischen Aula bzw. Basilika die bischöfliche Kathedra hinter dem Kultaltar über dem Märtyrergrab. Die immateriell wirkende Raumgestalt der Apsis mit der Semantik des Hoheitszeichens am Kultort selbst war auch der ideale Bildträger für das heilige Bild.

In der Renaissance kehrte das in der Gotik verschwundene kreissegmentförmige Konchenmotiv in die Baukunst zurück, erhielt aber im Gegensatz zu früher eine feste plastische Durchbildung in Anlehnung an römische Traditionen. Seine Bedeutung für »ideale« Architektur läßt sich beispielsweise an Leonardos Zentralbau-Entwürfen ablesen. Die drei riesigen Konchen der römischen Peterskirche über dem Petersgrab von Bramante/Michelangelo stellen dann als Hoheitszeichen den Höhepunkt in der Geschichte dieses Motivs dar.

Seit dem Ende des 19. Jahrhunderts ist das Konchenmotiv fast völlig aus dem Repertoire verschwunden. Mag Mißtrauen gegenüber genuin symbolischer Raumgestalt die Ursache sein?

3.1.4 Der organische Raum

»Die Architektur als schöne Kunst hat das Anorganische als Allegorie des Organischen darzustellen. Denn sie soll jenes als das Wesen von diesem, aber doch im Anorganischen, d.h. so darstellen, daß dieses selbst nicht organisch ist, sondern das Organische bloß bedeutet.« (Schelling[35]) Dieser Aspekt einer Architekturästhetik läßt sich im Typ des organischen Raumes wiederfinden, ohne solchermaßen theoretisch begründet sein zu müssen. Hierbei kennzeichnen fließende Übergänge von Raum zu Raum und weiche Formungen der baulichen Details ohne betonte Ecken und Kanten ein Raumbild, das auf Darstellung der statischen Bedingungen verzichten kann. Die extremen Richtungsunterschiede im Hinblick auf rechte Winkel erscheinen dabei gemildert oder gar aufgehoben. Der statische Charakter des Gebauten verändert sich zugunsten des Eindrucks organischen Aufsteigens und Herabsinkens. Wachsen, Schwellen und Schrumpfen, ein Sich-öffnen und Schließen von Raum, sein »Ein-und-Ausatmen« drücken sich aus. Architektur wird zum Gleichnis, zur Allegorie organischer Kräfte, ob unter dem Bild von amorpher Lebendigkeit oder mimetisch als pflanzenhafte Gestalt. Statisches Dasein wird zum Bild natürlichen Werdens umgeformt.

Während im Alten Ägypten riesige Säulen mit Lotoskelchkapitellen organische Motive in Stein widerspiegeln (sie bewahrten die Erinnerung an Stützen aus zusammengebundenen Stengeln in der Vorzeit), ohne daß die statische Wucht der Tempel und Hallen dadurch gemindert würde, und auch die Entasis der griechischen Säule dem Peristyl nur einen Hauch von lebendiger Organizität verleihen kann, wird das Motiv pflanzenhaft aufwachsender Architektur im Inneren deutscher spätgotischer Kirchen bis in die Decke hineingetrieben. Hier suchte das Thema der Laube, das gleichzeitig in die Bildkünste Eingang gefunden hatte[36], einen ästhetischen Ausdruck auch in der Kirchenarchitektur.[37] Der Kirchenraum ist nicht mehr zuerst »Himmel«, sondern »Garten«. Das gotische Maßwerk änderte dabei seine geometrischen Grundformen; das konstruktiv bedingte Rippengewölbe wurde zum blattförmigen, unterlegten Netz an der Decke ohne konstruktive Funktion, die Stützen der Gewölbe verloren ihre die Statik verdeutlichenden Anfangs- und Endpunkte von Basis und Kapitell, die gotischen Kraftlinien der Raumgrenzen wurden in ein flächiges Gespinst von verglasten Lineaturen und Farbpartikeln aufgelöst. Durch horizontal umlaufende Mauerverstärkungen oder Emporeneinbau erhielt der gesamte Raum einen schwingenden Verlauf, wie ihn Chöre der Parler Familie oder der Chor von St. Lorenz in Nürnberg verwirklichen. Die architektonische Figur des Kapitells, das schon im 13. Jahrhundert Platz für natürliches Laubwerk bot (Kapitelle am Lettner des Naumburger Domes!), konnte sich in ein Pflanzengebilde verwandeln, das zugleich Krone und Sockel bedeutete und das menschliche Haupt bekränzte, wie es Heinrich (?) Parler in künstlerischer Eindringlichkeit in der Büste des Kölner Schnütgen-Museums darstellte.

Verwandte Erscheinungen im süddeutschen Spätbarock haben zwar andere kunstgeschichtliche Wurzeln, vermitteln aber im Stilgewand des 18. Jahrhunderts ähnliche Wirkungen. Beispielsweise steigen in der Wallfahrts- und Klosterkirche von Maria Einsiedeln im vorderen Oktogon zwei riesige Pfeiler wie ein Doppelquirl auf und pflanzen ihre durch Kapitelle und Kämpfer gebremste Kraft nach allen Seiten in die Deckenregion fort. Die räumlichen Überschneidungen und Durchblicke, zusammengefaßt durch Gesime und Gurtbögen, und überspannen von der zart farbigen Bilderwelt des Cosmas Damian Asam, drängen zum unentwegten Hin- und Hergleiten des Blickes, der die lebendig pulsierende Dynamik dieses Raumes erfassen will.

Die dazugehörende französische Roccaille als ein Ornamentgebilde, das die organische Grundform der Muschel in vibrierende Graphismen hineinsteigert und ganz abstrakt wird, überzieht Räume der Epoche wie mit einem Gespinst und bereichert sie durch Girlanden und Ranken, wodurch die Architekturen scheinbar ihre statische Konsistenz verlieren und sich der lebendigen Gestaltenfülle überlassen. Die diese Raumformen erst ermöglichenden mathematischen Konstruktionen verschwinden hinter der Erscheinung von Organischem. Natur wird scheinbar nachgeahmt; sie wird in ein zwar rational konzipiertes, aber allegorisch gemeintes Bild verzaubert.

Gewächshäuser aus Eisen und Glas nehmen in der ersten Hälfte des 19. Jahrhunderts vielfach das Motiv des Wachstums pflanzlicher Gebilde in die Architektur auf; so in den Metropolen von Paris und London, oder in Chatsworth, Burton und andernorts. Sie übersetzen die genannten organischen Tendenzen spätgotischer Räume in das starre Material des Eisens und die industriell gefertigte technische Form und zielen dabei vornehmlich auf Raumästhetik. Sie wollen natürliches Licht einfangen, damit dieses die eigene künstliche »Natürlichkeit« steigere. Für Jugendstil und Art Nouveau seien als Beispiel Eingangshalle und Treppenhaus von van de Velde im Karl-Ernst-Osthaus-Museum in Hagen (urspr. Folkwang-Museum) genannt. Auch hier lassen aufwachsende Pfeilerstützen im Raum Erinnerung an den klassischen Säulenaufbau vermissen, und statt statisch begründeter Profile schlängeln sich stengelartige Wulste um die Säulen.

Es möge noch ein Beispiel der jüngsten Vergangenheit folgen. Le Corbusiers Wallfahrtskirche in Ronchamp bei Besançon, die frei auf einem Ausläufer der Vogesen liegt, gleicht einer von Licht und Landschaftsraum umspielten Plastik aus schwellenden und sich einziehenden, amorph wirkenden Großformen. Ihr Innenraum wird von einer schwungvollen, a-geometrischen Raumhülle umspannt und assoziiert sanft fließende Höhlen und Schächte, die von horizontalen und vertikalen Lichtspalten erhellt werden.

Zu guter Letzt sei noch an das Goetheanum Rudolf Steiners in Dornach und alle seine Nachfolgebauten gedacht. Anthroposophisches Bauen ist ganz von der besonderen Auffassung des Zusammenwirkens von Leib, Seele und Geist geprägt und vermeidet als dessen Abbild alle Ecken und Kanten in Grundriß, Aufriß und Einzelform.

3.1.5 Der Kasten

Rational und sachlogisch stellt sich uns der Kastenraum dar. Er ist ein Geviert, das »aus seinen Grenzen erbaut« ist (Heidegger). Vier »Stellwände« als Auflager für Dachbalken und Dach verkörpern das Grundprinzip von Tragen und Lasten in der Klarheit von Statik und Konstruktion. Der entstehende Raum ist optisch meßbar, weil die Raumbegrenzung in der räumlichen Ur-Dialektik, der Ecke, deutlich gemacht wird. Darin sind räumliche Bewegungen zugleich statisch festgehalten und in eindeutige Richtungsunterscheidung gebracht. Denn der rechte Winkel ist die klarste geometrische Unterscheidung.[38]

Das Raumerlebnis in einem Kastenraum erhält seine Spannung aus dem Antagonismus zwischen der zeitlichen Dimension seiner Tiefenerstreckung und dem bildhaften Charakter seiner Breite. Denn die Wände bekommen durch die Rahmung an vier Seiten die Qualität von Bildern in der Fläche. Die Grenzflächen des Kastenraumes werden wie Bilder wahrgenommen und fordern dazu auf, durch Gestaltung auch wie Bildflächen und Bildgründe behandelt zu werden. Das flächige oder plastische Wandbild (die Tapete!) – inhaltlich oder abstrakt thematisiert – ist auf den Bezug zur Wandfläche angewiesen, falls es diese nicht (wie in Spätrenaissance und Barock) illusionär durchbricht. Probleme der Anwendung künstlerischer Überlegungen spielen daher bei der Gestaltung der Breitenansichten des Kastenraumes eine hervorragende Rolle.[39]

Die natürliche und einst erlebte Symbolik des Kastenraumes weist auf die vier Himmelsrichtungen hin und hat teil an der Symbolik der Zahl Vier als Zeichen für die irdische Welt.[40] Dagegen bezeugt die tatsächliche nüchterne Durchdringung von horizontalen und vertikalen Flächen in der klaren, »unparteiischen« Entscheidung des rechten Winkels die Rationalität des menschlichen Verstandes. Der Kastenraum verkörpert so einen Mythos der Vernunft. Semantische Aspekte in der Erfahrung dieser Raumgestalt können dann besonders wirksam werden, wenn Fenster so angeordnet sind, daß sie den Lauf des Tageslichtes mitzuerleben gestatten. Neben der Kunstform des Flächenarrangements hängt es deshalb weitgehend von Qualität und Quantität des Lichteinfalls ab, ob und wie die Begrenzungsflächen des Kastenraumes zum Sprechen gebracht werden.

An den Kastenraum können mindestens vier andere Kastenräume angeschlossen werden und so fort, so daß aus diesem Gebilde folgerichtig additive Raumkonglomerate entstehen können. Eine solche Addition von Kastenräumen bietet sich als »Wohnweg« an; sie können als Kammern, Hallen und Säle Bedürfnisse des rational und funktional gegliederten Lebens erfüllen.

Das künstlerische Niveau des Kastenraumes hängt von den ihn konstituierenden Faktoren ab; das sind seine Proportionen nach Breite, Tiefe und Höhe im Sinne mathematischer Hohlraumgrößen, Gestaltung der vier Wände als vier Flächenbilder und Einbezug des Lichtes. Sei das Gebälk im Innern des Raumes geschlossen oder in das Dach hinein geöffnet, jedenfalls spielt die Ästhetik des oberen Abschlusses im einfachen Kastenraum eine nur untergeordnete Rolle.

In der Architekturgeschichte scheint der Kastenraum Grundtyp früher Kultur zu sein. In Südostanatolien am Oberlauf des Tigris wird derzeit eine steinzeitliche Siedlung ausgegraben[41], deren früheste Schichten mit der Radiokohlenstoff-Methode in die Zeit zwischen 7250 und 6750 v. Chr. datiert werden. Die Steinbauwerke, Vorratskammern, Wohnräume, Tempel (?) von recht kleinen Ausmaßen haben Rechteckgrundrisse. Sie entstanden etwa gleichzeitig wie die frühesten Bauten der »Stadt« Jericho, bei denen ebenfalls Rechteckanlagen vorkommen. Das früheste ägyptische Haus war ein rechteckiger Einraum mit geböschten Außenwänden aus Nilschlamm-Platten. Es hatte vermutlich eine gerade Palmstammbedeckung und winzige hochgelegene Fenster. Sowohl der rechteckige Grundriß und die geböschten Außenwände wie die Konstruktionsformen aus Natur-Baustoffen kommen in den späteren Zeiten des Beginns der Steinarchitektur wieder vor und bleiben charakteristisch für ägyptisches Bauen; wenn dann auch neue, kultisch bedingte Funktionen und fortschreitende technische Erfahrung eine differenzierte Anreicherung dieser Ur-Räume möglich machten. Eine Vorstellung von solchen monumentalen Rechteckräumen, die systematisch angeordnet waren, ist vor allem angesichts der Staatsräume des königlichen Totenkultes der 3., 4. und 5. Dynastie zu gewinnen, beispielsweise im Djoser-Komplex.

Die Grundrisse der neolithischen und späteren minoischen Paläste auf Kreta zeigen hingegen eine scheinbar willkürliche Ansammlung von nebeneinanderliegenden Räumen, deren Rechteckform in allen Größen und Verhältnissen wiederkehrt als große Prunkräume, Kammern verschiedenster Zweckbestimmung und Vorratsgelasse. Offenbar gab es nirgends ein Rund in diesen Palastbezirken!

Ähnliche Sachverhalte wurden in den Burganlagen mykenischer Kultur des 14. und 13. Jahrhunderts v. Chr. entdeckt (in Mykene, Tyrins, Pylos). Und hier begegnet uns auch ein Bautyp, der dann in der Antike größte Bedeutung erlangen sollte: das freistehende Megaron. Es taucht im 3. Jahrhundert v. Chr. fertig ausgebildet auf und ist in den frühesten Siedlungsschichten von Troia, auf Samos und Lesbos zu finden. Es besitzt dort schon seine Grundgestalt: eine Eingangsfront, durch Holzpfosten oder Steinkanten (Anten) hervorgehoben, führt in den langgestreckten, geschlossenen, rechteckigen Wohnraum, den Naos. Dieser wird dann in der griechischen Epoche als Naos des Tempels, als Cella, das Götterbild aufnehmen. Das Megaron hatte sich zum Architektur-Schrein verwandelt – vielleicht angelehnt an die ägyptischen »Kapellen« –, in welchem die Figur des Gottes oder der Göttin aufbewahrt wurde. Und die im 7. Jahrhundert v. Chr. entstandene Ringhalle aus Säulen umgab und schützte den heiligen Schrein, der geheimnisvoll dahinter verschwand. Einzigartig in der griechischen Architektur vertritt das im 4. Jahrhundert v. Chr. auf älteren Grundrissen erbaute *Telesterion* in Eleúsis den Typ des riesigen Raumkastens (hier mit eingestelltem Säulenwald). Daß eine Stätte streng verborgener Mysterienkulte für die Herrinnen Demeter und Kore in einen Raumblock von fast quadratischer Grundfläche eingeschlossen war, weist auf die Vieldeutigkeit dieser so rational wirkenden stereometrischen Raumform hin. Das ungeschmückte Äußere des Baues (es hatte allerdings von dem Parthenon-Architekten Iktinos noch eine Ringhalle erhalten) entstand als bauliche Konsequenz eines hochbedeutsamen Innen, welches wiederum einen kleinen Kasten, das Anaktoron, enthielt. Hier spielte sich vor Eingeweihten das heilige Mysterium um Demeter und Persephone ab.[42]

Im frühen Mittelalter verband sich die mittelmeerische Tradition des aus Stein, Ziegel oder »Beton« erbauten Kastenraumes mit dem Kastenraum des germanischen Rundholz- und Fachwerkbaus. Daraus entstand der Typ des europäischen Wohnraums, dessen schlichte Konstruktionsweise die Hülle der jeweiligen Wohnkultur wurde.

Erst die Moderne wertet den Kastenraum wieder ideologisch auf. Seit »De Stijl« und »Bauhaus« wurde die Gradlinigkeit seiner »reinen Verhältnisse« gesucht, um darin ein Abbild der Idee eines von allem Zufälligen und Subjektiven befreiten Universalen zu schaffen. Die mathematische Struktur des Weltalls konnte für diese Künstler nur im rechten Winkel sichtbar werden, der Emotionalität, Zufall und Unordnung ausschließt. Die rhythmische Gegenüberstellung von Vertikalen und Horizontalen konnte der Architektur das dynamische Gleichgewicht geben, das sie aus toter Stereometrie erlöste und wieder zum Medium von Denkmodellen machte. Denn schließlich sollte in der Spannung rechtwinkliger Raumkörper auch das Ethos dargestellt werden, das die Gesellschaft selber reiner und besser machen konnte! Unduldsam und starr, aber mit menschenfreundlicher Einstellung, machten die Bauhausarchitekten diesen Mythos der Rationalität zum ethischen Prinzip des modernen Bauens, das heute in der Postmoderne seine Antipoden findet. So erwies sich der Kastenraum in der Moderne als die eigentlich rationelle, weil wirtschaftlichste Raumform, die Architekten und Bewohner von symbolischen Bezügen entbinden konnte, weil sie totaler, abstrakt vorformulierter Funktionalität scheinbar am wenigsten Widerstand aus dem Eigenen der Raumästhetik entgegensetzte. Die relative Simplizität ihrer mathematischen Verhältnisse verleitete geradezu dazu, proportionale Beziehungen nach nur statistisch ermittelten und ökonomisch festgelegten Normmaßen schematisch herzustellen und damit Formphantasie auszuschließen. Künstlerische Erfindungsgabe, die auf räumliche Spannung und erlebnishaft gesättigte Gestalt gerichtet ist, konnte als Luxus entfallen. Aus Raumgestalt wurde ausgesparter Platz zwischen vier Wänden, Bildhaftigkeit von Raum verschwand hinter einer behaupteten Praktikabilität.

Wie eine Schlucht wirkt der Raumkasten, wenn er eng und in die Länge gezogen ist. Das Gesetz der Perspektive kommt hier voll zur Geltung und wird noch verstärkt, wenn sich die Langseiten durch kräftige Gliederung optisch verkürzen. Der Raum wird zum Weg, der zum

Ziel der Schmalwand führt. Damit wird das Raumgefühl zum Zeitgefühl stimuliert, das »ambulandi« – wandelnd – erlebt wird. Verweilen gerät zu einem Halt im Vorübergehen, und der Blick wandert an den langen Raumgrenzen hin und her. Zwei entgegengesetzte Richtungen sind als Anfang und Ende gewaltsam auseinandergehalten und nehmen den Benutzer in ihr Auseinanderstreben mit hinein.

Die Architekturgeschichte kennt viele Arten von rechtwinkligen Langräumen, die die Bewegung von einem Ende zum anderen architektonisch überhöhen. Die Raumschluchten zwischen der äußeren Cellawand und der Säulenstellung der griechischen Tempel besaßen den Charakter eines perforierten Rahmens um einen geschlossenen Kern, der das Auge von Säulenintervall zu Säulenintervall leitet. In diesem Rahmen drückte sich das Circulare um das verborgene Heiligtum mit dem Götterbild sinnfällig aus, ohne ein benutzbarer Umgang gewesen zu sein. (Erst der moderne Tourist erklettert den Stylobat und genießt den Anblick der peripteralen Raumschluchten.) In der spätantiken und mittelalterlichen Kirche begleiten dann zweckdienliche Seitenschiffe niedriger und schmaler das Hauptschiff und motivieren tatsächliche Bewegung neben seiner feierlichen Ruhe. Dort entfalteten sich die Prozessionen, die singend und betend das Mysteriengeschehen am festen Ort des Altares umrahmten. Auch das Wandeln im Kreuzgang war, viermal die Richtung wechselnd, ein symbolträchtiger Weg, der vom inneren Rhythmus der Stundengebete bestimmt wurde. Palladio legte in seinem Teatro Olympico in Vincenza 1580 den Bühnenprospekt wie ein traumhaftes, dreiteiliges Triumphtor an, das Einblick in drei tiefe Raumschluchten (tatsächlich nur extrem verkürzte Kulissen) gewährte, durch die wie aus weiter Ferne die Schauspieler die Szene betraten. Lorenzo Bernini benutzte ebenso den perspektivischen Aspekt in seiner Scala Regia im Vatikanischen Palast auf bis dahin unerhört kühne Weise (die zu einer künstlerisch vollkommenen Lösung des Motivs der Raumschlucht geworden ist), indem er Anfang, Wende und Ende der Treppe durch einen wie plötzlichen Lichteinfall erhellte und die geraden Seitenwände durch einen schmalen Schacht aus vorgestellten Säulenreihen begleiten ließ, die die tonnengewölbte Mittelstiege als Schattenzone flankiert. Der Weg zum Ziel des Aufstiegs wird so durch Licht geheimnisvoll gewiesen und durch die seitlichen Säulenfiguren feierlich beschwingt. Die barocke Raumkunst nutzte das Motiv des nach zwei Richtungen ausgespannten Raumkastens vor allem im Schloßbau. Der Spiegelsaal des Versailler Schlosses wurde für eine Hofgesellschaft erbaut, die in diesem Raumgebilde zugleich einen bewegten und geordneten Rahmen für den König bilden und sich darin selbstgenügsam spiegeln konnte.[43] Die sog. Galerien als glasüberdachte Straßen mit Geschäften und Cafés (eine der frühesten die Galeries Saint Hubert in Brüssel von 1846/47) nehmen im 19. Jahrhundert die Raumidee der Schlucht neu auf und machen aus ihr eine Architekturform großstädtischen Lebens. Hauswände sind Seitenwände eines öffentlichen Innenraumes, in welchem »flanieren«[44] das angemessene Verhalten bezeichnet.

3.1.6 Der Gliederraum

Aus Höhle, Erd-Himmelsrund und Kasten wurden im Laufe der Architekturgeschichte zusammengesetzte Raumgestalten entwickelt. Wir sprechen vom Gliederraum. Ein solches Raumgebilde kann aus zweierlei Richtungen räumlicher Vorstellung entstehen. Entweder ist es auf räumliche Ausgliederung einer fiktiven Einheit zurückzuführen – es liegt eine Raumdivision vor –, oder es hat seinen Ursprung in der Zusammenbindung von Raumteilen unterschiedlicher Gestalt zum dominanten Raumganzen. Gliederraum ist ausufernder Einheitsraum oder zusammengesetzte Raumfuge.

Ästhetisch vermittelt der Gliederraum Raumbilder aus Überschneidungen, Verkürzungen, Durchblicken, durch räumliches Auf und Ab, Vor und Zurück, ohne daß eine besondere perspektivische Thematik beabsichtigt sein muß. Gestaltvariationen der konstituierenden Raumteile kommen als Steigerung oder Abschwächung räumlicher Konzentration zur Wirkung. Verdichtungen werden wie Haltepunkte gesetzt, und Dehnungen verwandeln sich in Bewegung der Raumgrenze. So bestimmt sich die Ästhetik des Gliederraumes aus dem Verhältnis des Hauptmotivs zu den Begleitmotiven, wobei »individualisierende« und »sozialisierende« Tendenzen zum Ausdruck gebracht werden können. Schließlich ist der Grad der räumlichen Einheit entscheidend, innerhalb dessen aber der Charakter der Mehrteiligkeit erhalten bleibt. Es entfaltet sich eine Melodie des Raumes, in der es auf Fluß, Takt und Höhepunkt der Raumstücke ankommt.

Zeichenhaft vermag der Gliederraum Kulturfunktionen von Religion und Gesellschaft darzustellen. Unterordnung von schwachen unter starke Raumstücke zeigt deren hierarchische Bedeutung an. Der Raum wird Sinnbild der dogmatisch hierarchisierten Struktur einer geschichtlichen Gesellschaft, aber auch ihrer undogmatischen Ausfächerung.

In seiner Ästhetik und Symbolik gibt der Gliederraum Zeugnis von der künstlerischen Phantasie von Baumeister und Stilepoche. In der Architekturgeschichte ist die Differenzierung des Raumganzen durch Ordnung und Anordnung unterschiedlicher Raumkompartimente Ausdruck von Hochkultur. Beide, das Kulturspiel mit Ritualen und Bräuchen und das Gerüst des gesellschaftlichen Systems, spiegeln sich. Ideelle und praktische Funktionen werden ästhetisch potenziert, indem sie eigene räumliche Teilbezirke erhalten. Kultur und Luxus mit ihrer Freude am Nutzlosen schaffen sich architektonische Voraussetzungen. Multifunktionale Lebenswirklichkeit, die im Einraum angesiedelt ist, muß im Vergleich dazu als Ausweis primitiver Kulturstufe gelten, ob im Männerhaus der Südsee oder im russischen Bauernhaus der Zarenzeit. Dagegen besaßen schon frühe Palastbauten in Mesopotamien nicht nur eine reiche Untergliederung der Gesamtanlagen in Säle, Kammern, Gänge und Höfe, sondern wichtige Haupträume waren auch durch das Zusammenspiel von Teilräumen errichtet worden.

Seitdem römische Bauherren und Architekten den Gliederraum zu reichster Entfaltung und Monumentalität gebracht hatten, ist er im Abendland und Europa zum Inbegriff hoher Raumkunst geworden. Die Römer hatten ihn aus hellenistischen Vorstufen zur imperialen Darstellung eines luxuriösen Lebensstiles weiterentwickelt: Konchen, Annexe und Galerien schlossen sich an rechtwinklige oder runde Haupträume an, Terrassen und Höfe erweiterten die zentralen Raummotive in den Außenraum hinein. Man studiere die Grundrisse des »Goldenen Hauses« des Nero oder die Thermen des Diokletian oder die sog. Maxentius-Basilika, um Beispiele für die variablen Großformen dieser Raumauffassung zu finden. Wölbefiguren als Kuppeln, Kalotten, Tonnen und Kreuzgewölbe schließen diese Raumkonglomerate nach oben ab.

Ein anderes Schema des Gliederraumes wurde zum Typ des christlichen Kirchenbaus seit der Spätantike. Sein räumliches Ensemble aus Haupt- und Nebenschiffen, Querschiffen und Chören beugte sich dem Diktat der West-Ost-Richtung. Es reicherte sich im Mittelalter durch Umgänge und Kapellen an, in der Vierung fand es seinen Knotenpunkt. Der christliche Kirchenbau war zur hierarchisch geordneten Raumfuge aus eigentümlichen Stücken geworden, die den vielfältigen Formen von Liturgie und Andacht ihren jeweiligen Ort gaben. Die stilistische Entwicklung dieses Typs von Gliederraum bestimmt tiefgreifend die Architekturgeschichte von Spätantike und Mittelalter.

Im Gegensatz zum Kirchen- und Klosterbau war in der mittelalterlichen Profanarchitektur Addition von Einräumen üblich, die sich mehr oder weniger streng voneinander abschlossen. Neben dem Aspekt von Kargheit, der sich aus klimatischen und ökonomischen Bedingungen herleiten läßt, kommen darin auch germanische Raumvorstellungen zur Auswirkung, die sich von der römisch-antiken Motivik absetzen. Sie sind vom Willen nach räumlicher Separierung geprägt. Der Zusammenstoß beider Kulturkreise schlägt sich beispielsweise im merowingisch-karolingischen Kirchenbau nieder, etwa im asturischen Spanien des 8. und 9. Jahrhunderts, wo die aus dem Mittelmeergebiet übernommenen Elemente der Seitenschiffe gegenüber dem Hauptschiff der Kirche fast völlig abgetrennt wurden.

Übernommene und erfundene Konzeptionen von bewegten, gestaffelten und ineinander verschliffenen Gliederräumen fanden in Hochrenaissance, im Barock und Spätbarock großartige bauliche Verwirklichung in Kirchen und Festräumen. Die großen Meisterwerke dieser Epochen wie der Trikonchos von St. Peter in Rom, die Hofbibliothek in Wien oder die Benediktinerkirche in Neresheim in Schwaben schließen sich immer noch an römische Grundmuster an. Diese wirken bei einzelnen Beispielen bis in den Beginn des 20. Jahrhunderts hinein. Erst neuerdings werden für den liturgischen und profanen Repräsentationsraum in Form des Gliederraumes wieder neue Gestalten erfunden, die sich sowohl vom römischen wie vom mittelalterlichen Raumbild frei machen.

Im Hausbau blieb, wie seit eh, Addition von Einzelräumen nach Maßgabe ihrer praktischen Funktionalität üblich.

3.1.7 Der offene Innenraum

Wenn sich Kastenraum, Raumschlucht, polygonale oder runde Innenräume nach außen öffnen, indem eine, zwei oder drei ihrer Seiten dergestalt perforiert werden, daß sie als Raumgrenze durchlässig sind, entsteht eine neue Raumgestalt. Darin durchdringen sich an diesen betreffenden Stellen geschlossener Innenraum und offener Außenraum als ein Verbund von Raumdifferentiation und Raumintegration. Anstelle einer rings abdichtenden Raumgrenze tritt eine »Naht« aus gebautem Gitterwerk, das einen Übergang von Innen nach Außen hervorruft. Säulen, Stützen oder Rahmenelemente solcher Öffnungen, die etwas anderes sind als Fenster, kennzeichnen diese Zone. Innen und außen einheitliche Fußbodenbeläge und Stufen können Übergänge ebenfalls verdeutlichen. Innenraum will hinausfließen, Außenraum dringt herein. Als Raumgestalten mit perforierter Raumgrenze sind Narthexe, Lauben, Galerien, offene Wandelgänge, Loggien, Emporen und architektonisch deutlich begrenzte Terrassen aufzufassen. Ob bei diesen Architekturtypen auch das räumliche Innen dominant ist, es wird jedenfalls erst in seiner Begegnung mit dem räumlichen Außen interpretierbar. Die »Aufhebung« dessen, was sonst materiell und symbolisch getrennt und zumindest durch Tor und Schwelle als Getrenntes ausgewiesen ist[45], wird thematisiert.

Perforierte Räume als eine Verbundstruktur von Innen und Außen besitzen aus sich selbst ästhetische Reize. Von innen gesehen erlangen sie Unbestimmtheit im Hinblick auf ihre Raumgrenze in dem Maße, wie deren kontinuierliche Dichte zurücktritt, durch plastische »Figuren« ersetzt oder im Wechsel von materieller Konsistenz und Zwischenraum wahrgenommen wird. So kommt den Körpergliedern der Perforation entscheidende Bedeutung zu. Sie mögen den Innenraum eher zurückhalten oder ihn mehr oder weniger dem Außenraum überlassen. Sie mögen eingefangenes Innen schützen oder es preisgeben. Ihre Rolle ist für die Art dieser Begegnung ausschlaggebend, und das in quantitativer und qualitativer Hinsicht.

Das gilt auch bei einer Betrachtung von außerhalb. Galerien und offene Logen, die in geschlossene Baukörper eingelassen wurden oder eine dichte Innenraumgrenze eines Großraumes durch den eigenen Raum unterbrechen und aufbrechen, bereichern die Trägerkörper nicht nur materiell, sondern beleben sie durch die zum Ausdruck kommenden Spannungen zwischen Raum und Masse. Außerdem erfahren die aktiven perforierenden Motive durch die ihnen hinterlegte passive Schattenzone ihrer jeweiligen Raumfolie eine Verdichtung der eigenen Gestalt, in der Proportion und künstlerische Gestaltung im fließenden Zwischenraum spielen können. Dieser ästhetische Charakter kommt voll zur Geltung, wenn solcherart Räume selbständige Bauwerke sind. Aber auch in Großräume eingebaute Emporen vermitteln je nach Ausdehnung und Perforationszone den gleichen eigentümlichen Charakter einer konstituierenden Raumintegration von Außen und Innen.

Im ambivalenten und als lebhaft und spannungsvoll wahrgenommenen Zusammenspiel zwischen Außen und Innen eines solchen Raummotivs vollzieht sich ein sinnvoller Wechsel von Intimität und Öffentlichkeit. Die Öffnung des Innen zum Außen wirkt wie eine Zurschaustellung von Innenleben. Umgekehrt weitet sich verborgene »Innerlichkeit« aus, indem sie Raum außerhalb in Anspruch nimmt. Damit werden aus unterschiedlichen Blickwinkeln unterschiedliche Eindrücke hervorgerufen. Schweifende Blicke verbinden das Draußen mit dem Drinnen. Ein Standortwechsel erbringt neue Ein- und Aussichten.

Einem solchen architektonisch gestalteten Raumverbund kommt deshalb die Eignung zu, differenzierte Lebensformen zu ermöglichen und darzustellen. Er dient ja unmittelbar dazu, in einer Weise gebraucht zu werden, die sich die Entscheidung für draußen oder drinnen offen hält. Nutznießer können an beiden Bereichen teilhaben, ohne eine gewünschte Absonderung aufzugeben. Ja, diese Absonderung ist zugleich Voraussetzung der Teilhabe. So drückt sich in der Offenheit der Raumform gesellschaftliche Praxis aus, die Öffentlichkeit von Lebensformen herstellt, obwohl deren abgrenzende Regeln beibehalten werden. Man kann sehen und gesehen werden, ohne seine eigene Welt zu verlassen. Man kann öffentliche Handlungen an einen geschützten, separierten Ort binden, der optisch freien Zugang gewährt. Aus Wandelgängen kann man »ins Freie« hinaustreten und sich wieder dorthin zurückziehen. Man kann wechselnde Aussichten genießen und bleibt in seiner räumlichen Geborgenheit. Zu ebener Erde kann man sich alternierend für draußen und drinnen entscheiden, dem Wetter aussetzen und es geschützt beobachten und erfährt in dieser Wahlmöglichkeit ein Gefühl von Bewegungsfreiheit, ja von Freiheit.

In den einzelnen Epochen der Architekturgeschichte wurden die unterschiedlichen Typen dieses Verbundsystems von Außen und Innen unterschiedlich ausgeprägt und gebraucht, sei es als Einzelbauwerk, als Element von Baukörpern oder als eigenständiger Teil von größeren Innenräumen. Sie kommen vielfach abgewandelt, mit unterschiedlichen Aufgaben versehen und von unterschiedlicher künstlerischer Qualität bis weit in das 19. Jahrhundert vor. Im 20. Jahrhundert gingen sie oft verloren, wenn man nicht die winzigen Balkone an mehrstöckigen Wohnhäusern als verkümmerte Nachfahren gelten lassen will.

Mit der Erfindung der Säule in den alten Mittelmeerkulturen war die Voraussetzung für Raumgebilde gegeben, die zugleich Innen- und Außenräume waren. Die hohe Sinnbildlichkeit der Säule ließ sich auf diese Räume übertragen. Aber schon die Griechen bauten Säulengänge und -hallen, die nicht nur das kultische, sondern auch das öffentliche Leben baukünstlerisch interpretierten. Die Agora von Athen war in hellenistischer Zeit von einer langen Stoa umstellt, wie sie seit je in griechischen Städten die öffentlichen Plätze umgab. Sokrates führte seine Gespräche mit den Schülern in Athener Wandelhallen. Die Römer bezogen dann das Motiv der Säulenhalle in ihren Wohnstil ein, der dadurch etwas

Luxuriöses, Freies und Festliches erhielt. Im Atriumhaus war die Durchdringung von Innen und Außen inmitten des Gebäudes selbst zum Prinzip einer regelhaften Anordnung der Räume geworden. Natur im Ausschnitt wurde Teil des häuslichen Lebens. Lange Laubengänge begleiteten vielfach die römischen Straßenachsen des cardo und decumanus.

Spätantike und frühmittelalterliche christliche Architektur übernahm sie in der Form des Atriums vor der Kirche. Dabei wurden die antiken Architrave allgemein durch Bogenstellungen ersetzt, die den Öffnungen einen neuen Bildcharakter verliehen. Daraus entstand in der mittelalterlichen Klosterarchitektur der Kreuzgang als vierflügelige Wandelganganlage neben der Kirche, in dem Mönche und Kleriker ihre Gebetszeiten »ambulandi« verbrachten. Die so gerahmte freie Fläche des Innenhofes erfuhr durch die umlaufenden perforierten Gänge besondere Raumfülle, die der Kontemplation förderlich war und symbolische Funktionen erfüllen konnte.

Mit den byzantinischen Matronen hat das Emporenmotiv Eingang in den abendländischen Kirchenbau gefunden. Es erfüllte liturgische, ästhetische, und konstruktive Aufgaben und prägt als reizvolle, weil offene Raumfigur immer wieder die Kirchenbauten. Die Bautradition der einzelnen Kunstlandschaften verlieh ihm seine jeweilige kunstgeschichtliche Bedeutsamkeit. Das Mittelalter erfand auch das Laubenhaus, das sich dem geschäftlichen und geselligen Leben der Straße öffnete. Dem Laubenhaus verdanken spätmittelalterlich geprägte Städte vielfach ihr charakteristisches Aussehen. Praktische Bedürfnisse verbanden sich mit raumästhetischen. Ins Prächtige und in höchstem Maße Kunstvolle gesteigert bauten die Venezianer den Palast des Dogen als Dreiflügel-Block mit Innenhofgalerien, dessen Trakte sich außen über einer von Maßwerkspitzen gerahmten Laubengalerie erheben.

In derselben Epoche war in Oberitalien und Mittelitalien die Loggia zu einem Raumtyp geworden, der ebenfalls zugleich kommunales und familiäres Leben architektonisch band und öffentlich machte. Beispielsweise fanden in der Loggia dei Lanzi in Florenz Repräsentationsformen des Gemeinwesens als festliche Selbstdarstellung ihren Platz und konnten der Schaulust der Menge auf dem Signorienplatz Genüge tun. Und dies in unmittelbarer Nachbarschaft zum strengen, verschlossenen Baublock des Regierungspalastes der Signorie. Die in den Arkadenzwickeln angebrachten sieben Tugendallegorien verliehen der Loggia zusätzlich einen ausdrücklichen, auf Regierung und Gemeinwohl bezogenen Symbolsinn. So eröffnete die offene Bauform der

Loggia einen multiplen Gebrauch, der in festliche Schaustellung und symbolische Überhöhung münden konnte und bedeutenden Architekten, wie Brunelleschi im 15. Jahrhundert, Möglichkeiten bot, stilbildend zu wirken. Die italienischen Stadtpaläste des 15. und 16. Jahrhunderts verbargen dagegen ihre von Loggien bestandenen Innenhöfe hinter verschlossenen Außenfassaden, die von diesem Innenleben nichts ahnen ließen. Diese Hofarchitektur einer noblen Wohnkultur findet sich vereinzelt auch jenseits der Alpen, wie in Landshut a. d. Isar oder der österreichischen Schallaburg.

In der Moderne werden für die Wohnhausarchitektur wieder neue Lösungen gesucht, die dem Gedanken einer räumlichen Vermittlung zwischen Innen und Außen Rechnung tragen. Frank Lloyd Wrights Bauten waren dafür wegweisend, nachdem das typische Haus des 19. Jahrhunderts vorwiegend auf sich selbst bezogen war.

3.2 Die architektonische Körperfigur

Türme, Kuppelbauten, Rechteckhäuser, Häuserblocks, Bauernhäuser mit gewaltigem Dach, Kirchen mit Seitenschiffen und Kapellen, Burgen, Schloßkomplexe, Hochhäuser, alle Bauwerke in ihrer äußeren Gestalt sind Figuren im Außenraum. Worin ist die Ästhetik dieser Baufiguren begründet?

Erkenntnisse der modernen Physik legen nahe anzunehmen, daß materielle Körper nichts anderes sind als eine den menschlichen Sinnen zugängliche Erscheinungsweise von Kraftfeldern. Nach dieser These wäre das seiend Objektive der physikalischen Welt (das nicht erkennbare »Ding an sich« von Kant) eine Verdichtung von Kräften, die den Stoff bietet für eine der menschlichen Wahrnehmung angemessene und erlebte Anschaulichkeit dieser gleichen Welt.[46] Es gäbe also einen Erscheinungscharakter auf der transzendentalen Ebene der Wirklichkeit und einen solchen auf der Ebene der unmittelbaren Anschaulichkeit, in der sich Eigenschaften und Inhalte der Erscheinung überhaupt erst erfüllen. Dabei entschiede die sachliche Beschaffenheit des Gegebenen.

Die Unterscheidung zwischen verschiedenen Seinsebenen der Gegenstandswelt bietet für die Ästhetik der architektonischen Körpergestalt einen fruchtbaren Ansatz. Das seiend Objektive der erscheinenden Architekturfigur besitzt nämlich so etwas wie eine Ausstrahlung ihrer Körperlichkeit selbst, von der die Anschaulichkeit des sachlich Gegebenen bestimmt wird und in die hinein der Betrachter Vorstellungsinhalte projiziert. Die ästhetische Relevanz des realen Volumens, seines Materials und seiner Technik zeigt sich als anschauliche Vieldeutigkeit. Diese antwortet der Rezeption, wenn ihr eine sensible Wahrnehmung des realen Äußeren entgegenkommt und dessen optische und haptische Werte mit ihren ausdrucksmäßigen und symbolischen Inhalten rezeptiv aufnimmt. Es geht also weniger um die quantifizierbaren Gebildemerkmale jeweiliger selbständiger Architekturkörper, sondern um ihr ausdruckshaftes Erscheinen als Figuren im umgebenden Raum mit seinen innewohnenden Beziehungen und Spannungen. Daraus entspringen ästhetische Kriterien, die nicht primär aus Raumgefühl und Bewegungserfahrung des Betrachters stammen, sondern durch Anschaulichkeit und Anschauung körperlicher Formsachverhalte hervorgerufen werden, die selbst Masse vorzeigen und Raum beanspruchen. Essenz und Existenz treten hier in ästhetische Konkurrenz.

Der natürliche *Zusammenhang des Baukörpers mit dem ihn umgebenden Raum* und mit dem ihn betrachtenden Zuschauer hat zur Folge, daß sich der objektive Befund im Vorgang der ästhetischen Wahrnehmung mit dem lokalen Standort des Betrachters verbindet. Hierbei erfährt dieser anziehende und abstoßende Kräfte des architektonischen Figur-Volumens, die im jeweiligen Spannungszusammenhang zu ihren Verankerungszentren stehen.[47] Dahinein wirkt die Bindung des Gebäudes an seine Basis, die durch die je besondere Führung der Erdoberfläche gegeben ist. Durch den eigentümlichen Abstand zu anderen baulichen Figuren erhält das einzelne Bauwerk Gewicht oder verliert an optischer Bedeutung. Aus seinem Umraum wird Zwischenraum oder Raumfolie. Das Fehlen oder Vorhandensein von Überschneidung ist von Wichtigkeit. Das einzelne Gebäude erlangt optische Wertigkeit durch Vereinzelung oder verliert sie im nachbarlichen Kontext. Es fügt sich in eine Gruppierung ein, beherrscht diese oder negiert den Zusammenhang zu seiner Umgebung, sei sie eine gewachsene oder gebaute, zu seinem Nutzen oder Schaden. Seine Umrißlinie wird wichtig, die Erscheinung seiner Masse, ob perforiert oder dicht, erlangt ästhetischen Wert. Es entsteht der Eindruck von Leichtem oder Schwerem, von eleganter oder holpriger, von gedrückter oder schwebender Figur. Die architektonische Gestalt wird zur selbständigen Figur im Raum mit einem ihr eigenen Ausdruck. Ihre Einzelmotive werden in der Beziehung zueinander virulent: Das Kompakte der Masse bezieht sich auf ihre Perforation, das optisch Leichte auf das optisch Schwere, das Aufstrebende auf das breit Lagernde, das Konkave auf das Konvexe, das Unten auf das Oben, das Vor auf das Zurück. Einzelfiguren streben zur komplexen Ganzheit (oder vermögen einen solchen Anspruch nicht einzulösen!).

Da Erdboden und Bauwerk miteinander dialogisieren, wenn es um ästhetische Relevanz geht, macht es einen Unterschied aus, ob sich der Polyeder eines einsamen Schwarzwaldhofes aus niedrigem Rechteckunterbau und mächtigem, überhängendem Dach in seine Hanglage einpaßt, oder ob Würfel und Dachdreiecke moderner Kleinhäuser ohne Zusammenhang mit der Bodenführung auf ihren Sockeln stehen. Im ersten Fall werden ästhetische Bedürfnisse nach anschaulicher Adäquatheit von Landschaftsform und Bauform befriedigt. Im zweiten Fall zeigt sich ästhetische Dissonanz. Eine mittelalterliche Burg aus einem Gefüge rhythmisch dargebotener Körpermassen, auf der Kuppe eines Berges gelagert, erscheint ästhetisch als Krönung der natürlichen Erhebung. Der ungegliederte Klotz eines vielstöckigen Hochhauses an derselben Stelle würde ein Greuel sein, während er als skandierender Teil einer Hochhausgruppe, etwa in Manhattan, ästhetisch reizvoll sein kann.

Die Architekturgeschichte bietet eine Fülle von Beispielen, bei denen die Figur des Bauvolumens im Raum zu höchster künstlerischer Wirkung gesteigert wurde. Wer kann sich schon dem Eindruck entziehen, den die ägyptischen Pyramiden im Wüstensand machen, den die differenzierte plastische Gestalt eines griechischen Tempels auf einem mediterranen Hügel oder die Kuppel Brunelleschis über dem Dächermeer von Florenz hervorrufen? Die Fernwirkung der Kuppel Michelangelos über dem Petersdom in Rom ist immer wieder neu bewundernswert. Mittelalterliche Baumeister der vorgotischen Epochen arbeiteten in hohem Maße mit der ästhetischen Faszination des rhythmischen Zueinanders unterschiedlicher Volumina in der äußeren Ansicht der Kirchen. Der Zusammenklang der Bauten von Hauptschiffen, Seitenschiffen, Querschiffen, Apsiden und Türmen in der äußeren Gestalt vorromanischer und romanischer Kirchen Mitteleuropas bringt den Baufiguren höchste ästhetische Wirkung.[48] Im kunsthistorischen Nachhinein wird hier beispielsweise von der Verwirklichung »wägender«, »lagernder«, »steigender« und »sich aufgipfelnder« Prinzipien gesprochen.[49] Die Staffelung steinerner Hauskuben an sizilianischen Berghängen erfreuen ebenso das Auge wie die barocke Pracht der geschwellten Volumina der Klosterkirche von Melk über dem Steilufer der Donau.

Das ästhetische Raum-haben der Baufigur ist demgemäß nicht nur ein Beziehungsfaktor, sondern auch – wie erwähnt – eine dem Körper selbst zugehörende Eigenschaft. Optisch feste und geschlossene Körper wie die Pyramiden, die Zikkurat, der griechische Tempel, Turmbauten des 11. und 12. Jahrhunderts, der vormittelalterliche und mittelalterliche Steinbau nördlich der Alpen, oder schließlich – immer mit der Einschränkung einer Fensterdurchlöcherung – der moderne Blockbau sind Wahrnehmungsgebilde, die nichts oder wenig von ihrem räumlichen Innen ahnen lassen. Ihre Ästhetik ist abhängig von der Reinheit ihrer Gestalt (wie die Gestaltspsychologie erkannt hat), von der Harmonie ihrer Proportionen (wie in den Proportionslehren beschrieben und errechnet) und von der optischen Eindrücklichkeit von Material und Technik. Anders wirken Baukörper, deren Volumen scheinbar von innen nach außen getrieben ist oder von innen »angesaugt« wird. Seit der Renaissance und dann im römischen und süddeutschen Barock gibt es Baugestalten, deren konkav und konvex gekrümmte, vordrängende und zurückweichende Außenfigur innenräumliche Bewegung vorgibt. Die konkave Front der Salzburger Kollegienkirche von Joh. Bernhard Fischer von Erlach beispielsweise scheint den Betrachter vom Platz her an sich heran und hinein zu ziehen. Diese Ästhetik von Dehnung und Schrumpfung geformter Baumassen[50] erinnert an die ästhetische Wirkung lebendiger Gestalten mit ihrem Ausdruck von Wachsen und Vergehen. Bei ihrer Betrachtung schwingt Lebensgefühl mit, das im Gegensatz dazu stillhält angesichts der Distanz erzeugenden Blockhaftigkeit abgeschlossener Baufiguren.

Architekturkörper mögen aber auch Montage serieller oder solitärer Einzelteile aus starren und bewegten Kleinfiguren sein, deren Gefüge zum ästhetischen Spiel geworden ist. Stilistisch sind hier oft architektonische Manierismen am Werk, die Überraschungseffekte anzielen. Der Außenbau der hochgotischen Kathedrale hingegen – nehmen wir den Chor des Kölner Doms als Beispiel – ist ein vielteiliger Körper aus filigranen Einzelelementen bestimmter Formmuster, deren Zusammen die statischen Gesetze von Last, Druck und Schub zur Darstellung bringen.

Die Rolle der *Konstruktion* für die Baugestalt muß noch einmal hervorgehoben werden. Der Baumeister kann sie auf eine Weise gebrauchen, daß sie ganz im Dienste der Gestalt steht, wie es etwa beim feingefugten Mauerwerk eines Turmes oder beim modernen Betonbau der Fall ist. Er kann sie aber auch als ein ästhetisch Selbständiges thematisieren und in ihren Prinzipien und Gesetzen anschaulich machen. Der gotische Baustil bildet dafür ein viel analysiertes Beispiel. Konstruktionsprinzipien und Körpergestalt sind in der französischen Kathedralgotik nahezu identisch; der künstlerische Überschuß besteht darin, daß die konstruktiven Sachverhalte nicht nur ästhetisch anverwandelt, sondern auch symbolisch überhöht wurden. Vergleichbares gilt überall dort in der Architekturgeschichte, wo technische Verfahren als solche künstlerische Verwirklichung fanden, wo also das Bild des Architekturkörpers zugleich das Bild seiner Technik ist. Das Ziel eines solchen architektonischen Erfindens ist die künstlerische Relevanz sowohl des objektiven Volumens als auch des Konstrukts in ihrer jeweiligen höchsten ästhetischen Wirksamkeit.

In diesem Zusammenhang soll der Begriff der *Körper-Schönheit* der Architektur in seinen philosophischen und wahrnehmungspsychologischen Aspekten angesprochen werden. Schönheit hat hier etwas zu tun mit dem Eindruck, den die reine Gestalt in ihrer Ausdehnung im Raum auf den Menschen macht. Die ästhetische Deutung dieser Gestalt in ihrer Konkretion als Architekturkörper hat unterschiedliche Ursprünge. Einmal geht es, wie erwähnt, um geometrische Gestalten, deren Urbild Philosophen und Mathematiker in der frühen Antike als Modell des Seins gedeutet hatten und in der Metaphysik der Zahl als Zusammenfassung einer Vielheit zur Einheit (Euklid) und in der Einheit selbst als Urgrund des Seins erkannten.[51] Platons Ideen-Philosophie der fünf vollendeten Körper von Würfel, Tetraeder, Oktaeder, Ikosaeder und Dodekaeder, aus Dreiecken, Vierecken und Fünfecken räumlich gebildet, blieb Stoff mathematischer Metaphysik in Antike, Mittelalter und Renaissance. Einbezogen war die Zahlenmystik, die alle Bereiche des Seienden umfaßte. Architektur übernahm diese Symbolik von Körper-Mathematik und Zahlenmystik, obzwar die technischen Bedingungen der Baupraxis eine Beschränkung auf einfache Grundkörper erforderten. Die Zahl und Geometrie veranschaulichende Architekturgestalt zeigte dem Menschen das Geistige als das formende Prinzip der amorphen Materie, das sie aus dem »Gestrüpp der Endlichkeit« und von dem »Mißgeschick des Zufalls« (Hegel) befreite. Dieses Geistige war zugleich ein Bild des Seins und seiner ordnenden Kräfte. »Denn über die dritte Dimension in Länge, Breite und Tiefe kann niemand hinausgehen, und auch alle Kraft des Schaffens und Ruhens ist in diesen Zahlen und Proportionen enthalten, und alle Konsonanzen sind in ihnen versammelt«, schreibt 1535 Francesco Giorgi.[52]

Zur schönen Anschaulichkeit des geometrischen Formprinzips im Merkmalbestand der architektonischen Figur tritt beim einzelnen Bauwerk die Sprache des Materials und des konstruktiven Herstellungsprozesses hinzu, die eine je eigene ästhetische Dialektik zwischen Materie und Form bewirken. Denn der Baugestalt genuin innewohnend ist eine vergleichbare Ausdruckspotenz aller ihrer Elemente, wie sie der Natur als Gestalterscheinung schlechthin angehört. Auch ohne verstandesmäßige Klärung der mathematischen Struktur architektonischer Körper bleibt ja Anschauung von Volumengestalt ästhetisch faszinierend, insofern deren innere Notwendigkeit in der Einheit ihrer Bilderscheinung zum Ausdruck kommt. Diese Einheit vereinigt körperhafte Darstellung funktionaler Architekturwirklichkeit mit der Ästhetik ihres je besonderen Raum-Körper-Seins und der Symbolik der Formensprache. Wenn also Idee und Praxis eines architektonischen Nutzens und ästhetisch eindringliches Figursein – ausgestattet mit Maßstäblichkeit gegenüber Umgebung und sprechend durch Formenrepertoire, Material und Technik – zum künstlerischen Zeichen wird, dann befriedigt der Baukörper die provozierten ästhetischen Bedürfnisse; und dies naturgemäß im Gewande von Epochenstil und niedergeschrieben mit der Handschrift der Baumeisterpersönlichkeit.

Ähnlich verhält es sich mit der architektonischen Figur im Innenraum. Hier ist der *Zwischenraum* ein entscheidender ästhetischer Faktor. Begrenzter und deshalb um so eindeutiger wirkt nämlich ein räumliches Feld, wenn es sich gegenüber der festen Masse eines architektonischen Figurmotivs im Innenraum »durchsetzen« muß. An der eingestellten Säule wird der Sachverhalt klar: Zwischenraum zwischen ihr und der nächsten Säule umfließt sie und läßt die Kompaktheit ihrer Gestalt erst eigentlich in Erscheinung treten. Ein Innenraum, für den die Zwischenräume zwischen Volumina ästhetisch von Bedeutung sind, erhält etwas lebendig Fließendes, Atmendes. Raum hat sich optisch zugleich in Figurmassen substantiiert und bleibt dazwischen in der Schwebe. Allerdings müssen sich die im Raum freistehenden Körper gegenüber diesem Gestaltlosen behaupten: eine zu dünne Stütze wird nur als ein hartes Hindernis empfunden, eine zu kräftige versperrt zuviel Raum.

Islamische Baumeister entwickelten seit dem 8. Jahrhundert einen Typ von Moschee (als Beispiel diene die Große Moschee in Cordoba), bei dem eine große Zahl von Hufeisenbögen tragenden Säulen additiv in den richtungslosen Raum eingestellt wurden. Das Raumerlebnis wird von der Reihung dieser farbigen Arkaturen bestimmt, zwischen denen ein gestaltloser Raum zugleich fließt und stillsteht, wobei Raumtiefe und Raumbreite sich stakkatoartig nach allen Seiten hin ausdehnen. Es geht weniger um die Dialektik zwischen Materie und Form, sondern um eine Dialektik zwischen Formmaterie und Raum.

3.2.1 Wandfiguration

Architektur hat nicht zum wenigsten mit Gestaltung und Sprache von Wand zu schaffen. Nicht allein die selbständige Baufigur im Raum und nicht allein die Raumform selbst bestimmen, was Baukunst ästhetisch ausmacht und ihrer Erscheinung das Gesicht gibt, vielmehr stellt sich das sinnliche Äußere ihrer materiellen Dichte als eine eigenständige ästhetische Größe dar. Es geht und ging in der Architektur immer wieder um Wände in ihrem Eigenwert als Bildfläche einer besonderen Wesensart. Dieser Bildfläche wurde in der Geschichte erhöhte Aufmerksamkeit gewidmet, indem die konstituierenden Körper- und Raumfiguren ästhetische Zugaben erhielten, die aus dem Architekturteil »Wand« künstlerisch bedeutsame Gebilde machten. Sie verwandelten Körpermasse in das Ganze einer architektonischen Figuration – ob als Innenwand oder Außenwand –, die sich mehr oder weniger plastisch und mehr oder weniger reich in der reinen Optik ihrer Ausbreitung dartut.

Künstlerisch durchgearbeitete Wand macht Architektur schön. Sie ist schmückende Auszeichnung, die Baukörper und Raumgrenze zuteil wird. Ihr Sinn ist es, zu Ruhm und Ehre dessen zu gereichen, um dessentwillen der künstlerische und handwerkliche Aufwand getrieben wurde. Sie spricht vom Stilempfinden der Epoche und verkündet die Formideen des Baumeisters. Sie ist lobende Rede, zu der Baukunst begabt ist.

Architekturwand ist abstraktes Bild schlechthin, das den ästhetischen Anforderungen unterliegt, die an Flächengestaltung unter dem Zwang der Konstruktion zu stellen sind. Vitruv faßte die Forderung nach Schönheit der Architektur in der Kategorie der venustas zusammen, indem er sechs Begriffe nannte: ordinatio, dispositio, eurythmia, symmetria, decorum, distributio. Für die ästhetische Optik der Wand sind hierbei die Gesichtspunkte der eurythmia, symmetria und des decorum von besonderer Wichtigkeit, ohne daß eine engere inhaltliche Bestimmung im Sinne der augusteischen Zeit, der Zeit Vitruvs, vonnöten wäre. Bei der künstlerischen Gestaltung von Wand handelt es sich um Verwirklichung eines schönen Bildes aus Architekturmotiven, das seine Qualität in seiner Maßstäblichkeit, seiner Komposition und dem Charakter seiner Details findet.

Der ästhetische Text der Architekturwand ist auf sich selbst bezogen. (Zwar gilt auch für die Außenwand ein gewisser, ästhetisch relevanter Kontext des Zusammenhangs mit der räumlichen Umgebung, aber doch in weit geringerem Maße als für den Gesamtkörper.) Der

Betrachter sieht Wände – sowohl als Außenhaut des Körpers wie als feste Grenze des Innenraumes – in ihrer statischen Breitendimension für sich seiend wie eine ringsum begrenzte Bildfläche. Die Bildprinzipien der Architektur, von denen gesprochen wurde, haben hier ihr Betätigungsfeld. Sie sind hingeordnet auf die Ausdehnung des gebauten Bildes und geben sich zur Beurteilung frei, wie sie zuvor im Entwurfsprozeß des Baumeisters als ästhetische Mittel für konventionelle Regeln und künstlerische Freiheit maßgebend waren. Die Figuration der Wand verkörpert das Ästhetische der Baukunst in einem nur durch sich selbst vermittelten Sinn. Künstlerische Qualitäten offenbaren sich objektivierbar, ästhetische Sünden desgleichen.

Die architektonische Baumasse besitzt ihrer Natur nach unterschiedliche Ansatzpunkte für ästhetische Bearbeitung. Die Weisen des Schönmachens setzen unterschiedlich an und gebrauchen zweierlei Vorgegebenes: *der Baustoff* selbst kann mit seinen ästhetischen Wirkungen gestaltend eingesetzt werden. Überdies stand zu jeder Zeit ein bestimmter Schatz von *Einzelmotiven* zur Verfügung, der sich aus Praxis und Kunstwollen herausgebildet hatte und für regelhafte oder erfinderische Verwendung bereit war. Aus dem Zusammenspiel beider ästhetischer Ressourcen, der Materialästhetik und dem entsprechenden Motivschatz, gingen die geschichtlich je unterschiedlichen Auffassungen von Wand als künstlerische Figuration hervor, wie sie uns in den großen Beispielen der Architekturgeschichte vor Augen stehen.

Grob behauener Stein wirkt anders als geglätteter; das ist nicht nur für uns augenscheinlich. Schönmachen der Architektur hieß und heißt noch immer, handwerkliche bzw. technische Sorgfalt walten zu lassen; denn materialgerecht arbeiten zielt auch auf ästhetische Wirkungen. Und daß dort, wo beispielsweise auf die Schönheit des sauber verarbeiteten Steinmaterials besonders geachtet wurde, auch seine Lichtreflexion in die ästhetische Beurteilung mit einbezogen wurde, ist sicher. Denn Wand ist baukünstlerisch betrachtet zunächst passive Raumgrenze, die erst durch ästhetische Aktivitäten Bild und dadurch zum Reflektor von Licht wird. Dieses Licht – als Tageslicht oder künstliches Licht – kann in verschiedener Weise am Bildcharakter der Raumgrenze mitwirken. Es kann ihrer materiellen Substanz als solcher die ästhetische Sprache ermöglichen, indem es deren Struktur in Erscheinung treten läßt, es kann auch Plastizität und Modellierung verdeutlichen und zum ästhetischen Spiel werden lassen; es kann also die Optik der Wand und ihrer Motive lebendig machen.[53]

Für den Tempel der ruhmreichen Stadtgöttin suchten die Athener den strahlendsten, rosafarbenen Marmor, der auf den Inseln zu finden war. Dafür mußten Schnitt und Fugung der Blöcke mit größter handwerklich-technischer Akribie ausgeführt werden. In unserem Jahrhundert verkleidete Mies van der Rohe, der höchste Anforderungen an saubere technische Ausführung stellte, das Skelett des New Yorker Seagram Building (1954–58) mit Bronze und geschliffenen Marmorplatten. Das Architektenteam Dissing und Weitling, Kopenhagen, gab neuerdings dem Außenbau der Kunstsammlungen von Nordrhein-Westfalen durch geschliffene schwarze Granitplatten sein ästhetisches Gesicht. Besonders der Baustoff Glas wurde in der Moderne nicht nur funktional, sondern ästhetisch eingesetzt, wobei sein Verhalten zum wechselnden Licht ein besonderes ästhetisches Mittel abgibt.[54]

Überall dort, wo Material in einer Weise ausgewählt und bearbeitet wurde, die seine ästhetische Sprache deutlich vor Augen führt, müssen wir davon ausgehen, daß diese Sprache ursprüngliches Ziel der Behandlung war, wenn auch in vergangenen Jahrhunderten damit begründet, daß ihr Zeichenhaftes zugleich ihr Symbolisches meinte.[55] Kaiser Konstantin forderte den Bischof Makarios, zuständig für Jerusalem, auf, ihm genauen Bericht über den für die neue Grabeskirche zu verwendenden Marmor zu geben, weil dieser Bau die schönsten Werke in jeder Stadt überstrahlen sollte. Selbst für das Seagram Building trifft noch (oder wieder?) der Sachverhalt zu, daß die Materialästhetik für die Gesamtstruktur eine, wenn auch inhaltsleere, Symbolik ausdrücken soll. Mies redete in diesem Zusammenhang von der »Sprache der Abwesenheit«, womit er Abwesenheit allen emotionalen Ausdrucks und alles Verzierten meinte.[56] Heute übernimmt vielfach Farbe materialästhetische Funktionen, weil der stumpfe Beton dazu verführt, ihn entweder zu verkleiden oder farbig zu behandeln.

Die architektonische Dekoration im weitesten Sinne war (ist?) das andere Feld für das Schönmachen von Wand. Gemeint ist die Gestaltung (nicht die Gestalt) der Masse, aus der Gebautes besteht. Es geht bei der künstlerischen Figuration von Wand um die Art, wie aus dem Material der Konstruktion Dekorationsformen gebildet werden, die ihren Sinn und ihre Schönheit aus dem Verbund mit den konstruktiven Körpern beziehen. Es geht auch um den ästhetischen Charakter, den diese Körper annehmen, indem sie sich in Wände verwandeln, die die Sprache von Bildern aus abstrakten, aber bekannten Zeichen sprechen. Die in der abendländisch-europäischen Architekturgeschichte vorkommenden Motive wie Säulen, Gesimse, Pilaster, Lisenen, Profile, Ornamentbänder und freie figürliche Motive scheinen eigens erfunden worden zu sein, um Wände zu schmücken. Daß Verdeutlichung und sogar Ermöglichung konstruktiver Sachverhalte am Ursprung einzelner Motive stand, verminderte nicht deren ästhetische Aufgaben. Auch andere Motive wie Blattwerk, Eierstab, Kymation, die in der klassischen Architektur ihren Platz am Säulenkapitell einnehmen, wandern später vielfach an Wände. Aber es geht nicht nur um die Art der Ornamentfiguren auf der Wand, sondern um die Wand selbst in der je besonderen bildhaften Auffassung. Deshalb kann man in der Architekturgeschichte nicht nur Körperarchitektur von Raumarchitektur unterscheiden; auch Wandarchitektur kennzeichnet die Baukunst bestimmter Epochen und landschaftlicher Stilausprägungen. Die Gebäudefassade selbst ist ein Produkt von Wandarchitektur. Aber auch gestaltete Innenwände übernahmen in der Architekturgeschichte künstlerische Aufgaben, die über die Funktion als Raumgrenze hinausgehen und ästhetisch autonome Gebilde meinten. Der Raum, der von ihnen eingeschlossen wird, mag sogar gegenüber dem künstlerischen Anspruch der Wände an Einfluß auf die Wahrnehmung verlieren, vor allem dann, wenn es sich um einen nüchternen Kastenraum handelt. In diesem Fall verändert sich die Ästhetik des Raumes in eine Ästhetik der begrenzenden Wandfiguration.

Das Unverwechselbare des künstlerischen Empfindens einer Epoche und die daraus entwickelten Regeln, Konventionen und Normen, ebenso wie die individuelle Handschrift großer Baumeisterpersönlichkeiten kommen so in der Architekturgeschichte in der je besonderen *Ästhetik der Wand* gleichermaßen zur Sprache wie in den Je-Gestalten von architektonischem Raum und Baukörper. Dabei verlangten die geschichtlich unterschiedlichen ästhetischen Bedürfnisse nach unterschiedlicher künstlerischer Bewältigung dessen, was Bauten außen und innen an gestaltbarer Fläche zur Verfügung stellten. Regeln und Normen, aber auch Spontaneität und Phantasie fanden in der Wand das geeignete Feld, das – wie die Leinwand für den Maler – für einen zeitgebundenen Formwillen bereitstand. Es wurden so viele unterschiedliche Weisen von Wandfigurationen gefunden wie unterschiedliche Stiläußerungen entstanden.

Und entsprechend den großen Stilepochen und anderen stilistischen Einteilungen finden sich typische Figurationen, die kunstgeschichtlich eindeutig sind. Bei der Überlegung, was gemeint ist, wenn man von antiker, romanischer, gotischer usw. Baukunst spricht, kommt man nicht umhin festzustellen, daß für diese Nomenklaturen nicht nur vorherrschende Raumformen, bzw. Körperfiguren maßgebend sind, sondern auch, und epochenweise sogar vor allem, bestimmte charakteristische Figurationen von Wand, in denen dekorative Motive dergestalt mit der Körpermasse verbunden wurden, daß erst daraus das stiltypische Ganze entstand.

Während in der Frühzeit der Hochkulturen geologische Voraussetzungen genutzt und Fertigungstechniken vervollkommnet wurden, um ästhetische Potenzen von Steinmaterial im Dienst der reinen Körperform virulent zu machen – der griechische Tempel mit seinen Säulen, Architraven, Gesimsen und Dächern ist Körpergebilde »durch und durch« –, verkleideten schon hellenistische Baumeister und schließlich die Römer ziegelgemauerte Bauten mit Platten und Reliefmotiven, die eine dekorative Wandstruktur erzeugten. Die Ara Pacis des Augustus in Rom ist innen und außen mit Rankenreliefs, Girlanden und Mäander-Bändern überzogen, mit ornamentgeschmückten Pilastern besetzt und durch einen profilierten Architrav abgedeckt. Zusammen mit den Bildreliefs mit den Staats-Allegorien der kaiserlichen Familie und der Priesterprozession gelangte hier beispielhaft eine Auffassung von Wand zur Darstellung, die ohne ästhetische Mitsprache der materiellen Substanz nur Bildfläche sein wollte. Attische Künstler hatten archaisierend hellenistische Vorbilder aufgenommen. Das Pantheon in Rom aus der Zeit Hadrians wies (zum Teil heute noch vorhanden) im Inneren buntfarbige Marmorplatten in der Sockelzone auf, während die Kalotte eine stark plastische, zum Zenit hin kleiner werdende Kassettenanordnung zeigt, die einst mit vergoldeten Metallrosetten besetzt war. (Eine solche dekorativ-symbolische Verkleidung des Raum-Himmels hat ihre Wurzeln in einer lange vergangenen Zeit und erinnert an die mit Metallrosetten besetzten Höhlen-Kuppeln der minoischen Tholos-Gräber.) Wand wird als eigenes ästhetisches Gebilde behandelt, das den Raum begleitet und seine Symbolik mit Hilfe selbständiger ästhetischer Mittel zusätzlich verdeutlicht.

Der Außenbau solcher innen so reich ausgestatteter römischer Gebäude ist ebenfalls verkleidet vorzustellen (heute zumeist verloren); allerdings vermittelt dieses einfache Umschließen der rohen Mauermasse oft keinen ästhetischen Anspruch.

Eine derartige Bildhaftigkeit von Wand, die Körper verhüllt und Raum prächtig begleitet, wie sie in römischen Prunkbauten entwickelt wurde, verwandelte sich im ersten Jahrtausend christlicher Kunst auf dem Boden des alten römischen Reiches zu einer ästhetischen und symbolischen Identität von Wand und Bild im Kirchenraum. Da wurde Wand nicht mehr nur ästhetisch verkleidet, sondern durch Mosaik- und Freskenschmuck Inhalt-beladenes Bild selbst. Die substantielle

Raumgrenze wurde zur Bilderwand entmaterialisiert, die in leuchtenden Farben himmlische Ordnungen gegenwärtig machte. Körpermasse wurde ästhetisch zum Verschwinden gebracht. Der Geist der ikonischen Theologie duldete keine Konkurrenz durch autonom wirkende Schönheit gestalteter Materie. Heute, da der Bildschmuck im Innern dieser Bauten bis auf wenige Ausnahmen zerstört ist, gewinnt die übriggebliebene, leere Fläche des Obergadens eine dem Ursprungsgedanken fremde Ausdruckskraft.

In der merowingischen und karolingischen Epoche wanderten raumlose, abstrakte Figurenmuster aus der illuminativen Flächenkunst auf die Gebäudewand und machten aus ihr im Sinne der Antike sehr eigentümliche architektonische Gebilde. Das karolingische Torhaus des Klosters Lorsch im alten fränkischen Gebiet entfaltet seine Ästhetik aufgrund einer rot-weißen Plattenmusterung der Fassaden, die dem kleinen Gebäude den Charakter von räumlich ausgebreiteten, kostbaren Behängen gibt. Auf dieser Außenhaut liegen zarte Gesimse und Pilaster auf, die sich zu Leistengiebeln zusammenschließen. Sie bilden eine vorgeblendete Gliederung aus einem so feinen Relief, daß die gemusterte Wand sozusagen unberührt bleibt, wenn sie auch als Grund vorhanden ist und sich mit ihrer eigenen Sprache durchsetzt. Obwohl ihre Tektonik nicht in Erscheinung tritt, weil durch Musterung und Auflagen verdeckt, ist doch ihr Wandbildsein lebhaft wirksam als sprechendes Figur-Grund-Verhältnis. Identität von Wand und Bildinhalt ist nicht mehr vorhanden, Wand selbst ist wieder Thema von Architektur geworden.

In der Nonnenstiftskirche von Quedlinburg im alten sächsischen Kernland ist das ästhetisch Eigenständige der materiellen Hochschiffwand (im 10. Jahrhundert) gegenüber der nach altchristlich-byzantinischem Vorbild für das Fresko freibleibenden Wand dadurch kenntlich gemacht, daß die Arkadenzone vom Fenstergaden durch ein umlaufendes Bauornament aus Flechtwerk betont wird.

Eine solche Auffassung von Wand als sprechendes Material, aus dem architektonische Figuren hervorgehen, auf dem sie sich nach festen Regeln entfalten und ausbreiten können, erlangt im frühen und hohen Mittelalter für einen weiten Bereich Gültigkeit.[57] Die Mauer wird als raumlose kompakte Scheibe empfunden[58], die mit den aufliegenden Schmuckelementen in optische und symbolische Wechselwirkung tritt, ohne selbst ästhetisch angetastet zu werden.

Anders stellt sich der Sachverhalt der Wandfiguration dar, wenn die Baumasse selbst »aktiv« wird. Romanische Kirchenbauten in Süd-

West-Frankreich, im nordwestlichen Spanien und Britannien zeigen beispielsweise eine Behandlung der Wand, die in die materielle Mächtigkeit selbst eingriff und mit Hilfe von Säulen, Archivolten und Wulsten Höhlungen hervorbrachte, über denen Licht und Schatten spielen können.[59] Diese Art von Wand wurde ästhetisch als eine dicke Mauer aufgefaßt, in die sich Maurer und Steinmetze »eingegraben« haben. Der Platz für die Dekorationsformen, die die Bauhütte bereitstellte, wurde durch die Schichten der Mauerdicke geschaffen. Diese »Eingriffe« bewirken, daß die Wand nicht nur oberflächlich lebendig erscheint, sondern als Ganzes plastische Kraft erhält. Nie mehr später wurde Materialität von Wand künstlerisch so ernst genommen.

Wenn sich dagegen Wand in ein steinernes Gliedersystem verwandelt, wie es in der französischen Gotik der Fall war, kommt eine Ästhetik zur Sprache, die die architektonischen Massen darstellt, als ob sie energetische Substanzen wären, die zwischen sich nur eine dünne Mauerhaut dulden. Das so entstehende Räumliche gerät zum Schichtenraum zwischen plastischen Gebilden. Es tritt nicht Wand mit Figuration oder Figuration von Wand in Erscheinung, vielmehr wird Wand von den körperlichen Konstruktionsfiguren aufgezehrt. Erst der moderne Skelettbau bot seit dem 19. Jahrhundert verwandte ästhetische Lösungen, wenn hier auch der ontologische Grund des Konstruktes fehlt.

Michelangelos Vorstellung von Wand maß sich an dem aufgelegten antikischen Gliedersystem mit seiner kräftigen Plastizität. Er verglich es mit dem Aufbau von Figuren: »Und doch ist eines gewiß, daß die Glieder der Architektur von den Gliedern des Menschen abhängen. Wer kein tüchtiger Meister von Figuren und Leitsätzen der Anatomie gewesen ist oder noch ist, kann sich nicht darauf verstehen.«[60]

Im Kirchen- und Schloßraum des deutschen Spätbarock überziehen Ornamentwerke aus Stuck und Wandmalereien die Wände und Deckengewölbe der Innenräume und machen die Bewegungen der Raumschale mit, unterstützen, steigern und beleben sie eigenwillig. Faktisch erscheint Wand (und Decke) hier als kompiliertes Gebilde aus vorgeblendeten Säulen, Pilastern, Gesimsen, Rahmungen, Ornamentnetzen, Rankenwerk und Muschelornamentik, in das figürliche Plastik (im Kirchenraum auch Altäre, Kanzel und Beichtstühle) einbezogen ist, ebenso wie Wand- und Deckenmalereien. Illusionär besitzt dieses Wandgebilde keine substantielle Kontinuität, sondern besteht aus lauter Einbrüchen eines allegorischen, theologischen oder profanen »Jenseits« in das Diesseits des Raumes. Beides vermischt sich wechselseitig zur festlichen Einheit. Raumbegrenzende Wand erscheint hier als Vermittlerin von Metaphorik.

Im 19. und 20. Jahrhundert ist architektonische Wand weitgehend zu einer schieren Notwendigkeit ohne ästhetischen Wert geworden. Im Innenraum erlangte sie nur insoweit Bedeutung, als sie sich beliebig behängen, verhängen, bestücken und mit Tapete verdecken ließ. Nicht Wandfigurationen nehmen dabei ästhetische Autonomie in Anspruch, sondern allenfalls die Gegenstände, die sich auf oder vor der Wand befinden, wenn ihr Platz dort nicht purer Zufall ist.

Aus dieser ästhetisch negativen Verwendung von Wand entsteht aber eine neue ästhetische Funktion für sie, wie zu beobachten heute Museen und Galerien Anlaß geben. Es stellt sich ein neuer Zusammenhang zwischen dem sachlich mobilen, flächigen Bild-Kunstwerk und der – meist weißen – Wand als dessen Träger her. Beide treten in ein Verhältnis zueinander, indem der Wand-Ort, an dem das Bild aufgehängt ist, für dieses ästhetisch wichtig wird. Die begrenzte Leinwand des Bildes verlangt eine angemessene Zuteilung von Wand-Rahmen, damit es ins rechte Licht gerückt wird. Die Wand wird dem Bild zugehörig und nimmt Einfluß auf dessen Wirkung. Einer eingeschnittenen weißen Leinwand von Carlo Fontana gebührt nicht nur der passende Wand-Rahmen; sie ist sogar auf diesen angewiesen, wird selbst ein Stück dieses Hintergrundes. Ein neuer Illusionismus hat hier Platz gegriffen und verfügt, daß Wand als Bildträger und an Wand gehängte Bilder zu einer ästhetischen Einheit zusammenwachsen, die symbolische Dimensionen besitzt. »Wir treten ein in eine Ära, da Bilder die Wand als eine Art Niemandsland betrachten, auf das sie ihre Besitzansprüche projiziert haben.«[61]

Kurt Jauslin
Denkmale des Ästhetischen

1 Concinnitas –
Die schöne Ordnung der Welt

Jede Architektur will Ordnung schaffen in der Wirklichkeit. Obwohl die Bauwerke ihren Ursprung physiologischen Bedürfnissen nach Schutz vor den Unbilden der Wirklichkeit zu verdanken scheinen, sind die Ordnungen der Architektur ästhetisch aus den physiologischen Zwecken nicht zu erklären, so wenig wie aus allen andern Zwecken. Schon in ihren ersten Anfängen stellt sich Architektur als eine Ordnung des Sehens und der räumlichen Wahrnehmung dar. Die Höhle wurde über ihren Zweck hinaus in eine neue Ordnung der Bilder verwandelt, die wie Platos Projektionen die Wände bedecken.[1] Es scheint, daß der Mensch in der unverstellten Wirklichkeit auf Dauer nicht existieren kann. Nicht allein seiner mangelhaften physischen Ausstattung halber, sondern vor allem weil diese Wirklichkeit in Konkurrenz steht zu den Innenbildern der Phantasie. Wo auch immer die Projektionen in die Wirklichkeit eintreten wollen: die Leinwände sind immer schon voll von den Tatsachen des Wirklichen.

Wie in keiner andern Kunst ist in der Architektur das Ästhetische dazu verurteilt, die Wirklichkeit umzubauen. Das ästhetische Sonderproblem der Architektur stellt sich erkennbar in der Frage, wie sie denn sich verwirklichen könne, ohne die Naturwirklichkeit aufzuheben.

Concinnitas, der Zentralbegriff der architektonischen Harmonielehre, die von der Renaissance auf den Trümmern der antiken Überlieferung errichtet wurde, meint mehr und anderes als nur die Harmonie, die sich aus der Übereinstimmung des Ganzen und seiner Teile über einen einheitlichen Kodex von Proportionsverhältnissen ergibt.[2] In ihrer allgemeinsten Bestimmung ist Concinnitas der Versuch einer Weltordnung, die aus einer Ordnung des Sehens und der haptischen Wahrnehmung hervorgeht. In der Concinnitas-Architektur scheint die Konkurrenz gegenüber der Wirklichkeit aufgehoben. Das Ästhetische sei, so konstatiert die neuplatonische Theorie, nur Teil jener Weltharmonie, der auch die Wirklichkeit selbst aufgrund der Einheit des ursprünglichen göttlichen Schöpfungsaktes folgen müsse. Schönheit, die von der späteren Ästhetik immer als Zentralproblem angesehen wurde, spielt für die Ästhetik der Concinnitas keine tragende Rolle; sie ergibt sich tatsächlich von selbst und eher beiläufig, sofern der Artefakt nur gut genug gemacht ist, die ursprüngliche Harmonie der Welt, die im neuplatonischen Sinn auch ihre Idee ist, möglichst rein zu enthalten. Concinnitas ist die schöne Ordnung der Welt.

Die ästhetischen Voraussetzungen und Prinzipien der Renaissance-Architektur sind von der Kunstwissenschaft ausführlich erörtert worden.[3] Ihre Modernität gegenüber dem mythischen Realismus des Mittelalters besteht darin, daß sie erstmals auf einem abstrakten Weltgesetz, einer Weltformel gewissermaßen, beruhen. Diese Weltformel ist die pythagoreische Tonleiter, deren harmonische Intervalle als Ordnung der Weltharmonie – kosmische Ordnung, die alle weiteren denkbaren Ordnungen regelt – angesehen werden und die, da sie sich in Zahlenverhältnissen ausdrücken lassen, auch optisch und haptisch realisierbar sind: in den Proportionsverhältnissen der Bauten.

Die Proportionslehre ist der folgenreichste und bis heute nachwirkende Aspekt der Concinnitas-Theorie für die Architektur geworden. Sobald die von der Concinnitas intendierte Weltordnung nicht mehr kommensurabel erschien, mußte auch der Concinnitas-Begriff für die Theorie verloren sein. Erhalten blieb das System der Proportionalität, das in eine technische Struktur verwandelt wurde. Solche Verabsolutierung der Maßverhältnisse übersieht aber, daß die Proportionalität für die Concinnitas-Architektur keinen Wert an sich darstellt, sondern immer nur ein Vermitteltes ist. Keineswegs entspricht die Ordnung nach bestimmten Proportionsverhältnissen etwa unseren Sehgewohnheiten, wie spätere physiologische Begründungen vermuten, sondern es handelt sich um installierte Gewohnheiten, die auf ein künstliches Arrangement zurückgehen.

Gerade die Architektur Andrea Palladios, die als palladianisches Bauen für Jahrhunderte verbindlich geworden ist, verdeutlicht, wie und warum die Proportionalität immer eine vermittelte Ordnung bleibt, die Unmittelbarkeit nur aus ihrer Wahrnehmung als transzendentale Weltordnung gewinnt. Die idealen Zahlenverhältnisse der pythagoreischen Tetrakys (1:2, 2:3, 3:4) und ihre Erweiterungen durch die mathematische Musiktheorie der Renaissance sind zwar aus den Maßen der Pläne zu erschließen und lassen sich ohne weiteres auch durch das Vermessen der Bauten verifizieren; sie sind aber, wie oft festgestellt worden ist, optisch nicht eigentlich zu erfahren.

Den Grund dafür hat erst George Berkeley (*Versuch einer neuen Theorie des Sehens*, 1709) gefunden: in den Selektionsmechanismen der Wahrnehmung. Die optische Wahrnehmung entwickelt bei ihren Ordnungsversuchen nur verworrene räumliche Vorstellungen. Raum entsteht durch körperliche Erfahrung. Berkeley hat daraus den Schluß gezogen, daß Wirklichkeit überhaupt nur existiert, sofern sie wahrgenommen wird.

Die palladianische Concinnitas demonstriert anschaulich den Prozeß der Annäherung an die Wirklichkeit der Architektur als Erfahrung von Welt. Das Auge entwirft zweidimensionale Bilder: Es entdeckt an der Fassade des Bauwerks den Zusammenhang der proportionalen Ordnung und ihre Entfaltung in einer architektonischen Ikonographie aus Säule, Portikus, Fenster und Wand, jene Struktur der Wand, die als Palladio-Motiv kodifiziert worden ist. Dieses einheitliche Bild wird beim Betreten des Hauses zunächst perspektivisch relativiert, d. h. in eine Folge von Bildern aufgelöst, die nur in der Bewegung realisierbar sind. Im Abschreiten der Räume aber wird Concinnitas neu erfahren als ein wiederum proportionales System aus Kreis und Quadrat, das sich tendenziell ins Unendliche verlängern läßt. Dem humanistisch gebildeten Benutzer des Bauwerks ist klar, daß er selbst das Modell für das System von Kreis und Quadrat ist, getreu der Zeichnung Leonardos der in Kreis und Quadrat eingeschlossenen menschlichen Figur. Gleichwohl handelt es sich um eine kosmische Metapher: nur als Abbild Gottes ist der Mensch selbst das Maß der Concinnitas. In der Mitte des Bauwerks angelangt, erfährt er Concinnitas als jene göttliche Ordnung, die von seinem eigenen Körper, gespiegelt in den Proportionsverhältnissen der Architektur, bis zu den Architekturen des Kosmos reicht. Indem er Concinnitas als Weltordnung erfahren und verwirklicht hat, hat er auch im Sinne Berkeleys Wirklichkeit hergestellt, über die hinaus ihm eine andere nicht mehr zugänglich ist.

Diese philosophische Tragweite der Concinnitas-Theorie, die immer als Ordnung von Welt verstanden werden muß, ist den Theoretikern und Architekten der Renaissance vollkommen klar gewesen. Concinnitas als Identität des Ganzen mit seinen Teilen folgt aus der von Marsilio Ficino und andern Philosophen der Renaissance weiter gedachten neuplatonischen Ästhetik und ihrer Vorstellung von einer stufenweisen Realisierung der Idee, die auch das Ganze ist. Als Chiffre der Weltharmonie garantiert sie die Gegenwart der göttlichen Idee schon in den kleinsten Einheiten des Bauwerks, dessen Ordnung immer vollkommener wird je komplexer die Architektur sich entfaltet, um schließlich die Vollendung der göttlichen Idee in der Harmonie der Sphären als Harmonie der Welt zu erfahren.

Zugleich aber erscheint diese göttliche Ordnung in der Concinnitas, verglichen mit der »realistischen« Widersprüchlichkeit und Unendlichkeit der christlichen Ikonographie, hochgradig rational vereinfacht. Concinnitas ist eine abstrakte Weltformel, die sich als unveränderliches Gesetz darstellt. Die für sie zuständige Wissenschaft ist, wie u. a. Andrea Palladios philosophischer Lehrer Trissino und nach ihm sein Freund Daniele Barbaro unermüdlich betont haben, nicht mehr Theologie, sondern Mathematik.

Der Blick auf die Concinnitas-Theorie scheint zu bestätigen, was immer behauptet wird: daß die Renaissance einen Ordnungsbegriff von Welt erstmals nicht auf den Glauben an Religion und Mythos, sondern auf die Wissenschaft gegründet habe. Gleichwohl ist diese Wissenschaft keine im modernen Sinne, in der Mathematik nur die Sprache für die Abstraktion von Empirie liefert. Concinnitas ist eine apriorische Weltformel, die aus der Vorstellung resultiert; Mathematik ist ihr wie der Antike eine Sprache der Philosophie. Sie kann sich auf keine empirische Wissenschaft berufen, sondern nur darauf, daß die Vorstellungen, die das Denken entwickelt, auch wahr sein müssen. Diese Tendenz zur Ablösung der Vorstellungswelt von der Wirklichkeit bezeichnet tatsächlich den Paradigmawechsel, der mit »Renaissance« im Blick auf die Moderne gemeint ist: die Imagination setzt transzendentale Muster, in denen die eigene Spiritualität in eine geistlose Wirklichkeit projiziert wird. Wie jede Philosophie konstruiert sich auch die neuplatonische die Wirklichkeit aus dem Prozeß des Denkens.[4]

Concinnitas regelt die Gestalt der Architektur und ihre Wahrnehmung. Ihre Wirklichkeit ist bestimmt durch die von Vitruv konzipierte und von Palladio übernommene Trias von firmitas, utilitas und venustas. Wie die Proportionallehre haben auch Festigkeit, Zweckmäßigkeit und Schönheit als Essentiale der architektonischen Gestaltungstheorie die Concinnitas-Architektur und ihre Vorstellung einer kosmischen Harmonie überlebt. Sie sind säkularisiert worden, sind technisch begründet worden und bedeuten nichts mehr als sich selbst. Dem Ingenieurbau ist die Proportionaltheorie nicht mehr Mimesis der Weltharmonie, sondern Funktion der firmitas, die zusammen mit dem Zweck die Gestalt der Bauten bestimmt. Schönheit, so hat das »neue Bauen« erklärt, gehe unvermittelt aus der Erreichung der Zwecke hervor.

Utilitas ist auch für die Concinnitas-Ästhetik der zentrale Begriff der vitruvianischen Trias. Aber sie hat mit der Funktion des Gebäudes nichts zu schaffen, vielmehr verdeutlichen die Bauten allesamt, daß sie den Begriff der Funktion nicht kennen. Palladio hat nicht nur Fassaden, sondern auch Grundrisse zwanglos von antiken Tempeln gleichermaßen auf Wohnhäuser wie auf Kirchen übertragen. Utilitas bezeichnet für Palladio die Gegenwart der Weltharmonie selbst, ihr »Zweck« ist die Schaffung eines neuen Paradieses, das die Erinnerung an das verlorene erste als kosmische Harmonie festhält. Utilitas ist die Bedeutungsstruktur des Bauwerks. Über die Kategorie der Schönheit haben die Künstler der Renaissance, wie auch Dürer festgestellt hat, nichts gewußt. Sie ist ihnen nichts als das Moment des Gelingens: sofern die Idee real geworden ist, muß das Ergebnis auch schön sein. Die firmitas aber ist jene Instanz, die dem Bauwerk Dauer verleiht. Die Dauer freilich ist weniger eine ökonomische als eine metaphysische Kategorie: firmitas ermöglicht das Überleben des Bauwerks als Denkmal einer ewigen idealen Ordnung; sie ist gegen den zeitlichen Verfall gerichtet, der die irdische Wirklichkeit beherrscht.

Das aber heißt: die schöne Ordnung der Welt ist immer schon eine vergangene, und sie ist, soweit die Bauten immer irdisches Paradies evozieren wollen, eine utopische. Der Concinnitas-Architektur ist der Denkmal-Charakter die Voraussetzung für den Auftritt des Ästhetischen. Ihre Ästhetik beruft sich auf eine Rekonstruktion des Schönen aus den Motiven der Antike, die folglich auch vollkommen verfügbar werden: der Tempel-Portikus kann eine Kirchenfassade ebenso bedeuten wie den Eingang eines Landhauses. Concinnitas meint eben nicht die Einheit des Ganzen und seiner Teile in einem funktionalen Sinn, sondern diese Einheit stellt sich nur auf der Ebene der Bedeutungen her, die von der utilitas geregelt werden. Die Bauten sind allesamt Denkmale einer verlorenen Ordnung.

Als Paradiesformel verstanden, setzt Concinnitas die Bauten in den Dialog mit der Wirklichkeit. Daraus resultiert der unmittelbare Eindruck des ästhetischen Ereignisses: daß sie die schöne Ordnung der Welt als Utopie formulieren, ohne die Entropie des Wirklichen, das keine Ordnung kennt, aus dem Blick zu verlieren. Das erklärt, warum die Proportionalordnungen nie rein erfüllt werden, was ja, wie der Klassizismus erwiesen hat, kein technisches Problem ist. Nicht erst in der Bauausführung, die das Element des Willkürlichen verstärkt, sondern schon in den Plänen findet sich jenes »Sfumato«, mit dem das Moment der Irregularität, der Abweichung von der idealen Ordnung beschrieben worden ist. In der palladianischen Architektur wird das Ästhetische Erscheinung nicht in der möglichst vollkommenen Erfüllung des Systems, auf dem es beruht, sondern in der Differenz, die es, im Scheitern des Systems an der Wirklichkeit, der Kunstform zuzumuten vermag. Das Regelwerk der Proportionstheorie wird erst durch ein intermittierendes Moment ästhetisch relevant: daß es nämlich in der Realität der Werke zum Bruch mit den Regeln kommt.

Die Proportionstheorie der Concinnitas ist auf die technischen Strukturen nicht übertragbar und nicht von ihrer Bedeutung zu lösen, Denkmal einer paradiesischen Ordnung zu sein. Die Vorstellung der Informationsästhetik, man könne Proportionalität auch abgelöst von ihrer Bedeutung aufrechterhalten, hat nur zu technischen Rastersystemen geführt, die in ihren Wiederholungszwängen nichts als die Entropie des Wirklichen abbilden. Rudolf Arnheim hat dies anhand der Kinderzeichnung einer Hochhausfassade illustriert: das Kind fing an, die Fensterreihen in axialer Ordnung zu zeichnen, hörte aber nach dreieinhalb Reihen gelangweilt auf und schrieb, statt die Fassade zu komplettieren, die Formel »usw.« in seine Zeichnung.[5] Unverkennbar hat Arnheims Kind einen Akt der Aufklärung vollbracht, der die vorgeschobene Ordnung des Bauwerks als nichtig entlarvt.

Die Bauten der Concinnitas sind geblieben, was sie immer waren: Denkmale für eine schöne Ordnung der Welt. Daran vermag auch der Verfall nichts zu ändern, der nur die Folge ihres dauernden Dialogs mit der Wirklichkeit ist. Die Gegenwart des ästhetischen Scheins erweist sich, wie Karl Wilhelm Ferdinand Solger festgestellt hat, immer als »Untergang der Idee in der Existenz«[6], der den utopischen Charakter der Idee erst sichtbar macht. Zu berücksichtigen ist, daß Wirklichkeit für die Architekten der Renaissance noch Natur hieß. Mit ihr befindet sich palladianische Architektur in einem fortdauernden Dialog, auch wenn sie der Natur preisgegeben ist. Auch überwuchert von Natur verstummen die Bauwerke nicht.

Erst mit einer Wirklichkeit, die sich gänzlich durch Abwesenheit von Natur definiert, scheint palladianische Architektur überfordert. Umzirkelt von Autostraßen und Vorstädten zieht sie sich in die Stummheit zurück, im Untergang noch einmal enthüllend, daß die Proportionalität an sich nichtig ist. Die Concinnitas hat ihre Sprache, die sie aus der Vorstellung einer sinnerfüllten Natur empfangen hatte, an die geschaffene Realität verloren.

2 Straße als »Längeres Gedankenspiel«
Zur Ästhetik der Metropolis im 19. Jahrhundert

I.

Der Fall Dickens ist auf Tausenden von Romanseiten dokumentiert: die Besessenheit des Romanciers von den Straßen Londons. Nächtelang, so wird berichtet, habe er die keineswegs schlafende Metropole durchstreift, von den hell erleuchteten Boulevards, auf denen die Menge sich drängte fast wie tagsüber und wo in den Schaufenstern die Lichter bis tief in die Dunkelheit brannten, hinaus in die Vorstädte, die Slums, wo der Laternenabstand immer größer, das Gaslicht spärlicher wurde. Einer hat versucht, »sich ein Bild zu machen«[1] von »seiner« Stadt, die ihm doch in keiner Weise gehörte, sich nirgends vertraut gab, nur nachts ihre Geheimnisse dem fremden Blick des Voyeurs offenbarte – die erleuchteten Fenster, das Halbdunkel der Hinterhöfe, dazu Gerüche und Geräusche, all das, was am Tag dem in der Menge Isolierten, von der Eile der Verkehrsströme Bedrängten hinter den abweisenden Fassaden der Straßenzüge verborgen bleibt. Die Erfahrung einer Stadt, die ein Tag- und ein Nachtgesicht besitzt, entzieht dem Auge sein Monopol der Wahrnehmung; sie wendet sich an alle Sinne. Stadtgestalt erscheint verwandelt in komplexe Ereignisstrukturen, durch die alle auf visuelle Erfahrung bezogenen ästhetischen Vorstellungen von Architekturgestalt ins Schwimmen geraten. Der flanierende Voyeur ist gezwungen, sofern er nicht im Chaos der realen Eindrücke versinken will, wieder Ordnung zu schaffen in der Wirklichkeit; er tut es durch Reproduktion: in den Architekturen der Romane wird London ein zweites Mal errichtet, ähnlich wie Baudelaire in den *Tableaux Parisiens* seine Stadt Paris im Gedicht rekonstruiert. Das Produkt aber ist ein wie immer ästhetisches: das Bild der Metropolis im 19. Jahrhundert.

Betrachtet man solche Wahrnehmung als eine ästhetische, so stellt sich sogleich die Frage nach dem Grund der imaginierten Ordnungssysteme. Sie sind nicht Ergebnis der Reproduktion, sondern sie resultieren aus dem Überfluß der in die Reproduktion eingegangenen Wirklichkeit des verlorenen Originals. Was die Großstadtstraße der industriellen Revolution vor allem auszeichnet, jenseits der Unterschiede im Umgang mit dem historischen Erbe, von denen noch zu handeln sein wird, ist ein Überfluß an Wirklichkeit, der alle tradierten ästhetischen Muster überschwemmt. Die englischen Panorama-Romane, in denen das Bild der vergangenen Metropolis aufbewahrt ist, verfügen über kein Erklärsystem mehr, in dem das Auseinanderfallen von Kunst und Wirklichkeit wenigstens philosophisch aufgehoben wäre. Soziales Verhalten, Moral und Kunst erweisen sich vor der Wirklichkeit als Spezialdisziplinen, die voneinander unabhängige Lösungen anbieten. In den Romankörper montiert, stellen sie ein freibleibendes Angebot zur Sinngebung dar. Als Kunstform verhält sich der Roman eklektisch, d. h., er bedient sich aus der Tradition: andernfalls wäre angesichts der endlos sich fortsetzenden Wirklichkeit das Problem unlösbar geworden, ihn jemals zu Ende zu bringen.

Eben dies aber, die offenbare Endlosigkeit, die sich in der Ungenauigkeit ihrer äußeren Grenzen ausdrückt, und der Versuch, dieses formlose Zerfließen durch Akzentsetzung zu korrigieren, es durch den Rückgriff in die Architekturgeschichte, die damit zum enzyklopädischen Reservoir geworden ist, wieder zu strukturieren, zeichnet die Stadtgestalt der Metropole aus. Man hat diesen Eklektizismus mit Rücksicht auf die großen »Original-Stile« immer als ästhetisch vernichtendes Urteil gesehen. Das Gegenteil ist richtig: wenn überhaupt, wird sich eine Ästhetik der Straße in der Metropole des 19. Jahrhunderts nur auf den Eklektizismus gründen lassen. Die durch ihn geprägten Strukturen sind der einzige Versuch, gegen die Entropie der uferlos wachsenden und sich auflösenden Stadtgestalt eine ästhetische Ordnung zu errichten. So monumental sich im übrigen die Lösungen geben, seien es Einzelbauten wie die riesigen Houses of Parliament oder die wie Schneisen durch das gewachsene Stadtbild geschlagenen Boulevards Nashs und Haussmanns, so fragil bleiben solche Ordnungsversuche doch angesichts der Wirklichkeit, der Geschwindigkeit, mit der Straßenzüge und Plätze der Bodenspekulation oder der erstarkenden Planungsbürokratie zum Opfer fallen.

Sofern das Ästhetische immer, wie die palladianische Tradition nahelegt, einen utopischen Horizont eröffnet und diesen Anspruch in seinem Untergang in der Realität behauptet, gibt erst der Eklektizismus den Blick frei auf den ästhetischen Sachverhalt. In der Phantasie des flanierenden Voyeurs gehen die in Teile zerfallene Kunst-Realität und die überbordende Alltags-Realität, das Statische und das Dynamische, Raum und Zeit ineinander über. Der Eklektizismus hält über die in den Stilen enthaltene Fülle an Bedeutungen einen Katalog der Träume vor, ein »ägyptisches Traumbuch des Wachenden«[2]. Das Ästhetische, das in der Stadtgestalt des 19. Jahrhunderts mehr als je zuvor der Versuchung erlegen ist, sich in der Wirklichkeit zu verlieren, könnte sich als Gegenzauber nur mehr in den Projektionen der Einbildungskraft retten. Arno Schmidt hat eine solche Produktionsweise des Ästhetischen mit dem Begriff des »Längeren Gedankenspiels« zu fassen versucht[3] und dies u. a. an den Romanen von Dickens, Bulwer und Collins erprobt.[4] Die Tragfähigkeit des Begriffs und seine Bedeutung für die ästhetische Produktion wäre zu untersuchen, nicht nur für die »Wortwelten«, sondern auch für die »Bauwelten« des 19. Jahrhunderts. Einen einschlägigen Versuch zur Etablierung des »Längeren Gedankenspiels« in der Architektur hat Norbert Miller unternommen, um damit den unerklärlichen Rest jeder Piranesi-Interpretation aufzulösen.[5] Generell scheint sich die Möglichkeit des »Längeren Gedankenspiels« als ästhetisches Konstrukt zu eröffnen durch den Einbruch übermächtiger Alltagswirklichkeit in die tradierten ästhetischen Ordnungen. Der überlieferte ästhetische Zusammenhang wird dadurch gleichsam atomisiert, seine Fragmente werden dem freien Spiel der Phantasie zugänglich, die aus ihnen neue, nur scheinbar beliebige, in Wahrheit aber von der Einbildungskraft gesteuerte Konstrukte erbaut.

2.

Der Einbruch der Alltagswirklichkeit in die ästhetischen Ordnungen ist das für das Über- und Weiterleben des Ästhetischen im 19. Jahrhundert grundlegende Faktum. So allgemein diese Einsicht sein mag, so deutlich verweist sie doch auf die völlig neue, von allem Vorhergehenden verschiedene Qualität, die Stadt- und Straßenbild durch die industrielle Revolution erfahren haben.

Erst zu diesem Zeitpunkt, so ließe sich pointiert formulieren, sind Platz und Straße überhaupt als ästhetisches Problem relevant geworden. Für die vorindustrielle Stadt waren sie eine Fortsetzung des Einzelbauwerks mit anderen Mitteln, aber nach den gleichen ästhetischen Prinzipien. Am klarsten verwirklicht wurde diese Konzeption im Barock, ist aber auch in den klassizistischen Lösungen noch erkennbar: ausgehend von den tonangebenden Bauten greift das Ordnungssystem auf Platz und Straße über. Ästhetisch handelt es sich dabei um eine Übernahme der Proportionalordnung mit einem erhöhten Verfallsrisiko. Denn selbstverständlich wurde die Ordnung immer gefährdeter, je weiter sie sich von der angenommenen Mitte nach außen entfernte. Das Überleben der ästhetischen Struktur schien unter dem einen absolutistischen Willen zwar eher gesichert, war andererseits aber auch der

Gefahr der Willkür ausgesetzt. Das schon für die palladianische Concinnitas konstitutive Prinzip der Regelabweichung hat aber offensichtlich über Jahrhunderte hin die ästhetischen Strukturen hinreichend zur Aufnahme von Wirklichkeit offengehalten, so daß sie den Veränderungen an Umgebung und Bauten selbst standhalten konnten. An den Randlagen der industriellen Revolution haben sie deren Flut so museal überlebt.

In London, ihrem Zentrum, gab die Industrialisierung die alten Strukturen, die sich noch in der bereits im 18. Jahrhundert rapide wachsenden Stadt behauptet hatten, nahezu schlagartig und vollkommen der Entropie preis. Ein Stich, der Covent Garden im frühen 18. Jahrhundert zeigt, läßt die unbeschädigte hierarchische Ordnung des barocken Square erkennen, mit den kulissenartig gesetzten Blöcken und den in einen Schlußprospekt mündenden Straßen, obwohl im Hintergrund das Häusermeer schon mit der Horizontlinie zu verschwimmen beginnt. Ähnliches gilt für Hanover Square auf einem Stich von 1787 und für Grosvenor Square auf einer Abbildung von 1751. Nicht einmal ein halbes Jahrhundert später waren von dieser Ordnung nur noch Relikte vorhanden. Abbildungen aus der Zeit um 1830 lassen von den einst geschlossenen Ensembles nur noch einzelne Häuserreihen erkennen, die an den Rändern der Straßenverbreiterungen stehen geblieben waren. Um dem überbordenden Verkehr Luft zu schaffen, wurden in London zwanzig Jahre vor Haussmann die ersten Boulevards durch die alten Stadtviertel geschlagen.[6] Heinrich Heines Beschreibung Londons von 1823 enthält keine Erinnerungen mehr an die Ästhetik eines Stadtbildes, das klare Ordnungen spiegelt und das vor allem Anfang und Ende hat. Vor seinen Augen erstreckte sich die endlose Stadt, der »steinerne Wald von Häusern und dazwischen der drängende Strom lebendiger Menschengesichter«. Selbst der radikale Demokrat Heine nimmt einen Verlust von Ordnung, Repräsentanz und Kunst wahr, an deren Stelle Ökonomie und Konsum getreten seien: »Ich erwartete große Paläste und sah nichts als lauter kleine Häuser ... Diese Häuser von Ziegelsteinen bekommen durch feuchte Luft und Kohlendampf gleiche Farbe, nämlich bräunliches Olivengrün; sie sind alle von derselben Bauart, ... dergestalt, daß die breiten, regelmäßigen Straßen, die sie bilden, nur zwei unendlich lange kastenartige Häuser zu sein scheinen ... In den Hauptstraßen der City, demjenigen Teil Londons, wo der Sitz des Handels und der Gewerbe, wo noch altertümliche Gebäude zwischen die neuen zerstreut sind und wo auch die Vorderseite der Häuser mit ellenlangen Namen und Zahlen, gewöhnlich goldig und relief bis ans Dach bedeckt sind: da ist jene charakteristische Einförmigkeit der Häuser nicht so auffallend, um so weniger, da das Auge des Fremden unaufhörlich beschäftigt wird, durch den wundersamen Anblick neuer und schöner Gegenstände, die in den Fenstern der Kaufläden ausgestellt sind.«[7]

In allen Reisebeschreibungen Londons, bei Heine, Weerth oder Fontane, findet sich derselbe befremdete Blick, der die Metropolis entdeckt wie einen neuen Kontinent. Fontane, eher konservativ, argumentiert im Sinne eines versinkenden ästhetischen Diskurses, wenn er konstatiert, nach einem Weltuntergang werde »ein meilenweiter Steinhaufen von der Weltstadt erzählen, die hier sich hinzog, aber das Fehlen von Säulentrümmern und ionischen Kapitälen, von Torso und bildgeschmücktem Fries, wird darauf hindeuten, daß es keine Welt voll Schönheit war, die hier dem Zeitlichen erlag«[8]. So abwertend das Urteil klingt, bleibt es doch merkwürdig ambivalent. Denn im Grunde erkennt Fontane richtig den Verlust der alten ästhetischen Ordnungen, und er diagnostiziert korrekt, daß sich das Ästhetische angesichts der Wirklichkeit der Metropole verflüchtigen muß, wenn es auf den Schönheitsbegriff reduziert wird. Immerhin ist der Eindruck so überwältigend, daß der Reisende die Stadt in Relation setzt zu der antiken Welt und zu ihrem Untergang: Troja-Babylon. Sub specie aeternitatis erscheint die Metropole des Kapitalismus als homerisches Zitat: »Einst wird kommen der Tag, da die heilige Ilios hinsinkt.« Daß der eben entstehende Historismus doch wieder Säulen und ionische Kapitäle hinterlassen würde, konnte Fontane vielleicht nicht ahnen: es liegt aber in der Logik des Zitierens. Nicht einmal zwanzig Jahre später hat Doré die Ruinen des modernen Troja gezeichnet, in den beiden Phantasmagorien von der verlassenen Weltstadt: auf einem Blatt das halb in der verwilderten Themse versunkene Ruinenfeld, aus dem die Säulenreste ragen, auf dem andern ein kleines Kind, das – der letzte Mensch – in einem Hinterhof nach der Hand seiner sterbenden Mutter greift, während über der Szene die säulengeschmückte Kuppel von Saint Paul's in unirdischem Glanz leuchtet. Angesichts des Übermaßes an elend gewordener Wirklichkeit scheint sich das Ästhetische nur mehr aus den Ruinen der von Menschen geschaffenen Realitäten zu erheben, ohne doch den Verlust des Menschlichen ersetzen zu können.

Die anarchisch Wirklichkeiten produzierende Metropolis provoziert beide erkennbaren Aporien des Ästhetischen: die ihm innewohnende Utopie, in der Wirklichkeit zu verschwinden, in ihr aufzugehen, wie jene, die Wirklichkeit zu vernichten, um endgültig selbst die Herrschaft anzutreten. Beide stellen sich im Angesicht der Wirklichkeit als romantische Metapher dar, ohnmächtige Allmacht-Phantasie. Ästhetische Vorstellung von der Metropole kann nicht im Absehen von der Wirklichkeit bestehen, sie ist nur möglich, wo der massivste Ansturm der Realitäten das höchste Phantasie-Potential freisetzt.

Dieser Ort ist London: dort war das Wachstum am schnellsten, wurden die technischen Innovationen am brutalsten durchgesetzt, war der Reichtum am unermeßlichsten und das Elend der immer zahlreicher werdenden Armen so ungeheuerlich, daß es der Kunst die Sprache verschlug. London und nicht Paris, darin ist Zeitler gegen Walter Benjamin zuzustimmen, war die wahre »Hauptstadt des 19. Jahrhunderts«[9].

Details stehen in den Historienbüchern. Es genügen aber wenige Zahlen für die Diagnose, daß der Überfall der Realität auf die überlieferte Ordnung der Stadt tatsächlich eine, wenn auch zeitlich ausgedehnte, Katastrophe war. Durch den Zustrom der in der Folge von Landreform und Industrialisierung verarmten Landbevölkerung aus allen Teilen des Königreichs wuchs die Einwohnerzahl in der Hauptstadt immer schneller: Um 1800 schon Millionenstadt, erreichte London 1851 – dem Jahr der Weltausstellung – die 2,5-Millionen-Grenze; 1901 waren es 6,5 Millionen, von denen 2 Millionen schon außerhalb des 30 000 Hektar großen Bezirkes der Grafschaft London lebten. Während die Stadt ins Uferlose wuchs, entvölkerte sich die City: 1861 lebten im Zentrum Londons noch 110 000 Menschen, 1911 waren es nur mehr 20 000. Das System Stadt begann zum erstenmal in seine Funktionsbereiche zu zerfallen.

Die gewaltige Ansammlung von Menschen in relativ kurzer Zeit und auf eng begrenztem Raum benötigte eine immer monumentaler werdende Infrastruktur. Nach den Angaben, die Henry Mayhew 1851 in seiner epochalen Beschreibung machte – der erste Versuch dessen, was heute empirische Sozialforschung heißt –, war um die Jahrhundertmitte das Straßennetz etwa 3000 Meilen lang. Die Anzahl der Straßen wurde auf rund 10 000 geschätzt. Neben den ungezählten privaten Fahrzeugen gab es 1500 Omnibusse und 3000 Droschken. Gezogen wurde der gesamte Fuhrpark von 25 000 Pferden, die eine tägliche Fahrleistung von durchschnittlich 70 000 Meilen erbrachten, wobei die Verkehrsspitzen bei 200 000 Meilen pro Tag lagen. In den Hauptverkehrsstraßen entstanden chaotische Verhältnisse: so wurde London Bridge zwischen 9 und 20 Uhr von 13 000 Fahrzeugen passiert, Pall Mall von 18 400. Insgesamt, so hat Mayhew errechnet, war das Londoner Verkehrsaufkommen doppelt so hoch wie das in Paris.[10] Die derart übervölkerte Stadt litt unter katastrophalen hygienischen Verhältnissen: allein die Reinigungskosten, die durch den Umweltschmutz verursacht wurden, hat der Board of Health, nach Mayhews Angaben, auf rund 2,5 Millionen Pfund pro Jahr geschätzt.[11]

Fabriken und Werkstätten, vor allem aber die riesigen Docks, fraßen sich ins Stadtbild. Der Güterumschlag wuchs im Londoner Hafen zu bisher unbekannten Dimensionen an: 1868 war der englische Außenhandel so groß wie der französische, deutsche und italienische zusammen und viermal so groß wie der der USA. Den Importen aus den Kolonien stand die Ausfuhr der Industriegüter gegenüber: »Bereits 1848 produziert das Vereinigte Königreich die Hälfte des gesamten Roheisens der Welt, aber schon zwanzig Jahre später hat sich dieses Produktionsvolumen mehr als verdoppelt.«[12] Schon vor dem Eisenbahnbau veränderte das Netz der Gasversorgung die Stadt, deren Straßen ständig aufgegraben und unterminiert wurden. Der Gasometer wurde zu einem der charakteristischen Bauten der Großstadtarchitektur. In 40 Jahren stieg die Durchschnittsgröße der Kessel um das 50fache an. 1822 wurden 47 Gasometer gezählt, die bei einem durchschnittlichen Fassungsvermögen von 20 000 Kubikfuß gerade so viel Gas vorhielten, wie in den sechziger Jahren ein einziger: eine Million Kubikfuß. 1862 »verbrauchte London allein doppelt so viel Gas wie ganz Deutschland«[13].

Das vor allem in der frühkapitalistischen Phase in der ersten Jahrhunderthälfte kaum gesteuerte Wachstum, gänzlich überlassen den Kräften des sogenannten »freien Marktes«, degradierte das Stadtbild zur Verfügungsmasse jeder privaten Begehrlichkeit. Die Folgen hat Benevolo unter dem Schlagwort der »Liberalen Stadt« beschrieben. Die genaueste Schilderung aber gibt bis heute Friedrich Engels in *Die Lage der arbeitenden Klasse in England* (1845). Die Expansion aus dem Geist der Grundstückspekulation reduzierte die überlieferten Ordnungen und Hierarchien des Stadtbildes auf den Warencharakter von Haus, Straße und Stadtviertel. Was die Wohnbezirke der Wohlhabenden von denen der völlig Besitzlosen unterschied, war allein die vorübergehende Tatsache, daß sie noch nicht Slum waren. Es entstanden fortwährend neue Straßen und Stadtviertel, die bestimmt waren, eine Zeitlang von zahlungskräftigen Bürgern bewohnt zu werden, »ohne Luft und zu gewaltigen Mieten«, wie Dickens in *Little Dorrit* schreibt, und deshalb vorzüglich dazu geeignet, wieder dem Verfall preisgegeben und zum Slum zu werden. Der Marktwert des Entstehenden mußte von vornherein so angesetzt werden, daß er durch einfache spekulative Manipulation ins

Bodenlose absinken konnte, um Platz für neue Waren auf dem Bau- und Grundstücksmarkt zu schaffen.

Das tatsächliche Planziel des Bauens unter der uneingeschränkten Herrschaft des Kapitals ist der Slum. Er wird als Wirklichkeit sichtbar, wenn der Straße das Geld und damit der ästhetische Mantel der Konsumwelt abhanden gekommen ist. Dickens in *Little Dorrit*, bei dessen Schilderung man Heines Eindrücke von den Schaufenstern der City im Ohr haben sollte: »Die Läden, gering an Zahl, stellten sich nicht zur Schau, denn die öffentliche Meinung war ihnen gleichgültig. Der Pastetenbäcker wußte, wer in seinen Büchern stand.«

In den zehn Jahren von 1841 bis 1851 wurden, nach der von Mayhew zitierten Statistik, in London 1976 Häuser abgerissen, also etwa 200 pro Jahr. Neu gebaut aber wurden 46 901 Häuser, also rund 4700 jährlich.[14] Das unkontrollierte Wachstum führte zu jenem Ausufern der Suburbia, die den Begriff der Stadt bis heute in Frage stellt. Dickens beschrieb den Wohnsitz Harriet Carters in *Great Expectations* als eine Zwischenwelt, »die weder Land noch Stadt ist. Die Stadt hat wie der Riese mit den Siebenmeilenstiefeln einen großen Schritt darüber hinweg getan und ihren Ziegel- und Mörtelfuß weit vorangeschoben. Der zwischen den beiden Fußstapfen des Riesen verbliebene Raum ist nur verdorbenes Land, nicht Stadt.« Eine im Wortsinn tiefgreifende Umwälzung des Stadtgebietes brachte dann der Bau der Eisenbahnlinien, mit abgesenkten Streckenführungen, Brücken und Bahnhöfen und mit neuen Industrieflächen, die an den Geleisanschlüssen entstanden. Der »Schauplatz der industriellen Revolution« (Benevolo) glich einer riesigen Baustelle, wie sie wiederum Dickens beschrieben hat: »Hier lagen umgekippte und übereinandergefallene Karren in wüstem Durcheinander am Fuße eines steilen, unnatürlichen Hügels, dort verrotteten und rosteten ineinanderverkeilte Eisengegenstände in irgend etwas, das aus Zufall zu einem Teich geworden war. Überall gab es Brücken, die nirgendwo hinführten, Durchgangsstraßen, die gänzlich unpassierbar waren; Türme von Babel in Gestalt von Schornsteinen, an deren Höhe noch die Hälfte fehlte, provisorische Holzbaracken und verlotterte Mietshäuser, Teile unfertiger Mauern und Bogen, Haufen von Gerüsten, eine Wildnis von Ziegelsteinen, riesigen Kranen und Dreifüßen, die sich über der Leere spreizten.«[15]

»In dieser grausen Länderei, die Menschenauge je erblickt« (Baudelaire), war das Ästhetische nur mehr als Verlust zu ahnen, als Sage und Mythologie, deren Gegenwart dem historischen Blick des Zeitgenossen in den Resten zur Erinnerung gerann. Jenseits aller vitruvianischen und palladianischen Proportionalität eröffnete das Ruinenfeld den Blick für das »Picturesque«, dessen Theorie, verbunden mit der des Sublimen, Edmund Burke 1756 entwickelt hatte. Im »Picturesque« schimmert noch die Größe der zerfallenden ästhetischen Systeme als groteske Disproportion durch: Es ist ein Moment ihrer Realität.

3.

Der Begriff des »Picturesque« reicht weiter als das deutsch-provinzielle »Malerische« und faßt eine Fülle von Bedeutungen vom Idyllischen bis zum Grotesken. Prinzipiell beschreiben die englischen Theoretiker des 18. Jahrhunderts damit den Eingriff des Menschen, der Natur in eine künstliche Anordnung verwandelt. Die künstlichen Ausschnitte der Landschaftsmalerei ergeben, auf die wirkliche Natur übertragen, das Ensemble von Architektur und Landschaftspark. Durch den Eingriff des Architekten und des Landschaftsgärtners wird die indifferente Natur mit Bedeutungen aufgeladen: sie erhält eine Geschichte, die mit jener nichts mehr zu schaffen hat, die ihr von der Naturwissenschaft verordnet wird. Solcher wechselseitigen Durchdringung von Kunst und Wirklichkeit sind keine proportionalen Grenzen mehr gesetzt. In ihr entfaltet sich das freie Spiel der Kräfte, das nach der liberalistischen Theorie der ersten industriellen Revolution das ökonomische System des Marktes regeln sollte. Die als erste Verwirklichung des Picturesque auftretenden arkadischen Parklandschaften spiegeln im Verzicht auf die Geometrisierung der Natur, die im Barock und Rokoko den Garten als Fortsetzung der architektonischen Ordnung interpretierte, das neue dialektische Verhältnis der ästhetischen Ordnung zur Natur-Wirklichkeit: die Anarchie des natürlichen Wachstums liefert die künstlichen Ordnungen der Entropie aus.

Je energischer dann in den Städten die Natur durch künstlichen Eingriff verdrängt wird, um so stärker wird im Picturesque selbst die Tendenz zum Zerfall der Ordnungen, um so massiver auch der künstliche Eingriff zur Bändigung der ausufernden Wirklichkeit. »Picturesque« sind schließlich auch die Elendsbilder, die Doré von den Londoner Slum-Straßen gezeichnet hat. Ihr Thema ist die der Entropie überlassene Ordnung, und sie korrespondieren mit der Raster-Monumentalität der großen Boulevards.

Trotz der Abkehr von den vitruvianischen Prinzipien in den Theorien von Edmund Burkes *Philosophical Enquiry into the Origin of our Ideas of the Sublime and Beautiful* (1756) bis zu Archibald Alisons *Essays on the Nature and Principles of Taste* (1790) stehen die neuen

Begriffe in deutlicher Beziehung zu den überlieferten, insofern sie nämlich darauf zielen, die Möglichkeit ästhetischer Ordnung überhaupt zu sichern und sie, da eine Bindung an eine von Gott her in die Wirklichkeit verlängerte hierarchische Ordnung nicht mehr möglich war, neu zu begründen.

Zwar mußte die Proportionstheorie fallen, sowie sie nicht mehr als Chiffre der Weltharmonie verstanden werden konnte, aber schon Alisons Erklärung, sie sei nichts anderes gewesen als der Ausgleich der Kräfteverhältnisse von Stütze und Last, sichert auch ihr Überleben in quasi »säkularisierter« Form: sie erscheint als Funktion der Firmitas, als Konstruktionsprinzip des Ingenieurs. Versteht man die neuen Begriffe nicht einseitig als Beschreibung von Wirkungen, sondern von Produktionsweisen des Ästhetischen, so eröffnet sich dem historischen Blick ihr Zusammenhang mit der vitruvianisch-palladianischen Tradition – auch dort, wo sie ihr widersprechen.[16] Die Kategorien des »Sublime« und des »Picturesque« erweisen sich als Versuch, die ästhetische Fiktion in der Wirklichkeit und ohne Berufung auf die göttliche Weltordnung, nicht als deren Reproduktion, auftreten zu lassen. Die vitruvianische Utilitas, die von Palladio als Augenblick des Aufscheinens der utopischen Weltharmonie in der chaotischen Wirklichkeit verstanden worden war, erscheint rekonstruiert im ebenfalls ikonologisch besetzten Begriff des »Picturesque«: es beruft sich auf die in das Werk eingegangene menschliche Geschichte. An die Stelle der statischen Weltharmonie rückt der perspektivische Blick in die Historie. In der Erhabenheit (Sublime) aber tritt der pathetische Überlebenswille der gesetzten Ordnungen zutage, der gegen die Entropie auf Dauer gerichtet ist. Das Sublime beruht letzten Endes auf der Firmitas des Vitruv. Was schließlich die Schönheit betrifft, so weiß die Architektur des 19. Jahrhunderts darüber noch weniger als alle jene Vorgänger, auf die sie zitierend sich beruft. Mehr denn je ist »das Schöne« keine ästhetische Kategorie mehr, sondern tritt als ein Gewesenes auf, herbeizitiert aus den Arsenalen der Historie als Säule, Palladio-Motiv, Tempelfront, wie es die Beschreibung Fontanes belegt. Schönheit ist Erinnerung, Zitat, Denkmal des Sublimen, das im Ambiente der Stadtbilder und Straßenzüge der Geschichte- und Geschichten-produzierenden Wirklichkeit ausgesetzt ist.

Das Stadtbild unterliegt einem Wechsel der Perspektive, der unverkennbar ist, wenn man das Barock-Modell zum Vergleich heranzieht. Das fundamentale strukturbildende Prinzip der barocken Stadtgestaltung war der rechte Winkel. Die Häuser als kleinste Einheit schließen sich zum rechteckigen Block, dessen Grenzen durch Richthäuser an den Ecken fixiert sind. Aus den Blöcken baut sich schachbrettartig der Stadtplan auf, zentral orientiert auf eine Mitte, zu der letzten Endes alle Straßen führen. Der dem Stadtplan eigene Systemcharakter kehrt im Straßenbild wieder. Ein für allemal ist der Blick in die Straße festgelegt und vorgeschrieben durch die Hierarchien einer perspektivischen Ordnung: Richthäuser sind gegenüber ihrem Block nach den Proportionalregeln erhöht und markieren unzweideutig die Einmündung der Querstraßen. Die in regelmäßigen Abständen aufeinander folgenden Kreuzungen, akzentuiert durch den Lichteinfall aus der »Kulisse«, geben dem perspektivischen Blick Halt: sein Weg zum Augenpunkt in der Tiefe des Raumes geht über eine Folge statischer Bilder, bis er vom Schlußprospekt aufgefangen wird, und der letzte Prospekt auf den er trifft, ist das Schloß.

Dieses bühnenbildartige System, das auf den Kulissenbühnen von Serlio bis zu Galli-Bibiena und den Quaglios in den Theatergeschichten noch einzusehen ist, faßt den Prospekt der Straße als eine Folge senkrecht zur Blickachse verharrender Bilder auf. Es unterliegt einem Betretungsverbot: der Betrachter bleibt immer der Außenstehende; je näher er dem Kulissenbild kommt, um so mehr entschwindet es seinem Blick, und das nächste tut sich vor ihm auf. Das ästhetische System Straße wird nicht aus der Bewegung erfahren, sondern im Stillstand vor dem Prospekt, der zugleich auf seine Wiederholung im nächsten verweist. Der Gehende löscht laufend Bilder aus, bis ihm schließlich der Grund für das dauernde Betretungsverbot, für das Entschwinden der Bilder deutlich vor Augen geführt wird: er erblickt das Schloß, das jedem weiteren Vordringen unmißverständlich Einhalt gebietet. Concinnitas erscheint im barocken Stadtbild als Referenz für die feudale Ordnung, die es abbildet. Nur der Princeps und Bewohner des Schlosses ist als Stellvertreter des Höchsten auch Herr der Perspektive, so wie im barocken Hoftheater nur vom Mittelsitz der Fürstenloge die Fluchtlinien des Bühnenbildes korrekt sich schließen, während für alle andern das Bühnenbild zerfällt. In der Tiefe des Bühnenraumes aber erblickt er wiederum sich selbst als Spiegelbild ewiger Ordnungen. Die Spiegelräume des Barock erfahren hier ihre Begründung: sie entwerfen die Illusion eines unendlichen Raumes und ordnen ihn zugleich als Folge von Bildern.

Das Unverrückbare des perspektivischen Bildes und die Plötzlichkeit, mit der es sich einstellt, hat Stefan Oettermann treffend als »Einklinken« der perspektivischen Fluchtlinien beschrieben[17]: sämtliche optischen Phänomene des Straßenbildes scheinen in diesem einen Augenblick geordnet in einem sinnvollen Proportionssystem, das im Augenpunkt sein Zentrum hat und das sich im Kopf des Betrachters weiter fortsetzt auf die der Vorstellung inspirierte Horizontlinie, also: auf die Ordnung von Welt überhaupt. Was sich hinter der Horizontlinie befindet ist Wildnis, die nicht zur gebauten Ordnung gehört. Ordnung ist überhaupt nur denkbar als Verlängerung des Systems, indem sich der perspektivische Blick das Entfernte unterwirft, das es aus dem Zustand der Entropie zu befreien gilt. Die Entdeckung und Unterwerfung des Landes hinter dem Horizont hängt zusammen mit der Herrschaft des perspektivischen Blicks.

Ordnungssysteme, die sich auf das perspektivische Sehen stützen, sind immer auf Abgrenzung des Systems von einer diffusen Außenwelt aus. Dies läßt sich an griechischen Tempelbauten ebenso zeigen wie an der Anlage von St. Peter in Rom, deren perspektivische Konstanten von Michelangelo bis Bernini und Fontana aufrechterhalten wurden. Von dem Augenblick an, da er den Platz betritt, bis zu dem Moment, da er unter der Kuppel stehenbleibt, wird der Weg des Betrachters einer rigiden Augen-Zensur unterworfen, damit ihm jene Bilder vorgeführt werden können, »in denen die Konstituenten seines Blickfeldes identisch scheinen mit den Gesetzen der ästhetischen Ordnung«[18], als wolle sie sich immer von neuem ihres Sieges versichern über das Chaos der Naturwirklichkeit durch ein Zwangssystem des Sehens, dessen Terror jeden künftig denkbaren Besucher einfängt.

Dieser Blick, den man als den palladianischen bezeichnen kann, greift von der Anlage ausgehend auf das Stadtbild über. Berninis »heroische Maschine« legt auch außerhalb ihres zentralperspektivischen Bühnenbildes die Ordnung der Perspektiven fest, die etwa über den Palazzo Nuovo in das römische Stadtbild führen. Die heutige insulare Situation ist erst durch die gewaltsame Symmetrisierung unter der faschistischen Herrschaft entstanden; sie verwischt jene Zusammenhänge, die Birindelli rekonstruiert hat.[19] Michelangelo selbst hat die Anlage von St. Peter immer als stadtübergreifendes Ordnungssystem gesehen, wie es seine Zeichnung der Tiberbrücke mit der Peterskirche zeigt: aus der Ferne gesehen erweisen sich die beiden durchaus getrennten Bauten als Konstituenten einer einheitlichen Struktur. Zwischen Brücke und Kuppelbau entsteht eine proportionale Beziehung, die sich als bildliche Ordnung vor und gegenüber dem ins Ungefähre diffundierenden Horizont erweist.

Selbst für heterogene Platzkonzeptionen wie San Marco in Venedig läßt sich die optische Maschinerie des palladianischen Blicks nachweisen.[20] Allerdings auch der Augenblick seines Verlustes und das Entstehen einer neuen Sehweise: der napoleonische Neubau des Westflügels (1807–1810) setzte an die Stelle von Sansovinos Zentralbau eine Portalstruktur, die den Platz als Innenraum relativiert und als geschlossene Ordnung durchlässig werden läßt.

An der Qualität solcher Eingriffe läßt sich eine neue Definition des Zusammenhangs von Architekturgestalt und Straßenführung ablesen. Der Vorgriff auf das Bild der Metropolis: 1819 entstand Piccadilly Circus als Angelpunkt für John Nashs Regent Street, der runde Platz als Knoten und Verteiler von Straßen, die sich nicht mehr zur Folge perspektivischer Bilder ordnen lassen, sondern selbst Bildraum sein wollen. Es fand jener Wechsel der Perspektive statt, den Panofsky[21] als grundlegend erkannte, nämlich eine andere Entscheidung in der Frage, ob der Betrachter vor dem Bild festgehalten wird oder ob er genötigt ist, selbst in den Bildraum einzutreten. Die barocken Stadtbilder kennen selbstverständlich außer dem Princeps keinen, dem es erlaubt wäre, tatsächlich das Bild zu betreten. Der Grand Boulevard des 19. Jahrhunderts, wie er in Nashs Regent Street vorgeprägt und in Haussmanns Neuordnung des Pariser Stadtplans vollendet wurde, ist dagegen der Treffpunkt aller und hält keine exklusiven Bilder und Durchblicke mehr bereit, jedenfalls nicht mehr im Sinn proportional-perspektivischer Ordnungen. Der Boulevard führt nicht zum Schloß, sondern zum Knotenpunkt, der ihn gelenkartig mit seinesgleichen verknüpft. Der Besucher des Boulevard findet seinen Blick nicht in die Tiefe des gegliederten Raumes geleitet, sondern zu den Seiten hin: dort ist in den Schaufenstern die Bühne jenes Lebens aufgeschlagen, das sich als Schauspiel der Ökonomie darstellt. Der Boulevard kennt weder Anfang noch Ende, sondern nur Übergänge, durch die er allmählich zur Vorstadtstraße, zum Armenviertel, zur Landstraße wird; seine Ordnungen verlieren sich schließlich in der Entropie der natürlichen Welt:

> »Wo die Häuserzeilen enden
> Und das Schreberland beginnt,
> Bricht der Mörtel von den Wänden,
> geht den ganzen Tag der Wind.«[22]

Dieser allmähliche Auflösungsprozeß der Bau-Ordnungen ist immer einseitig auf die Willkür der ökonomischen Prozesse und auf planerische Unfähigkeit zurückgeführt worden, nicht zuletzt deshalb, weil ästhetische Systeme immer noch als sakrosankt in dem Sinne gelten, daß sie auf Zeitlosigkeit und Dauer angelegt seien. Daher rührt auch das Fehlurteil über die Straßenarchitektur des 19. Jahrhunderts im Zeitalter der ersten und zweiten industriellen Revolution. Die Kritiker verhalten sich so, als sei es diesem Bauen noch immer um den Solitär gegangen, der in angemessenen Proportionen zu seinen Nachbargebäuden, zu einem Ensemble von Platz und Straße, einer Gemeinde von Einzelgängern gleichsam, gehört. Die Bauaufgabe des 19. Jahrhunderts aber ist die Straße, die nicht mehr durch Palast und Kirche zentriert ist zu jener Scheinwirklichkeit der Kulissenbühne, sondern die in der tendenziell endlosen Reihung von Miet- und Warenhaus die beschleunigte Auflösung der ästhetischen Ordnung in der Wirklichkeit demonstriert.

Die Wirklichkeit des ästhetischen Systems Straße, das bis in die Gegenwart weiterwirkt, ist in Antinomie zur barocken Stadtgestalt generell bestimmt durch den Wechsel der Perspektive, tatsächlich sogar ihre Umkehrung. Denn nicht mehr führt die Straße von außen nach innen, wie sie es in der barocken Kulissenarchitektur tut, sondern von innen nach außen. Von den runden Plätzen wird der Blick nach allen Seiten in die Boulevards des Baron Haussmann geleitet, die sich in steter perspektivischer Verkürzung in der Tiefe des Raumes verlieren. An den Einmündungen können schon wegen der runden Platzkonzeption keine Fassaden mehr wachsen. Es entstehen die charakteristischen spitzwinkeligen Häuserenden, die einem Schiffbug gleich den Blick des Betrachters ohne Aufenthalt in die Perspektive der Straßenzüge einschwenken lassen. Im Sog der Perspektive manifestiert sich die einzige Forderung, die der Boulevard an den Betrachter stellt: in ihn einzutreten.

Während barocke Architektur die Perspektive dazu benutzt, um, nach den Worten Richard Alewyns, »die Wirklichkeit in Schein zu verwandeln«, indem sie die Grenzen zu verwischen sucht, »wo die Wirklichkeit endet und die Täuschung beginnt«[23], will die Großstadtarchitektur des 19. Jahrhunderts den Betrachter seiner und ihrer eigenen Wirklichkeit dauerhaft und emphatisch versichern. Der Scheincharakter des ästhetischen Konstrukts kann sich nicht mehr als transzendentaler Widerspruch manifestieren, als Vanitas-Allegorie und damit als »Eingeständnis, daß das Leben es nötig habe«[24], sondern in dem Anschein, daß die ästhetischen Ordnungen nichts seien als Spiegelungen der Lebenswirklichkeit, und das meint: nicht das Leben, sondern die Kunst habe es nötig.

Unterschiede zwischen dem Grand Boulevard und der Arbeiter-

Vorstadt sind graduell: sie bestehen im größeren ornamentalen Reichtum an den Fassaden, wie in den Schaufenstern. Das Ordnungsprinzip ist dasselbe, nämlich das der durch senkrechte Raster akzentuierten Fluchtperspektive. Für beide Straßen gilt, daß »die Vollständigkeit dieser Uniformität wieder zu einem Mittel gegen dieselbe« wird[25], und zwar durch jene Blockstruktur, die jeweils bestimmte Häusermengen zu einer größeren Einheit zusammenschließt und so den Blick Schritt für Schritt in die Tiefe der Straße lenkt, ohne ihm wirklich Halt zu bieten, weil die Geometrie der Fluchtlinien durch die scheinbare Willkür der Blockbildung verwischt ist: ein Element des »Picturesque«.

An die Stelle der exklusiven Zentralperspektive ist ein komplexes System perspektivischer Linien getreten, die nicht mehr an einem Augenpunkt in der Horizontlinie »einklinken«[26], sondern sich zum Rundhorizont unzähliger Perspektiven schließen, der von jedem beliebigen Aussichtspunkt und für jeden erkennbar vorhanden ist. Diese, wie Oettermann sagt, »demokratische Perspektive«[27] verweist auf das Eindringen von egalitären Strukturen in die vorhandenen ästhetischen Systeme. In der Tat: vor der Kunst sind alle gleich: nämlich in ihrer Geringschätzung. Die wild gewordene Ökonomie reduziert den Unterschied zwischen Reichen und Armen, wie Marx schon ganz richtig erkannt hat, auf den Sachverhalt, daß jene mehr Geld haben.

Fontane, der ein glänzender Beobachter war, immer unter dem Vorbehalt des von traditioneller Ästhetik bestimmten Urteils, hat an der mehrfach zitierten Stelle seiner Englandreise kategorisch erklärt, er werde den Fremden, um ihm den Charakter Londons zu verdeutlichen, nicht nach St. Paul's oder nach Westminster führen, sondern zur London Bridge, also zu einem der zentralen Aussichtspunkte auf die form- und grenzenlose Ausdehnung der Stadt. Den betreffenden Ausblick hat George Borrow in *Lavengro* beschrieben: »... und besah mir durch das Geländer das Schauspiel ringsum – und was für ein Schauspiel! Gegen das linke Flußufer ein Wald von Masten, dicht gedrängt, soweit das Auge reichte; ausgedehnte Anlegeplätze mit hohen Gebäuden dahinter und in der Ferne die von den Römern erbaute Festung. Zur Rechten ebenfalls ein Wald von Masten und ein Häusergewirr, aus dem da und dort Schornsteine aufragten, höher als Cleopatras Nadel; wie ein Baldachin wogte der schwarze Qualm über der Riesenstadt.«[28]

Das Auge, dem die eindeutige Fixierung über eine durchsichtige perspektivische Ordnung entzogen wurde, sucht sich die Ordnung der Welt durch den Blick auf die Totale wieder zu rekonstruieren, sich ihrer Grenzen im Panorama der Horizontlinie zu versichern. Was es entdeckt, ist die Ferne und die Auflösung der Ordnung in ihr. Denn das Panorama verdeutlicht eben, daß die Grenze aufgehoben ist, die ehedem zwischen der rigiden Ordnung drinnen und dem chaotischen Draußen bestand, wie Oettermann es am Wandel des Landschaftsbildes darlegt: »Die aus lauter ›Nebensächlichkeiten‹ und Zufälligkeiten zusammengesetzte Vedute verwies nicht mehr auf ein bestimmtes Sinngefüge, das im idealen Landschaftsbild durch den Fernblick auf einen wichtigen Fluchtpunkt hin symbolisiert wurde, sondern verwies nur noch auf die außerhalb des Ausschnittes liegenden nicht abgebildeten Nebensächlichkeiten. Die dargestellten Einzelheiten hatten nicht mehr einen Fluchtpunkt, auf den sie sich bezogen, sondern die unzähligen Details wurden nur noch vom Horizont zusammengehalten.«[29]

Übersetzt in ästhetische Rede heißt dies, daß die Auflösung der Ordnungen zum augenfälligsten Erscheinungsmerkmal der ästhetischen Struktur wird. Dies ist auch so gesehen worden, und der zeitgenössische Betrachter versucht sich des Anblicks als eines ästhetischen Ereignisses zu versichern mit Hilfe der von Burke installierten Kategorie des Erhabenen (Sublime): »Ich hatte St. Paul's erklommen, um London dergestalt unter mir aufgefächert zu sehen. Und wie wohl da nichts Schönes, nichts Erhabenes zu sehen war: so giebt's immerhin nur wenige Dinge, die so erhaben sind (wenn wir unter Erhabenheit das verstehen wollen, was uns die Einbildungskraft vollkommen ausfüllt, bis zu ihres Vermögens Rande), wie die Ansicht einer großen Stadt, sobald sie sich uns auf einen Blick darbietet!« Und so sieht das visuelle Ereignis aus, das den Begriff der Erhabenheit evoziert: »Nach jedweder Richtung liefen die Reihen der Häuser, so weit das Auge reichte, und blos die Flecken Grün's waren gegen den äußern Rand des Blickfeldes häufiger eingestreut, dort, wo die Häuserzeilen weiter und weiter auseinander strebten.« Schließlich die Wirkung dieses Erhabenen: »Es war ein Anblick, der mich mit ehrfürchtiger Scheu und Melancholie erfüllte: Da stand ich nun und blickte hinunter auf die Behausungen einer Millionenzahl menschlicher Wesen.«[30]

Das aber heißt: Der Eindruck des Erhabenen resultiert nicht mehr aus der Qualität der alten ästhetischen Ordnungen, sondern aus der Quantität von Wirklichkeit, die in sie eingebrochen ist. Die Gegenwart des Ästhetischen ist abhängig von der durch diese Quantität freigesetzten Imagination. Sie eröffnet dem Ästhetischen die Möglichkeit, die latente Geschichte der »Millionenzahl menschlicher Wesen« – ihren Alltag – zu absorbieren, um so von neuem ästhetische Ordnungen zu produzieren. Das Erhabene ist Ergebnis eines »Längeren Gedankenspiels« der von den Grenzen der Perspektive befreiten Phantasie. Es verweist auf eine neue Freiheit des Blicks, die es dem Menschen erlaubt, »selbst in der bedenklichen Anarchie der moralischen Welt, die Quelle eines ganz eigenen Vergnügens zu finden«[31].

Nicht Wirkungs- oder Geschmacksästhetik ist also gemeint, wenngleich deren Simplifizierungen immer als kleinstes Gemeingut für die Rezeption des niemals wahrhaft akzeptierten Andersseins von Kunst haben dienen müssen. Das erklärt sowohl den Erfolg von Carlyle als Kunstrichter wie die ästhetische Enthaltsamkeit von Marx, der Kunst lebenslänglich und darüber hinaus in seinen Nachfolgern für ornamentale Zutat, also für Geschmacksfrage hielt. Ästhetisches Denken blieb für die großbürgerliche wie für die kleinbürgerliche Variante der sich der Ökonomie ausliefernden Philosophie ausschließlich Schönheitslehre. Demgegenüber stellt sich Ästhetik in den zitierten Beispielen als Versuch einer Wahrnehmungstheorie dar, der es um Ordnungen und Bedeutungen geht. Die Kategorie des »Schönen« wird den, wenn auch undeutlich, als »ästhetisch« erkannten Ereignissen geradezu abgestritten.

Nicht die Rekonstruktion des »Schönen« – was immer man darunter verstehen mag –, sondern die Wiedergewinnung von Bedeutungen und einer aus ihnen folgenden Ordnung war das Problem, das sich nach dem Verlust der Concinnitas stellte. Ihre Reduktion auf die Bedeutungsleere eines Ingenieurprinzips läßt ästhetische Rezeption nur mehr als Beschreibung der konstruktiven Zusammenhänge zu. Danach stehen die Straßen der Armut und die des Reichtums vor der Kunst unterschiedslos da: sie bilden gleichermaßen die Proportionen einer baukonstruktiven Ordnung ab, die nicht mehr jene »Ordnung der Dinge« sein kann, auf die das Ästhetische aus ist.

Die völlige Abwesenheit einer wie immer definierten ästhetischen Bedeutung ruiniert die dialogische Struktur der Architektur, wie es eine Schilderung des Eastend erkennen läßt, damals Wohnviertel des besitzlosen Kleinbürgertums. Walter Besant findet in diesen Straßen das Urbild der »freudlosen Stadt«, weil sie »ohne Bedeutung« seien, und »keinerlei individuelle Züge, keinerlei Merkmale von Schönheit« vorweisen könnten: »Keine Jahreszeit und keinerlei Conditionen lassen es zu, daß sie jemals malerisch wirkten ...«[32] Das ist sicher brillant beobachtet und darüber hinaus entlarvend durch die Weise, wie die Kategorien des »Schönen« und des »Malerischen« hinfällig werden, weil sie durch keine »Bedeutung« evoziert sind. Besants Hinweis auf das »wirklich Betrübliche« an dem beschriebenen Zustand rückt aber die abgrundtiefe Bedeutungslosigkeit in einen skandalisierenden Zusammenhang zwischen einem technifizierten Architektur- und einem technifizierten Wohnbegriff. Die Bewohner dieser Bauten gehören nämlich nicht zu den Deklassierten, die sich, Marx folgend, gegen die ästhetische Verbrämung bürgerlicher Machtinteressen wehren müßten: »vielmehr sind sie recht erfolgreich und betriebsam, begehren aber dennoch nicht nach Glück und empfinden nicht den Mangel an Freude: sie leben in Ärmlichkeit und sind's zufrieden«.

Sie wären demnach Realisten. Nicht anders als die Nutzer gegenwärtiger Erzeugnisse des mit Unrecht sogenannten »sozialen Wohnungsbaus«: entschlossen, den ökonomischen Gegenwert der Ingenieurleistung Haus bis zum Zerfall des Objektes abzuwohnen, ohne den ihnen zugewiesenen Anschein von Architektur mit Bedeutungen zu belegen, die sich mit den Begriffen »Freude« oder »Glück« aufdrängen müßten. Nun ist Kunst zwar, wie Adorno konstatiert hat, immer nur »das Versprechen des Glücks, das gebrochen wird«[33]; in dieser negativen Kategorie steckt aber auch die Zusicherung, daß sie niemals zur Affirmation werden könne: sie bleibt Schein und nicht verwertbar im Kreislauf von Verdienst und Konsum. Wie aber das falsche Glücksverlangen, das den utopischen Charakter des Glücks leugnen möchte, Zuflucht nimmt zu den Surrogaten des Konsums, so das von einer bedeutungslosen Architektur zurückgewiesene Sinnverlangen zu den Surrogaten des ästhetischen Scheins, die immer wieder das sogenannte »Schöne« vorrätig hält. Walter Besant hat offenkundig die Häuser nicht betreten, sonst hätte er die Embleme der Wohnlichkeit wahrgenommen, in denen das alleingelassene ästhetische Bedürfnis der Bewohner sich Ersatz sucht.

Die Herren George und Weedon Grossmith haben 1895, also zum Ausgang der Epoche, einen satirischen Roman über die Bemühungen des typischen Angestellten geschrieben, die ihm zugewiesene Anonymität seiner Lebenswelt mit Schönheit und Sinn zu erfüllen. *The Diary of a Nobody* enthält eine böse Satire zum Thema »Schöner Wohnen«, die das Glücksverlangen desavouiert, dessen Ergebnisse immer nur zum Anschein führen, für eine desto schmerzlicher fehlende Wirklichkeit. Das Landhaus-Ambiente in der Hochhauswohnung ist deshalb heute eher Anlaß zur Trauer als zum Spott. Es ist Produkt der gesteuerten Phantasie und das Gegenteil des »Längeren Gedankenspiels«, das die Freiheit voraussetzt, mit allen denkbaren Geschichten umzugehen. Seine ästhetische Produktivkraft ist nicht auf Illusion gerichtet, sondern auf Schein. Im »Längeren Gedankenspiel« gewinnt der Eklektizismus des 19. Jahrhunderts seine Ordnung aus dem Vorrat der historischen Stile, die der geschichtenbildenden Phantasie verfügbar gemacht werden.

Solche epische Struktur von Architektur hat, wie keiner vor und nach ihm, Piranesi geschaffen, mit Grund: er brauchte seine Entwürfe nicht auch noch zu bauen. Die tiefste Ursache für die Faszination, die von Piranesi auf das 19. Jahrhundert und alle folgende Architektur ausgeht, liegt darin, daß er die Ingenieurkonstruktion für gleichermaßen beliebig erklärt wie die Stile. Das »Längere Gedankenspiel« durchdringt den konstruktiven Entwurf und definiert ihn als Moment seines Zerfalls: der in die Konstruktion eingegangene ästhetische Schein verweist schon bei Piranesi darauf, daß das Ästhetische in der Konstruktion schon durch die Absicht der Realisation, also des Scheins von Dauer, nicht anders sichtbar werden kann, denn im Zustand der Entropie. Daraus entsteht die künstliche Ruine des »Picturesque«.

Piranesi war an der Proportionalität nicht interessiert. Es gibt bei ihm weder den Einzelbau noch dessen geordneten Zusammenhang zum Ensemble von Architektur. Seine Entwürfe enthalten die Imagination einer eklektisch gehäuften, episch endlosen Architektur. Sie bilden ein »Längeres Gedankenspiel« aus Architektur, die dem Rigorismus der Concinnitas entsagt und sich die zum Ruinenfeld zerfallene Architekturgeschichte verfügbar gemacht hat: realisierbar nur als historische Phantasmagorie. Indem er Rom aus den Ruinen wieder erstehen ließ, entdeckte Piranesi die Faszination des Eklektischen: daß nämlich die ästhetische Wahrheit der in den Resten enthaltenen Geschichte sich fruchtbar machen läßt zur Wiedergewinnung des Ästhetischen aus dem Ruin eben derselben geschichtlichen Wirklichkeit. Die labyrinthische Konstruktion, die »nur noch Durchgangsräume, aber weder ein ausmachbares Zentrum noch Anfang und Ende zu kennen scheint«[34], die Zerstörung der einheitlichen Wahrnehmung, die Auflösung des perspektivischen Raum-Kontinuums, die völlige Preisgabe der Concinnitas-Theorie von der Spiegelung der Einheit des Ganzen in der Kongruenz seiner Teile, schließlich die Konstituierung eines nur mehr allegorisch faßbaren Zusammenhangs, also eines, der aus Bildern Geschichten macht – dies alles zielt auf einen Entwurf von Architektur, dem der ästhetische Schein der Concinnitas-Architektur an ihrem Zerfall in der Realität paradox geworden ist, anekdotisch erfüllt vom Streit der Ordnungen gegen ihre zeitliche Auflösung: das Picturesque. Wenn das Übergewicht der die Wirklichkeit beherrschenden Entropie anerkannt wird, so muß das dem Ästhetischen innewohnende Motiv der gegen seine eigenen Ordnungszwänge gerichteten Irregularität sich selbst zum ästhetischen Ereignis werden: »Die Größe hebt sich als Kategorie selbst auf, sie wird – beklemmender Gedanke – perspektivisch: die Einbildungskraft vervielfacht wie in einem Spiegelkabinett die wahrgenommenen Räume zu immer neuen, immer riesigeren Konstruktionen, zu einem mit Architektur vollgestellten Universum.«[35] Piranesis Entwurf ist die Geburt der Großstadtarchitektur aus dem Geist der Archäologie.

Die Ästhetik der Metropolis drängt in einer endgültigen Weise darauf, die in der alltäglichen Wirklichkeit herrschende Entropie in der ästhetischen Ordnung wiederzufinden, die damit an ihren historischen Mustern zur Epiphanie wird für das Sublime und das Picturesque. Im historischen Zitat manifestiert sich das Ästhetische gegen die einzig in der Wirklichkeit dauerhafte naturgesetzliche Entropie als immerfort zu überliefernde Erinnerung an die utopische Möglichkeit seiner Ordnung. Deshalb steht der Historismus des 19. Jahrhunderts ästhetisch nicht in der Tradition der Bauten, auf die er sich anscheinend ständig beruft und an denen er mißverständlicherweise immer gemessen wird, sondern in der Tradition der Traktate, Fischer von Erlachs *Entwurf einer historischen Architektur,* Piranesis *Vedute romane.* Der Boulevard ist letzten Endes nichts als ein Traktat über Entstehen und Vergehen der ästhetischen Ordnung, die sich damit selbst zum Thema wird. Er ist tendenziell unendlich und nur in der Bewegung erfahrbar als dynamischer Prozeß[36]: er reproduziert sich in der Imagination des Flaneurs.

4.

Sofern, wie dargelegt wurde, im architektonischen Gefüge der Metropolis die Tendenz zum Zerfall der Ordnungen überwiegt, ist dies nach dem zweiten Hauptsatz der Thermodynamik ein irreversibler Prozeß: in geschlossenen Systemen nimmt die Entropie zu, sofern der Zerfall nicht übertroffen wird durch die Zufuhr an ordnungserhaltender Energie. Die Auflösung der ästhetischen Ordnung ist offensichtlich auch durch den massierten Einsatz des konstruktiven Vermögens nicht aufzuhalten, denn sie vollzieht sich angesichts des Siegeszugs der neuen Techniken in der Architektur. Exakte und materialbezogene statische Berechnung, die Verwendung von Eisen und Glas, ermöglichen es, die bisher versteckte konstruktive Funktionalität des Bauwerks nach außen zu kehren. Als ingenieurmäßige Veranschaulichung des Verhältnisses von Stütze und Last wird es zur Abstraktion, in der die Proportionalität ihren ästhetischen Charakter verliert und zum Konstruktionsprinzip wird. Das Ästhetische flüchtet sich ins Ornament, mit dem man die Gerüste verhüllt, in der unnützen Hoffnung damit den Zerfall der alten ästhetischen Ordnungen aufzuhalten.

Weit entfernt davon, eine neue Ordnung zu stiften, erweist sich die funktionale Konstruktion von Anfang an als der entscheidende Faktor, ohne den die Entropie nicht recht vorankommen könnte auf dem Rückweg ins Chaos: Technik ist eine Funktion des ökonomischen Systems, dessen Wuchern die Entropie der ästhetischen Ordnungen in massiver Weise beschleunigt. Die Konstruktion bezieht ihre Funktionalität nicht von der Firmitas, für die sie immer auch ohne den nach außen gewendeten Funktionalismus gereicht hat, sondern von der ökonomischen Rationalität, deren oberste Maxime sie bestätigt: daß alles was besteht, wert ist, daß es zugrunde geht. Ökonomisch sinnvoll ist selbstverständlich nirgends Dauer, sondern immer Destruktion und Novität: sie eröffnen Märkte und erzeugen den Kreislauf von Angebot und Nachfrage. Solides kapitalistisches Wirtschaften wird allein aus diesem Grund den Krieg für unverzichtbar halten müssen: wie nichts sonst ist er geeignet, aufzuräumen mit der Überfülle des Bestehenden, das bereits verkauft ist, Platz zu schaffen für jenen freien Markt, der sein inneres Ethos darin sehen darf, Vernichtenswertes in Serie zu produzieren. – Das Ornament, das den Auflösungsprozeß der Ordnungen in den Zentren verhüllte, in dem das Ästhetische noch einmal über die technischen Gebäuderaster triumphierte, ist folgerichtig als erstes unter den augenfälligen Strukturelementen der Straßenarchitektur des 19. Jahrhunderts in Verruf geraten. Mit seiner Entfernung, so glaubten die Reformer, werde sich endlich die ästhetische Ordnung als der technisch-funktionalen Konstruktion synonym erweisen. Was auf den leergeräumten Fassaden zum Vorschein kam, war, der dialektischen Beziehung des Ästhetischen zur Wirklichkeit folgend, der Abraum der Konstruktion, die durch keine utopisch vermittelte Utilitas mehr verbrämte Realität der Entropie.

Die Ornament-Struktur des 19. Jahrhunderts ist doppeldeutig: einerseits Anschein, der die Konstruktion verhüllt, andererseits aber auch ästhetischer Schein, also Vorstellung, die der vom Schopenhauerschen Willen beherrschten Wirklichkeit gegenübersteht. Das Ornament ist nicht »Schmuck« im Sinne der trivialen Schönheits-Ästhetik, sondern es repräsentiert eine sinngebende Struktur, die gegen die Entropie der von der Ökonomie beherrschten gesellschaftlichen Systeme gerichtet ist. Indem es Vorstellungskraft freisetzt, rekonstruiert es aus den in ihre Teile zerfallenen ästhetischen Ordnungen, das Ästhetische von neuem: als Mythologie.

Das Realwerden einer neuen ästhetischen Ordnung in der von der Ökonomie ruinierten Wirklichkeit steht in keinem Zusammenhang mit dem investierten Kapital, sondern hängt einzig ab von der Investition an Einbildungskraft, die Architektur im »Picturesque« und im »Sublime« mitbekommen hat und wiederum im Betrachter und Benutzer freizusetzen vermag. Das Ornament ist ein Element des »Picturesque«, und ornamental ist grundsätzlich jede Struktur, die als eine aus der Einbildungskraft geborene Ordnung gegen die funktionalen Auflösungsprozesse gerichtet ist. Die aus dem Picturesque und aus dem Sublime resultierende ästhetische Ordnung stellt sich als ein System von Zeichen dar, das, wie Lévi-Strauss dargelegt hat[37], mit dem Begriffsystem des Ingenieurs nichts zu schaffen hat. In der Zeichenstruktur ist eine »LegendenAura« enthalten[38], die sich im konkreten Bauwerk zu einer neuen Ordnung schließt: dem »Längeren Gedankenspiel«. Die Phantasie des Beschauers begreift die Ordnung der Architektur als Einheit der von der Fülle der Zeichen gesetzten Bedeutungen und verwandelt sie in Geschichten. Nur über seine Zeichenstruktur eröffnete sich William Beckfords Landhaus Fonthill Abbey dem ästhetischen Dialog.

Die 1796 von James Wyatt nach den Vorgaben des Bauherrn errichtete Travestie einer gotischen Abtei war gekrönt mit einem über 90 Meter hohen Turm, in dessen Fuß sich der oktogonale Wohnraum befand, umgeben von 24 Meter hohen Arkaden und erreichbar über eine Treppenhalle von 40 Meter Höhe, zu beiden Seiten riesige, langgestreckte Galerien, Räume also, die nur einen erkennbaren Zweck dienten: der Einbildungskraft Raum zu schaffen. Fonthill Abbey ersetzte die Concinnitas durch das Sublime: Es evozierte keinerlei Vorstellungen von Proportionalität. Es widersprach emphatisch jedem Begriff von Funktionalität im Konstruktiven, selbst um den Preis seiner Existenz: 1825 stürzte der Turm in sich zusammen und begrub die Anlage unter einem Trümmerfeld. Nicht in der Konstruktion, sondern nur in der Selbstzerstörung vermag sich das Ästhetische mit der Entropie der Wirklichkeit zu vereinen, ein letzter Akt des »Sublime«: es erhebt sich aus den Trümmern als Legende. Das Zeichensystem überdauerte den Untergang: In den Berichten über seine schier sagenhafte Existenz wurde die Gestalt von Fonthill Abbey eine anekdotische.

Die Architektur gebiert Geschichten. Sie tut dies sogar wortwörtlich, denn die Romanliteratur entwickelt, beginnend mit der Gothic Novel, eine ganze Typologie und Ikonographie von Haus, Straße, Stadtviertel, die Handlungen wie von selbst hervorbringen. In Dickens' Romanen treten Personen und Aktionen oft wie Träume oder Alpträume der Bauten auf: Miss Havishams Haus in *Great Expectations* oder das Gerichtsviertel und seine Bewohner in *Bleakhouse*.

Dickens hat die Geburt des Zeichensystems erläutert anhand des Hauses von Mr. Wemmick (*Great Expectations*). Der Schreiber Wemmick hat den Giebel seines winzigen Vorstadthauses »wie eine mit Kanonen bestückte Batterie geschnitzt und bemalt«. Ein Miniaturgraben mit Zugbrücke schließt es von der Außenwelt ab. Vor dem Haus steht eine Kanone, die jeden Abend um neun Uhr Greenwicher Zeit abgefeuert wird, und eine Fahnenstange, an der sonntags die Fahne gehißt wird – dem einzigen Tag, an dem der Besitzer seiner Burg ganz gehört. Die nur 12 Yards entfernte Gartenlaube wird durch einen verwinkelten Zugang künstlich auf Distanz gehalten; sie liegt an einem Weiher mit Insel und Fontäne, die durch eine Mühle betrieben wird. Mit Gemüsebeeten, Hühnern, Kaninchen und Schweinen hinter Sichtschutz, um »den Eindruck des Festungsartigen« nicht zu stören, vollendet der Lohnschreiber das Zeichensystem für den Traum vom autarken Leben.

Gewiß wohnen wir hier der Erfindung der Gartenlaube bei, die aber doch auch anrührender Versuch der von den Zwängen der Ökonomie verfemten Kreativität ist, sich eine ästhetische Sprache zu erfinden, deren Ergebnisse von den Produktionsautomaten dann prompt als Kitsch verleumdet werden. Unverkennbar ist aber auch, daß Wemmicks Idee auf ein geschlossenes Zeichensystem zielt – und zwar »ganz folgerichtig«, wie er selbst sagt –, das den funktionalen Ingenieurbau, der ihm zugebilligt wurde, vom rein ökonomischen Begriff des Wohnens befreit und in Architektur verwandelt, kraft Setzung der Imagination. Wemmick: »Ich bin mein eigener Ingenieur, mein eigener Zimmermann, mein eigener Allerweltskünstler.«

Das in der Wirklichkeit der Bauten verborgene Zeichensystem enthält deren ästhetische Sprache, die aufgefunden und zum Reden gebracht werden muß. Mr. Wemmick, dem Sammler und Bastler, gelingt dies mit Hilfe der »Bricollage«, die nicht wie der Ingenieurbau abhängig ist vom funktionalen Zusammenhang zwischen Material und Werkzeug, sondern die aus den Fundstücken des Sammlers entsteht: Architektur nicht als funktionales Gehäuse, in dem man, geschützt vor den gröbsten Unbilden des Lebens, auf den Tod wartet, sondern ornamentale Struktur, die Lebensgeschichten hervorbringt. Lévi-Strauss hat deshalb vom »mythopoetischen Charakter der Bastelei« gesprochen.[39] Wemmick, so muß konzediert werden, ist jenem ästhetischen Zeichensystem auf der Spur, das der Historismus mit Hilfe der verfügbar gewordenen Stile zu finden sucht, auch dies geboren nicht aus konstruktiven Notwendigkeiten, sondern aus der produktiven Einbildungskraft des Sammlers, dem es, laut Benjamin, darauf ankommt, »daß der Gegenstand aus allen ursprünglichen Funktionen gelöst wird, um in denkbar engste Beziehung zu seinesgleichen zu treten«. So hat der Historismus die Stile der Epochen eingesammelt, und es war von großer Bedeutung, daß es alle Stile seien. Denn die dem Sammeln grundlegende Kategorie der Vollständigkeit gehört zu den Voraussetzungen für das »Längere Gedankenspiel«, das daraus Systeme bildet. Sie ist »ein großartiger Versuch, das völlig Irrationale seines bloßen Vorhandenseins durch Einordnung in ein neues eigens geschaffenes historisches System, die Sammlung, zu überwinden«[40].

Benjamin hat den der Großstadt angemessenen Typus des Sammlers gefunden in der Gestalt des Flaneurs. Seine Streifzüge dienen einzig dem Ziel, die Sammlung der Erscheinungen der Metropolis zu komplettieren, um in ihrer heterogenen Fülle jenes »neue historische System« zu finden. Das Flanieren erscheint nur deshalb zwanghaft und ziellos, weil ihm alle jene Funktionen, die gemeinhin mit der Utilitas der Stadt verwechselt werden, ein Nichts sind. Der Flaneur erkennt unverstellt das Wirken der Entropie, er verfolgt den Auflösungsprozeß der Ordnungen bis in seine feinsten Verästelungen, um in der von Schiller vorgefundenen »bedenklichen Anarchie der moralischen Welt« die Signale des Ästhetischen aufzuspüren. Denn das Ästhetische selbst ist ja von der Entropie befallen, ist ohne sie nicht mehr denkbar, da es als »Sublime« und als »Picturesque« nur mehr als Zerfall der Ordnungen an der Wirklichkeit aufscheint. Während das »Picturesque« als Erscheinung der Ordnungen im Augenblick ihres Zerfalls in der Entropie definiert werden kann, werden sie vom »Sublime« auf eine alle Proportionen überschreitende Quantität reduziert. Denn »die Häusermassen, die Magazine, die großen Brauereien und die ungeheuren eisernen Gasometer, frei gleich großen Mauertürmen oder kolossalen Windöfen aufragend«, stehen »ohne Regel und Symmetrie, nur nach dem jedesmaligen Bedürfnis aneinandergereiht«, also ohne proportionale oder selbst nur konstruktive Ordnung, »immer aber doch ungeheuer als Masse wirkend«[41].

Die Dialektik des »Sublime« und des »Picturesque« führt zu lauter Einzelbildern, die sich nicht mehr nach der Concinnitas-Theorie von der Harmonie des Ganzen und seiner Teile ordnen lassen. Einzig das Sammeln, Ordnen und Entziffern der verborgenen Zeichen könnte eine neue Geschichte ergeben, die sich gegen die Auflösung zu behaupten versucht durch den apriorischen Verzicht auf jene ökonomische

Funktionalität, der das reale Chaos zu verdanken ist. Dem Flaneur, der sich selbst in der Menge bewegt, also gewissermaßen Piranesis Labyrinth betreten hat – das war ja nur noch ein letzter Schritt, nachdem der Konstrukteur ihn bereits in die Perspektive eingelassen hatte –, zerfällt die Monumentalität der Gebäude- und Menschenmassen zu lauter Einzelheiten. Je weiter er in die Wirklichkeit vordringt, um so mehr sieht seine Einbildungskraft sich auf eine Fülle von Details verwiesen, die nur mehr »picturesque« sind, aber keinen Konnex zum Gesamteindruck des »Sublime« mehr anzubieten scheinen; wie umgekehrt das »Sublime« wegen seiner Detailarmut, der impressionistischen Unschärfe der entrückten Masse, niemals »picturesque« sein kann. Es ist charakteristisch, wie Benjamin die von der Überfülle der Einzelheiten hervorgerufene Desorientierung auszugleichen sucht, nämlich durch eine metaphorische Interpretation, die sich der Analogie zu vertrauten Ordnungssystemen bedient. Die Straßen, so schreibt er, »sind ja die Wohnung des ewig unruhigen, ewig bewegten Wesens, das zwischen Hausmauern soviel erlebt, erfährt, erkennt und ersinnt, wie das Individuum im Schutze seiner vier Wände. Der Masse – und mit ihr lebt der Flaneur – sind die glänzenden, emaillierten Firmenschilder so gut und besser ein Wandschmuck wie im Salon dem Bürger ein Ölgemälde, Brandmauern ihr Schreibpult, Zeitungskioske ihre Bibliotheken, Briefkästen ihre Bronzen, Bänke ihr Boudoir und die Cafeteria der Erker, von wo sie auf ihr Hauswesen herabsieht. Wo um Gitter Asphaltarbeiter den Rock hängen haben, ist ihr Vestibül und die Toreinfahrt, die aus der Flucht der Höfe ins Freie leitet, der Zugang in die Kammern der Stadt.«[42]

Daran ist so viel richtig, daß der Flaneur selbst ein Produkt der ästhetischen Zeichenstruktur ist, deren Charakteristika Benjamin darin erkennt,
- daß die ästhetische Ordnung Straße nicht mehr auf Standpunkt und Prospekt, sondern auf ständige Bewegung gegründet ist;
- daß das Verhältnis von innen und außen durch die Verwandlung der Straße zum Innenraum neu definiert ist;
- daß die Unterschiede von Tag und Nacht durch den Siegeszug der Straßenbeleuchtung aufgehoben sind.

Ansonsten ist Benjamins Beschreibung ebenso poetisch wie falsch, sie nimmt das Ästhetische als Metapher der ökonomisch-sozialen Tatbestände wahr, die Einbildungskraft nur als Affirmation zulassen. Sofern Einbildungskraft aber ästhetisch wirksam werden will, wird sie sich nicht an die metaphorische Verklärung jener Wirklichkeit halten dürfen, die Ergebnis von Kapitalmaximierung und Ausbeutung ist. Ihres metaphorischen Gewandes entkleidet, entpuppt sich Benjamins Schilderung als Ästhetisierung eines Elendszustandes. Was er beschreibt, ist durchaus realistisch die Lage der Besitzlosen, die freilich auf der Straße leben mußten: weil sie ein anderes Intérieur nicht mehr bezahlen konnten. Benjamins Deutung der Straße zeigt, daß die Phantasie tatsächlich Ungeheuer gebiert, wenn man, wie er, vom grundsätzlichen Anderssein des Ästhetischen absehen will. Wenn das Ästhetische das reale Elend nicht anders fassen könnte denn als Reproduktion des bürgerlichen Intérieurs, müßte es klaglos und für immer verworfen werden.

Gleichwohl hat Benjamin, der ein Meisterdetektiv in der Welt des Wirklichen war, gesehen, was die ästhetische Wahrnehmung des Flaneurs ausmacht: daß sie Projektion ist. Das Bewußtsein des Flaneurs gleicht einer Leinwand, auf der die wahrgenommenen Bilder reproduziert werden, allerdings nicht kommentarlos, sondern gesteuert durch die Ordnungsvorschläge, die seine Einbildungskraft dazu vorlegt: es entsteht ein Film, auf dem Innenbild und Außenbild sich zu einer neuen Struktur vermischen. Die Projektion ist der Versuch, in der chaotischen Welt der Erscheinungen ästhetische Ordnung zu rekonstruieren. Die Wahrnehmungen des Flaneurs werden, wie die zahlreichen Erläuterungen zeigen, die es davon gibt, dominiert von den beiden grundsätzlichen Sehweisen, deren Bedeutung sich mehrfach schon aufgedrängt hat, und die mit den Ordnungen des »Picturesque« und des »Sublime« zusammenhängen: dem Sehen aus der Bewegung und dem panoramischen Blick von fern. In beiden Fällen realisiert sich die Großstadtarchitektur als Projektion, die von der Maschinerie der Einbildungskraft gesteuert ist. Das Panorama hat die Epoche nicht zuletzt deshalb fasziniert, weil die großen Panorama-Maschinen selbst den psychischen Projektions-Prozeß abbilden. Aufschlußreich ist, daß die Konstrukteure ihre Apparate auf beide grundsätzlichen Sehweisen optimiert haben: das Rundpanorama mit dem Fernblick und dem stationären Beobachter und das Guckkastenpanorama als Bildfolge, die im Rollenpanorama bis zur Illusion der Bewegung verdichtet wurde: Während das Bild von einer Rolle auf die andere gewickelt wird, hat der Betrachter dazwischen den Eindruck, in einer fahrenden Kutsche zu sitzen, an der die Landschaft vorbeizieht. Die Theorie aber, die der Epoche die Entstehungs- und Funktionsweise der Innenbilder und Projektionen zu erklären versucht hat, stammt nicht, wie irrigerweise angenommen wurde, von Karl Marx, sondern von Sigmund Freud.

In der Entfernung, die der panoramische Blick gewährt, realisiert das ästhetische Bewußtsein vielleicht zum letztenmal die Öffnung des utopischen Horizonts, freilich angesichts des Transzendenzverlustes nur mehr als Projektion im Innenbild. Henry Mayhews Aussicht auf Haymarket läßt die Gesetzmäßigkeiten des panoramischen Blicks erkennen; die durch die Entfernung von den gewiß eher kruden Realitäten hervorgerufene Unschärferelation verwandelt Stadtwirklichkeit zur Vedute, zum impressionistischen Bild: »An einem klaren Herbstmorgen ist das weithin sich breitende Geviert von einem Ende bis zum anderen in aller Deutlichkeit überschaubar. Rot und golden ist das Firmament im Glanze der aufgehenden Sonne, deren Strahlen, wie sie auf die lebhaft-frische Färbung des Obstes und des Gemüses fallen, solches Bild erglänzen machen, als wär's mit einer Schicht Firnis überzogen ... Unter den dämmrigen Laubengängen blitzen die winzigen Lichtpunkte der in den Verkaufsläden brennenden Gasbeleuchtung hervor, und auf dem Pflaster des Marktplatzes sind die Leute nach allen Richtungen unterwegs ...«[43] Haymarket ist in diesem Bild, das deswegen von Mayhew auch mit den firnisüberzogenen Ölgemälden verglichen wird, nur mehr als Projektion des Innenbildes gegenwärtig. Wie bei allen Fernbildern findet eine Entgrenzung statt, die von der Wirklichkeit des Marktes absieht: daß es sich dabei um ein reales ökonomisches Ereignis handelt, bei dem es nicht um Kunst geht, sondern um Arbeit und Mehrwert, Geldgewinn und Lebensverlust.

Verläßt der Zuschauer seinen distanzierten Standort und mischt sich unter die Menge der Verkehrsteilnehmer, so unterliegt seine Rezeptionsfähigkeit zunächst weiter der Unschärferelation. Fontanes Kutschfahrt durch die Londoner City reproduziert sich im Fahrgast als Folge unsortierter Bilder: »Ein Blick nach links in den Hydepark und nach rechts auf den Triumphbogen des alten Siegesherzogs! nun aber die Augen geradeaus und hinein in das Treiben Piccadillys ... Die erste Hälfte Piccadillys gleicht einem Quai: zur linken nur erheben sich Häuser und Paläste, rechts aber dehnt sich, einer Wasserfläche gleich, der Green-Park aus ... Vor uns steigt die York-Säule auf; Carlton House ... immer weiter! ... das ist der Strand ... Mein Auge hält sich rechts: kurze Querstraßen zur Themse hin ... Weiter! der Strand erweitert sich zu einem Kirchplatz, aber nur um sich plötzlich wieder zu verengen – ... und schon haben wir Cheapside links und rechts. Welche Läden das, welche Fülle, welcher Glanz!«[44]

Kein Zweifel: dieser Zuschauer ist, im Gegensatz zum Betrachter von Haymarket, nicht mehr draußen, sondern drinnen. Die Unschärfe der Bilder rührt von der Bewegung, nicht von der Distanz: Rollenpanorama. Während auf der inneren Leinwand Mayhews der Gemüsemarkt als Projektion der Einbildungskraft zum Topos von der Morgenröte einer neuen Zeit verklärt wird, nimmt Fontane nur eine Folge unverbundener Schnappschüsse aus der Wirklichkeit wahr. Das hoffnungslos in Einzelheiten zerfallene »musivische Dasein«[45] ist gleichsam bewußtseinslos reproduziert. Erst in den drei interpretierenden Ausrufen zum Schluß, die den automatischen Strom der Wahrnehmungen wie mit einem Wehr stoppen, ruft das Bewußtsein zur Ordnung. Es erklärt die vorbeifliegenden Bilder als Epiphanien der Waren- und Konsumwelt, als Ästhetisierung der Ökonomie. Eine Folge der panoramischen Unschärfe, denn: in den Schaufenstern, die Ware durch Reklame mit einem ästhetischen Mantel umgeben, fällt eine sich ästhetisch gebende Ordnung tatsächlich dem Herrschaftsprinzip anheim; sie verleugnet ihren Scheincharakter und gibt sich als wirkliche Wirklichkeit aus. Der Zuschauer, der in bezug auf den Boulevard gerade noch »drinnen« war, ein Teilhabender, ist vor dem Schaufenster wieder »draußen«, zur Teilhabe nur mehr nach Maßgabe seiner Kaufkraft ermächtigt. Das Schaufenster parodiert die feudale Struktur der barocken Guckkastenbühne: »Das erleuchtete Schaufenster als Bühne, die Straße als der dazugehörige Theatersaal und die Passanten als Publikum ...«[46]

Die Dialektik von drinnen und draußen ist konstitutiv für die Ästhetik des Boulevards. Nur kann sie Fontane nicht recht wahrnehmen, weil seine Kutsche zu schnell ist. Er sieht panoramisch – also unscharf – und reproduziert deshalb den Eindruck des Sublime. Der Boulevard und seine Schaufenster sind zugeschnitten auf den Schlendergang des Flaneurs, so wie die Riesenreklamen von Las Vegas Strip auf den flüchtigen Blick des Autofahrers. Erst dem Flaneur erschließt sich die Dialektik von draußen und drinnen in ihrer ganzen Tragweite, und er erkennt in der Scheinwelt der Schaufenster die Wunschbilder seiner eigenen Phantasie. Damit aber entlarvt er ihren illusionären Charakter und kann freiwillig draußen bleiben. Die Unschuld seines Blicks reduziert die Schaufenster zum Bestandteil jener Ornamentstruktur, die den Innenraum des Boulevards begrenzt. Denn die Straße der Metropole ist Innenraum, wie Benjamins Wohnzimmer-Vergleich festhält; er ist es nicht nur in der Phantasie der Flaneurs, sondern von seiner Konzeption her: die Passagen stellen nur die letzte Konsequenz dieser Entwicklung dar. Schon durch die gleichförmige Reihung von Häusern und Blöcken präsentieren sich die Straßenseiten als Wände, die zugleich Blickfang sind, da keine Zentralperspektive mehr die Aufmerksamkeit in die

Tiefe der Straße lenkt. Die ornamentale Ordnungsstruktur der Hauswand bietet dem Auge Orientierung und Halt, ohne es doch über Gebühr durch Einzelheiten zu fesseln, da sich die Ordnung wie ein Tapetenmuster wiederholt. Die Schaufenster sind die Öffnungen der Wand, in ihnen reproduziert sich die Dialektik von drinnen und draußen; unvermeidlich muß der Innenraum Straße zu einem Draußen werden, sofern das Konsumvermögen den gesellschaftlichen Standard bestimmt; »In« ist nur, wem es vermöge seiner Kaufkraft gelingt, drinnen zu sein, in den Läden nämlich. Dagegen bezeichnen die Schaufenster für den Flaneur, der mit keinerlei Konsumabsichten belastet ist, immer ein draußen.

Endgültig zum Innenraum wird die Straße nach Einbruch der Dunkelheit durch das Gaslicht, das nicht umsonst beinahe zum Synonym für das Großstadtleben des 19. Jahrhunderts geworden ist: nicht nur weil diese Straßenbeleuchtung es erstmals erlaubte, »die Nacht zum Tage zu machen«, sondern weil es der Straßenarchitektur ein zweites, ein Nacht-Gesicht verlieh. Als erste Straßenbeleuchtung waren die Gaslaternen nicht Lichtpunkte in der Finsternis, sondern erhellten ein Stück Straßenraum; zugleich war die Gasflamme aber nicht kalt und diffus wie das spätere elektrische Licht, sondern sie schuf einen klar begrenzten Raum und hob die plastische Wandstruktur in Helligkeiten und tiefen Schatten hervor. Der nächtliche Boulevard ist durch das Gaslicht, wie Schivelbusch sagt, als »Innenraum im Freien« definiert: »Die Wand verläuft dort, wo die Lichtwirkung aufhört. Dasselbe gilt für die Begrenzung nach oben, die ›Decke‹... Der Boulevard als Saal erhält seine illuminierte seitliche Begrenzung durch die von Schaufenstern, Restaurants und Caféterrassen gebildeten Häuserfronten, seine Decke verlief in der Höhe, die diese kommerzielle Beleuchtung erreichte, also etwa bis zum ersten Stockwerk der Häuserfront.«[47]

Es handelt sich um eine latent epische Struktur, und dies erklärt die Faszination, die von der nächtlichen Großstadtstraße auf die Einbildungskraft des Flaneurs ausgeht, wie nicht nur das Beispiel des unermüdlichen Nachtwanderers Dickens zeigt. Im ungewissen Licht löst sich das Gegenständliche in Licht und Schatten auf, verwischen sich Sein und Schein, und in den tiefen Dunkelheiten ersteht der Phantasie noch einmal das Abenteuer einer unentdeckten Welt: ein erleuchtetes Fenster signalisiert eine verborgene Geschichte, die ihrer Entzifferung harrt. Die nächtliche Straße präsentiert sich »fremd in der Düsternis mit flackernden Lichtern«[48], ein Monument der Entrückungen und Halluzinationen, die nicht mehr zurückführen in die ökonomische Realwelt, sondern weiter in die Bilderwelt der Imagination. In den Gedankenspielen des Flaneurs gebiert die Architektur wirkliche Geschichten, die den Architekturträumen Piranesis nicht fremd sind. Auch für Doré ist London vorzugsweise die nächtliche Stadt im Licht der Gaslaternen.

An dieser Stelle ist der Hinweis vonnöten, daß es die Großstadtstraße nicht mehr gibt: Sie war eine Erfindung des 19. Jahrhunderts, und ihr Ende signalisierte der Siegeszug des elektrischen Lichtes: »Es sprengte die Lichtdecke des Boulevard-Salons, indem es sie bis zum Dachfirst hob. Aus dieser Fernposition leuchtete fortan das kommerzielle Licht, als Leuchtreklame, losgelöst von Warenauslagen, verselbständigt zu einer eigenen Sphäre.«[49] Im schattenlosen Licht sind die ästhetischen Fiktionen des Flaneurs von der Übermacht des Wirklichen verdrängt.

Die Konsequenz dieser Entwicklung ist die Autostraße, die nur mehr ein Drinnen kennt: das des Automobilisten in seinem Gehäuse. Alles andere ist draußen. Der Highway bildet keinen Innenraum. Die Gebäude, an denen er vorbeiführt, begrenzen ihn nicht mehr als Wand. Sie stehen entfernt, und Entfernung ist ihm das Wesen der Utilitas. Zwar überbrückt er Distanzen, aber er läßt keine Nähe zu, da auch das erreichte Fahrtziel sich nur als das Entfernte zu erkennen gibt. Die Kommunikation mit Architektur, die sich durch die Autostraße eröffnet, ist eine rein geschäftsmäßige. Die Bauten werden nur noch erreicht von jenen, die dort zu tun haben, also gar nicht im ästhetischen Begriff. In der Ansicht der Straße und in den Gehäusen, die über sie »angebunden« sind, ist die Wirklichkeitsstruktur des Ökonomischen derart überwältigend, daß die Utilitas-Funktion des Ästhetischen sich tatsächlich nur mehr als Entfernung zu erkennen gibt, in der Fiktion der »eigenen vier Wände« und in den Fiktionen, die in der Ferne zu harren scheinen, wo der Highway hinter dem Horizont verschwindet. Zwischen beiden erstreckt sich nur die Ökonomie, Ödland der Phantasie.

Selbstverständlich aber behält die Ferne ihre Qualität als Quelle der ästhetischen Fiktion nur so lange, wie man zu Hause bleibt. Der Versuch, sich ihr durch Mobilität zu nähern, führt immer nur dazu, daß sie als die geläufige ökonomische Wirklichkeit entlarvt wird. Der Horizont birgt keine Geheimnisse in der Wirklichkeit mehr, die sich nicht als rein geschäftsmäßige ohne Schwierigkeiten aufklären ließen. Dies ist der Unterschied zum geschichten- und geschichtsträchtigen Horizont des 19. Jahrhunderts, und er erklärt, warum die Panoramen reizlos geworden sind.

Offenkundig ist das dialektische Verhältnis zwischen dem privaten und dem öffentlichen Leben, das sich im Stadtbild des 19. Jahrhunderts deutlich manifestiert hatte, zu einem System von Ausgrenzungen geworden, das dialektische Grenzüberschreitungen nicht mehr zuläßt. In den »Großhauswelten«[50] der Städte regiert unumschränkter Dualismus, scheint Öffentlichkeit ein für allemal und derart rigoros definiert, daß alles Private als nicht mehr kommunizierbar auf ein Jenseits der gesellschaftlichen Realität verwiesen wird. Die sogenannten »alternativen« Versuche, innerhalb dieser Wirklichkeit kommunikative Kleinsysteme zu installieren, sind rein illusionär, da sie allesamt nur auf die verfestigte Realität zielen und über keinerlei Fiktion im ästhetischen Sinn verfügen.

Die Faszination, die der Flaneur auf die Theorie ausübt, rührt daher, daß er angesichts der wuchernden Entropie der Stadtbilder der einzige Praktiker des ästhetischen Blicks bleibt, daß hier ein erklärter und bisher letzter Versuch vorliegt, die ästhetischen Fiktionen in der in ihre ökonomischen Bestandteile zerfallenden gebauten Welt zu installieren. Gegen die mächtig anschwellende Woge der »Gemütlichkeit« in den häuslichen Fluchtburgen setzt er die Unbehaustheit des Grenzgängers, der dauernd unterwegs ist im Niemandsland zwischen dem Privaten und dem Öffentlichen. In solcher Dialektik offenbart sich ihm die Struktur des Stadtbildes als eine, die sich ebenso rigoros von der Concinnitas-Struktur der Renaissance wie von der mittelalterlichen Stadt unterscheidet. Jene, die auf den ersten Blick verwandt scheinen könnte, ist in Wahrheit eine völlig andere: die mittelalterliche Stadt ist geprägt durch die Einheit des Öffentlichen und des Privaten in einem Ausmaß, daß ihr diese Begriffe vollkommen fremd sind.

Dem Flaneur dagegen »tritt die Stadt in ihre dialektischen Pole auseinander. Sie eröffnet sich ihm als Landschaft, sie umschließt ihn als Stube.«[51] Dem Flaneur hat sich die zuerst von den Fernen hinter dem Horizont entfesselte Einbildungskraft nach innen gewendet, auf die Topographie der Stadt. Doch sind es nicht die großen Monumente der Vergangenheit, die sogenannten Sehenswürdigkeiten, denen seine Aufmerksamkeit gilt, sondern die geschichtshaltigen Details, weil sie ihm die Spur weisen könnten zu jener Ordnung, die sich als Fiktion aus ihnen und über sie hinweg wieder gewinnen ließe. »Die großen Reminiszenzen«, konstatiert Benjamin, »sind dem wahren Flaneur ja ein Bettel«, und er gibt sie preis »für die Witterung einer einzigen Schwelle oder das Tastgefühl einer einzigen Fliese«[52]. Unbeeindruckt von den ökonomischen Zwecken und ohne jegliches Privatleben im Sinne der Epoche, ist der Flaneur nicht, wie alle andern, damit beschäftigt, unentwegt zwischen immer weiter auseinanderstrebenden öffentlichen und privaten Wirklichkeiten zu vermitteln, sondern er will in der Stadt jene Heimat der Bilder wiederfinden, die er als seine eigene einzig anerkennt. Anders als der mittelalterliche Stadtbewohner ist er nicht mehr Angehöriger einer sozialen Einheit, die seine Schritte bestimmt und derenthalben er immer schon weiß, was seine Blicke sehen, sondern er stellt sich als Vereinzelter den Erscheinungen. Auf seinen Gängen durch die Labyrinthe begegnet er allenthalben dem Inventar seiner Einbildungskraft, die aus den visuellen Ereignissen die Anlässe gewinnt für ihre Projektionen einer fiktionalen Ordnung. Er ist der Voyeur, dessen einsames Geschäft es ist, den Dingen ihre Geschichte zu erfinden, ein »ägyptisches Traumbuch des Wachenden«[53], das aus der Bewußtseinslosigkeit der schlaflosen Stadt die Register für eine imaginative Ordnung gewinnt.

In ihren Geschichten scheint wieder auffindbar, was verloren wurde: die ästhetische Ordnung der Stadt. Und deshalb auch reproduziert der Historismus unentwegt die gewesenen ästhetischen Ordnungen als Neugotik, Neobarock, zweite Renaissance, immerfort auf der Suche nach der verlorenen Zeit, die als die wirkliche Architektin der Stadt identifiziert wird: »Wer eine Stadt betritt, fühlt sich wie in einem Traumgewebe, wo auch einem Geschehnis von heute das vergangene sich angliedert. Ein Haus gesellt sich zum andern, gleichviel aus welcher Zeit sie datieren, so entsteht eine Straße... Die Gipfelpunkte der Stadt sind ihre Plätze, in welche nicht nur radial viele Straßen, sondern ihre Geschichtsströme einmünden.«[54] Mit dem Begriff »Geschichte« ist allerdings nicht die Einsicht in historische Zusammenhänge gemeint – das wäre die einfache Spur der Sehenswürdigkeiten, deren Aufzählung im Lehrbuch zu finden ist. Geschichte ist so etwas wie eine Geheimschrift, die Bilderordnung eines verlorenen Zusammenhangs, den Benjamin mit dem Begriff »Kindheit« umschrieben hat: »Den Flanierenden leitet die Straße in eine entschwundene Zeit... in eine Vergangenheit, die um so bannender sein kann, als sie nicht seine eigene, private ist. Dennoch bleibt sie immer Zeit einer Kindheit.«[55]

In den Zeitschichten, aus denen das Stadtbild zusammengewachsen ist, sucht der Flaneur eine Ordnung zu finden, die keine Hierarchie der Gebäude mehr kennt – deren Rekonstruktion wäre ja auch nichts als Kunstgeschichte –, und die hierarchischen Ordnungsangebote, die das Stadtbild ihm vorhält, entlarvt er als die Herrschaftsstruktur der Realität. Was Benjamin »Kindheit« nennt, ist der Versuch des Flaneurs, die Unschuld des ersten Blicks wieder zu gewinnen, dem das Alltägliche ästhetisches Zeichen ist. Das Numinose entsteht durch Projektion, die den genius loci hervorruft, das, was man gemeinhin als »Atmosphäre« bezeichnet. Perspektive, die den architektonischen Raster der Straße verwischt und dem Schreitenden die ornamentale Struktur der Fassaden als eine immer von neuem Schwindende enthüllt, Perspektive ist selbst Erscheinung der verrinnenden Zeit: die Orte sind allesamt Bühnenbilder der Phantasie, in denen sie ihre Ordnungen gegen die Entropie der ökonomischen Tatsachen zu realisieren sucht: »So memoriert der Flaneur wie ein Kind, so besteht er hart wie das Alter auf seiner Weisheit.«[56]

Es ist der ethnologische Blick, der den Flaneur befähigt, mit den wiedergefundenen Ordnungen gleichzeitig die bürgerliche Fassade als den von der Wirklichkeit nicht mehr gedeckten Schein zu enthüllen, mit dem sich der Kommerz verkleidet. Dieser ethnologische Blick ist auch das eigentliche Ereignis in Mayhews dreibändiger Sozialreportage über London und nicht die Tatsache selbst, daß er, wie zu erwarten war, auf Armut und Laster jeglicher Machart gestoßen ist. Der Journalist Mayhew ist der Bürger, der aus seinem angepaßten Rollenverständnis heraustritt und seine Stadt als unentdeckten Kontinent wiederfindet: gleich um die Ecke beginnt der Dschungel, und je tiefer er in den Dschungel vordringt, um so schrecklicher dämmert ihm die Wahrheit, daß erst dies die wirkliche Wirklichkeit sein könnte, da doch die andere, bürgerliche, im Vergleich nur einen verschwindenden Anteil an der Riesenstadt hat. Selbst die prächtigen Boulevards sind nur eine dünne Decke über dieser Wirklichkeit, denn im Kanalisationssystem unter ihnen hat sie sich längst ausgebreitet: ein Stamm von Sammlern und Händlern, der als Parodie der oben herrschenden Ökonomie noch aus deren Abfällen Profit zu schlagen sucht.

Während alle Welt gewillt ist, die Stadt nur in Ausschnitten zu sehen – der Bürger die Schaufenster, die Polizei die Elendsquartiere –, stellt sich der Flaneur Baudelaires oder Dickens' ihrer Totalität. Im Dschungel der Stadt spürt er den in den Gegenständen und in ihrer Geschichte verborgenen Ordnungen nach, die wohl auch an die Realität verlorene sind. Denn das Ästhetische stellt sich nur mehr als das Unbekannte dar, das gänzlich Fremde, dessen Einbruch die in der Realität herrschende Ökonomie vernichten müßte: Es kann nicht hingenommen werden.

Im Gewebe einer totalitären Realität, neben der es anderes nicht mehr geben kann, konstatiert der Flaneur die Ordnung der Fiktionen als eine, die zwar nicht die Wirklichkeit aufhebt, aber das Funktionieren. Funktion ist immer der zum System erstarrte Zusammenhang, der die Wirklichkeit des Kreatürlichen abrichten will nach dem Prinzip der

Gewinnmaximierung. Fiktion ist das Wiederfinden der von den Funktionen befreiten Wirklichkeit in den Bildern, die sie bereithält, den Projektionen, die sie hervorruft. Das Ästhetische entsteht immer aus der Fiktion, da sie Erfindung (Kunst), Erzählung (Symbol) und Erscheinung (Ästhetik) zugleich ist:

$$\text{Fiktion} \begin{cases} \text{Erfindung} & - \text{Kunst} \\ \text{Erzählung} & - \text{Symbol} \\ \text{Erscheinung} & - \text{Ästhetik} \end{cases}$$

5.

Sofern das Ästhetische an Architektur sich dem Flaneur als Fiktion enthüllt, und nur dadurch, ist es als Schein gerettet: offenbar wird nämlich, wie weit es den Versuchungen der Wirklichkeit nachgeben mußte. Der dialektische Prozeß, der das Eindringen der Wirklichkeit in den ästhetischen Schein abstrahiert, ablesbar an der Säkularisierung der vitruvianischen Kategorien, die nicht mehr als Konstituenten des Scheins, sondern als Begründung für die technische Rationalität des Bauwerks angesehen werden, hat bewirkt, daß der Begriff des Ästhetischen in seine Aporien auseinandergefallen ist: einerseits die Tendenz, sich selbst als Wirklichkeit auszugeben, andererseits die, nur mehr zu funktionieren im Sold von Herrschaft und zur Verhüllung von Wirklichkeit. Beide Aporien liegen in der Theorie des 19. Jahrhunderts vor, die erste bei Ruskin, die zweite bei Marx.

Sieht man, wie anhand des Concinnitas-Begriffes erläutert wurde, das palladianische Bauen als stringente Formulierung der Ambivalenz zwischen einer Vorstellung vom Paradies und seiner Verlorenheit an die irdische Wirklichkeit an, so läßt sich die nachbarocke Architekturgeschichte verkürzt als Auffächerung dieser coincidentia oppositorum lesen: die Zwecke verselbständigen sich, wie andererseits auch das ästhetische Decorum. Der Begriff des Ästhetischen beginnt eigentümlich zu flackern, da er sich in einer nicht mehr auf die Gegenwärtigkeit von Transzendenz gerichteten Weise mit den realen gesellschaftlichen Zwecken einläßt. Schwefelgeruch verbreitet sich, seit Piranesi die Stadtlandschaft als Gefängnis rekonstruiert und damit die feudale Struktur von Architektur selbst zum Thema des Artefakts gemacht hat, im ästhetischen Denken des späten 18. Jahrhunderts. Zur Sicherung der ästhetischen Positionen gegen die Herrschaftsansprüche der geschaffenen Realität müssen nun Begriffe erfunden werden, die sich nicht mehr damit begnügen, den Artefakt, wie immer naiv oder vage, auf die Gegenwart einer Transzendenz zu gründen, die ihn mit jener Realität verbinden, die ihre Entstehung den dunkleren Affekten verdankt. Die Ästhetik des Pittoresken und Sublimen von Burke und Schiller beschreibt nur noch scheinbar eine rationale, von den Maßregeln der kritischen Vernunft geprägte Welt, während sie in Wahrheit lauter Monumente des Unbewußten in die chaotisch werdenden, der Entropie ausgelieferten Systeme stellt. In der Affekt-Ästhetik ist die Priorität der alten Produktionsästhetik, die sich als Dialog des Künstler-Ich mit dem Numinosen verstanden hatte, untergraben. Ein Ästhetisches, das sich primär über Wirkungen realisiert, indem es etwa das Gefühl des Erhabenen hervorruft, läßt sich ein mit den immanenten Konkurrenzen der gesellschaftlichen Realität. Die aus dieser Dialektik resultierenden Prozesse sind jener Theorie, die sich später selbst zur herrschenden entwickelt hat, sofort in ihre Aporien auseinandergefallen: es entstand eine neue normative Ästhetik, die postuliert, Kunst könne und dürfe nicht mehr den Schein wahren, solle sie nicht zur puren Affirmation von Herrschaft verkommen. Die Konsequenz solcher Ästhetik ist der Verlust der auf den Schein gegründeten realitätskritischen Ordnungen, und sie führt, da sie die Wirklichkeit des Ästhetischen in den Rezipienten verlegt, dazu, daß paradoxerweise der angeblich allein gesellschaftlich vermittelte Artefakt vollkommen individualisiert wird: jeder Rezipient kann, da er ohnehin das Ästhetische realisieren muß, die dazugehörige Kunst gleich selbst produzieren. Das Ergebnis ist dann tatsächlich eine Bricollage, die sich einzig auf nicht definierbare »Selbstverwirklichung« beruft, also auf leere Kreativität: gegenwärtig in der Inflation der »Betroffenheitstexte« in der Literatur, dem Kult der »home made houses« in der Architektur, dem selbstgemalten Blumentopf anstelle der als elitär verschrieenen »modernen« Kunst. Ästhetische Theorie, die, wie bei Peter Bürger[57], in solche Aporien mündet, dient nur mehr dazu, die Eliminierung des Kunstbegriffs durch die Sanktionierung eines Kanons von Minderwertigkeiten zu kaschieren. Die Gegenwart des Ästhetischen meint nicht Selbst-Verwirklichung, sondern Kunst-Verwirklichung. Der Auftritt von Bricollage und Folly signalisiert den Zerfall der dialektischen Strukturen. Das von Dickens als Bricollage entworfene Haus von Mr. Wemmick oder die Villa des Briefträgers Cheval nehmen das Picturesque beim Wort, jenseits aller dialektischen Beziehungen, die es zum Sublime oder zur Wirklichkeit haben könnte. Ebenso stellen die Follies, so Beckfords Palast oder der königliche Pavillon in Brighton, aus dem dialektischen Kontext gelöste Materialisierungsversuche des Sublime dar. Die in der Wirklichkeit regierenden

Herrschaftsstrukturen lassen sie, nicht anders als die Produkte der Selbstverwirklichungsästhetik, vollkommen unberührt, da sie in einen Dialog mit dieser Wirklichkeit gar nicht erst eintreten.

Genau dies aber hat die als Herrschaftsarchitektur verrufene »offiziöse« Stadtgestalt des 19. Jahrhunderts getan, und wer nach den ästhetischen Strukturen der Metropolis fragt, wird sich an sie halten müssen. Die Folgen, die das Nachgeben gegenüber den Versuchungen der Realität gehabt hat, sind nicht zu eskapieren: die Anonymität der Architekturen gegenüber der Exklusivität der großen Namen, die epische Auffächerung der ästhetischen Ordnungen bei ihrem Zusammenstoß mit der chaotischen Vielfalt der Zwecke, anstelle der klassisch sich abschließenden Concinnitas oder späteren ebenso reinlichen Abstraktionen der Funktionsästhetik. Im Grunde stellt es sich heraus, daß das Ästhetische, gemessen an solch klinisch reinen Abstraktionen von Wirklichkeit, irgendwie mit Schmutz zu schaffen hat[58], während Herrschaft immer auch auf Säuberung der Sachen wie der Begriffe hinausläuft.

Der Flaneur gewinnt den ästhetischen Blick für die Großstadtarchitektur aus seiner grundsätzlichen Fremdheit gegenüber ihren Zwecken. Das Ästhetische, das sich als Fiktion in seinem Kopf realisiert, distanziert sich damit von dem Ansinnen, selbst Wirklichkeit zu werden, und es weist alle Anträge von sich, jemals zur Sublimierung von Herrschaft beizutragen. Der Flaneur Baudelaires, der auf seinen Gängen die historischen Schichten des Stadtbildes abblättert wie ein Buch, enthüllt die Wandlungsprozesse als ikonologische Botschaft. Erinnerung rekonstruiert in Denkmal und Reminiszenz die ästhetische Ordnung, deren Vergänglichkeit zur Allegorie und damit konstitutiv für die Erscheinung des Ästhetischen wird: es entlarvt die Herrschaftsansprüche durch seinen Untergang an ihnen:

> »Paris wird anders, aber die bleibt gleich
> Melancholie – die neue Stadt die alte
> mir wirds ein allegorischer Bereich
> und mein Erinnern wuchtet wie Basalte«[59]

Allegorie des Ästhetischen: das ist dem Flaneur der *Tableaux Parisiens* Andromaches Schwan, »der seinen Schwimmfuß übers Pflaster zog und seinen weißen Fittich durch den Sand«, das Ästhetische als Relikt des Elementaren, dessen Vernichtung die mörderische Natur der Zwecke offenlegt. Als Inkarnation von Besitz- und Wohnortlosigkeit verliert sich die kleine Gestalt des Flaneurs in der namenlosen Menge, um in den Manifestationen des Unbewußten das verborgene Gesetz wieder ausfindig zu machen. Inmitten der »grausen Länderei« ersteht dem kindlich-befremdeten Blick die »Stadt die erfüllt ist von Träumen« wieder als Architektur: »Ich Bauherr meiner Augenweiden«, ästhetisches Denkmal für die Lebensgeschichten ihrer Bewohner und ihrer Toten. Dem Historiker des ästhetischen Scheins sind die ökonomischen Funktionen wie die pseudo-ästhetischen Präsentationen der Warenwelt nur »ein feiler Trödel«, der »in den Fenstern gleist«, geschichts- und geschichtenlos, durchschaut als Anschein und nichtige Parodie. Das Ästhetische spiegelt sich dagegen, wie in dem Gedicht von den Greisinnen, in der Aneignung von menschlicher Geschichte:

>»Das frühste Keimen spür ich in euch allen
>Die längst verlebte, eure Zeit ward mein«.

Weit entfernt davon, die Einfühlung des Flaneurs sei »Einfühlung in die Waren«, wie Benjamin geschrieben hat[60], und seine »letzte Inkarnation der Sandwichman«, gilt diese Einfühlung vielmehr der Suche nach der verlorenen Zeit und der Wiederherstellung des Menschlichen in ihr, ohne das der ästhetische Schein gegenstandslos werden müßte. Die letzte Inkarnation des Flaneurs als des Besitzlosen und ökonomisch Funktionslosen ist nicht der Sandwichman, sondern der »arme Jo« aus Dickens' *Bleakhouse*, dessen Erfahrung über die Wirklichkeit der Welt in jenen Satz mündet, der ihn tatsächlich auf eine Stufe stellt mit dem Begründer der dialektischen Philosophie: »Ich weiß nix nicht.«[61] Sokrates wurde in den Dschungel der Großstadt verschlagen, und er findet sich ganz selbstverständlich auf der Seite der Erniedrigten und Beleidigten wieder. Noch sein Sterben wird zu einer Epiphanie für die Unversöhnlichkeit der menschlichen Bedürfnisse mit den institutionalisierten gesellschaftlichen Zwecken: »Tot! Ew. Majestät! Tot, hoher Adel und verehrungswürdiges Publikum! Tot, recht Ehrwürdige und unrecht Ehrwürdige jeder Konfession. Tot, ihr Männer und Frauen, die ihr mit himmlischem Erbarmen in euren Herzen geboren seid. Und so sterben sie um uns jeden Tag!«

Der Tod des »heimat- und rechtlosen Jo« ist als ästhetische Figur Allegorie: Ecce Homo. Er gehört jenem »allegorischen Bereich« an, den Baudelaires Flaneur als menschliche Ordnung außerhalb der funktionalen Systeme wittert, um in den Bildern seiner Stadt die verschüttete ästhetische Ordnung und ihre Begriffe wieder zu finden. Jo, dem die Straße tatsächlich einzig Heim und Wohnort ist, enthüllt die Wirklichkeit hinter Benjamins Metapher vom Innenraum Straße; er »setzt sich zum Frühstück auf die Türschwelle der ›Gesellschaft zur Verbreitung des Christentums im Ausland‹ und kehrt sie, wenn er fertig ist, ab, zum Dank für die gewährte Bequemlichkeit«. Wenn es der sokratischen Dialektik auch die Sprache verschlagen hat, bleibt ihr doch der »allegorische Bereich«: der sprachlose Jo übt selbst gegen das zu einer Metapher für das Geschäft verkommene Christentum noch die christliche Tugend der Dankbarkeit, und er entlarvt durch die Unschuld seines Handelns die sozialen Organisationen als das, was sie seit jeher gewesen sind: Maschinerien zur Vernichtung des Einzelnen und seines Eigentums. Indem Jo die Stufen jener »Gesellschaft« kehrt, reinigt er in der Nachfolge Christi den Tempel der Begriffe, verwirklicht er eine Kritik der praktischen Vernunft an den Begriffsstrukturen, die das gesellschaftliche Zwangssystem der Wirklichkeit oktroyiert hat: »Ich weiß nichts von Zeitungen«, sagt Jo, »ich weiß nichts, von überhaupt nichts.« Ein Philosoph.

Auf der Suche nach der geheimen Ordnung seiner Stadt stößt der Autor-Flaneur auf den Philosophen des Anfangs. Sein Untergang ist ihm Allegorie aller vergangenen und noch zu erwartenden Vernichtung der ästhetischen Ordnung. Im Untergang der Ordnungen aber erkennt der Flaneur das Schicksal der menschlichen Stimme wieder, die den Machenschaften der angeblich sozialen Zwecke erliegt: Geschichte:

> »Durch meinen Wald, die Ruh des Ruhelosen
> hör ich wie Hornruf ein Erinnern wandern.
> Ich denk im Riff vergessener Matrosen,
> Gefangener, Besiegter... vieler andern.«

Die Ästhetik der Großstadtstraße ist als Theorie nur dem faßbar, der sich auf das unendliche Verschwimmen der Ordnungen in der Realität einläßt, dem Ästhetiker als Ethnologen, also nicht Marx, sondern Dikkens und Baudelaire.

Angesichts des Eindringens der Realitäten in die ästhetischen Ordnungen erweist es sich als das eigentliche Problem, aus dem Eklektizismus wieder eine Theorie des Ästhetischen zu gewinnen: Kunst und Architektur gegenüber den realen Zweckverbänden als Erscheinung eines andern zu definieren. Entgegen den Behauptungen der Sozio-Ästhetik ist das Stadtbild des Historismus nicht ohne weiteres als ein Abbild von Herrschaftsstrukturen zu verstehen. Die Destruktion der Ordnungen durch die überwältigende Realität wirkt in Wahrheit egalisierend. Es entsteht eine zwar chaotische, ihrem Wesen nach aber antifeudale Struktur. Die häufig konstatierte Gleichförmigkeit des Straßenbildes mit seinen endlos gereihten Häuserzeilen zielt auf die

Aufhebung von Rang und Unterschied, und selbst die Rhetorik der Ornamentation dient dazu, durch Wiederholung der Motive die Grenze zwischen den Einzelbauten zu verwischen. Deutlich ist das egalisierende Denken in den Experimenten mit der Straßenbeleuchtung. Die Versuche, mit den Bogenlicht-Türmen eine gleichmäßige Stadtbeleuchtung zu erreichen, sind darauf aus, die Hierarchie zwischen Haupt- und Nebenstraßen zu verwischen, die nachts durch unterschiedliche Beleuchtungsintensität offenkundig war.[62] Das Experiment ist bekanntlich gescheitert, und zwar wesentlich an einem ästhetischen Argument: eine Art gleichmäßige Dämmerung ohne wirkliche Helligkeiten hätte das ästhetische Kontinuum des Innenraums Straße ruiniert. Darin aber offenbart sich wiederum die Dialektik der Innenraum-Metapher: es ist das kommerzielle Licht, das den egalisierenden Effekt bewirkt. Es hebt die ordnende Funktion auf, die von der Laternenreihe ausgeht: sie wird vom Licht der Schaufenster überstrahlt. Mit diesen großen Fenstern öffnen sich die Geschäfte zugleich auf die Straße und für das Publikum, auch dies ein Teil der egalisierenden Tendenzen des bürgerlichen Zeitalters: die von Bürgerlichen betriebene Ökonomie produziert nicht mehr für eine höfische Kundschaft, sondern für ihresgleichen. Der Hinweis auf den unverkennbaren und tagtäglich wachsenden Unterschied zwischen Armut und Reichtum kann den Praktiker der liberalistischen Ökonomie nicht kratzen: bestehe doch der Sinn der bürgerlichen égalité darin, daß jeder Arme ein Reicher werden könne, und der Reiche von einem Tag auf den andern in die Namenlosigkeit der Armut zurücksinken könne. Daraus entstehen die neuen Mythen des Alltags.

Diese »Herrschaft des bürgerlichen Blicks«[63] bleibt panoramisch auf den Horizont der ökonomischen Theorie fixiert, um die ökonomische Wirklichkeit nicht wahrnehmen zu müssen: daß nämlich die Kluft zwischen Armut und Reichtum längst jene übertroffen hat, die von den feudalen Standesschranken gesetzt worden war. Die Herrschaft des bürgerlichen Blicks hält sich nur dadurch aufrecht, daß sie den auf Nähe gerichteten ethnologischen Blick des Flaneurs meidet. Dickens berichtet im Vorwort zu *Oliver Twist* von der Überzeugung eines Londoner Alderman, daß das Elendsviertel »Jacob's Island gar nicht existiere und nie existiert habe«.

Die Wahrheit, die der bürgerliche Blick zu kaschieren sucht, ist die eines sozialen Zwangssystems. Erst wenn der Bürger nach Hause gegangen ist, darf es unverhohlen wirken. Wenn, so hat Schivelbusch bemerkt[64], »die kommerzialisierte Festbeleuchtung« in den Straßen erloschen ist, bleibt wieder die Kette der Laternen übrig als »polizeiliche Ordnungsbeleuchtung«: die ökonomische Ordnung erweist sich als eine aus zweiter Hand, sie besteht nicht aufgrund von bürgerlicher Liberalität, sondern von bürgerlicher Gewalt. Die Epiphanie der liberalistischen Ordnung ist nicht der Boulevard, dessen ästhetischer Appell dem bürgerlichen Blick verschlossen bleibt, sondern das Gefängnis. In ihm dürfen die abstrus gewordenen Ordnungssysteme, optimiert aus dem Geist der Bürokratie, unverhüllt herrschen. Mit der Erfindung des Schuldgefängnisses als der einzig logischen Konsequenz der liberalen Ökonomie wird die Walstatt freigeschlagen für den bürgerlichen Blick: das Elend ist eskamotiert. Der Schuldner wird eingesperrt, also außerstande gesetzt, seine Schulden jemals wieder aus eigener Kraft zu bezahlen; seine Familie folgt ihm ins Gefängnis, um nicht draußen verhungern zu müssen; das herrschende Ordnungssystem der Verwaltung macht aus Wärtern und Gefangenen eine neue soziale Einheit, die als geschlossene Gesellschaft aus dem Blickfeld des Bürgers entfernt werden kann.

Eben dadurch aber, daß das Elend vor dem bürgerlichen Blick verschlossen wird, eröffnet es sich dem ästhetischen. Durch den Ausschluß aus der gesellschaftlichen Realität ist es zweite Wirklichkeit geworden, ein Abgrund von Wahrheit, in dem die Gesetze der kapitalistischen Ökonomie unverhohlen wirken, dem gegenüber sich die vorsortierte Welt des bürgerlichen Blicks als Unwahrheit erweist. Der ästhetische Blick aber kann die Unwahrheit nicht hinnehmen, eher noch die Auflösung der Ordnungen, auch der ästhetischen selbst. Deren Spur bleibt dem Flaneur als Repräsentanten des ästhetischen Blicks immer erhalten, auch im Chaos der Metropole, und sei es nur als Erinnerung und Geschichte und im Elend selbst. Wo Ordnung nur mehr als Herrschaft und Gewalt verwirklicht ist, liegt die Quelle des Ästhetischen allein noch in der Anarchie, und das Ästhetische läßt sich nicht wiedergewinnen, wie Benevolo glaubt[65], durch den Eingriff einer Planungsbürokratie. Man kommt der Sache nur näher, wenn man die Anarchie der Stadtentwicklung selbst als ästhetisches Phänomen begreift und sie nicht als ein Manko darstellt, das, so Benevolo, erst durch die stadtplanerischen Maßnahmen in der zweiten Hälfte des Jahrhunderts wieder korrigiert worden sei. Der authentische Ästhetiker Baudelaire hat dem emphatisch widersprochen: die Haussmannisierung von Paris erkennt er eindeutig als Ruin von Stadtgestalt durch die Zerstörung ihrer Geschichte: »mir wirds ein allegorischer Bereich«. Im übrigen belegt das Erscheinungsbild unserer Städte, daß Planungsbürokratie, eben wegen ihrer eindeutigen Funktionalität, die ästhetische Erscheinung um so konsequenter verhindert, je »effizienter« sie sich gebärdet: ihre Funktion ist immer nur die Kanalisierung von Begehrlichkeiten.

Angesichts der chaotischen Wirklichkeit wie angesichts der sich verselbständigenden politischen und ökonomischen Systeme, die sich allesamt dieser Wirklichkeit bemächtigen wollen, gerät das Ästhetische zweifellos in einen Begründungszwang, aber nicht, wie Norbert Miller gemeint hat, »um die Gleichheit vor den geltenden Gesetzen der Ästhetik zu legitimieren«[66], sondern um die ästhetische Wahrheit gegenüber der Übermacht der gesellschaftlichen Interessen und der von ihnen produzierten, ins Chaotische wuchernden Realitäten zu behaupten.

Benjamins *Passagen-Werk* hat das Problem herausgearbeitet, wie das Ästhetische inmitten der Fülle der Erscheinungen überhaupt noch dingfest zu machen sei. Sein fragmentarischer Charakter rührt davon, daß die ästhetischen Kategorien aus dem Vorrat der klassischen Philosophie dazu nicht ausreichen. Eine emphatische Wahrnehmung, die sich darauf einläßt, der Spur des Ästhetischen bis zu seinen letzten Verlusten in die Realität zu folgen, endet in der offenen Frage: wie aus der Empirie des Flaneurs, der am Ende über so etwas wie eine Landkarte des Ästhetischen verfügt, wieder eine Theorie zu gewinnen sei. In Benjamins Archiv der Erscheinungen hat sich das Ästhetische entweder, angesichts der unzähligen realen Einzelheiten, vollständig verflüchtigt, oder es ist einfach alles ästhetisch, d. h. die Realität nur eine Metapher. Die sporadischen Versuche, zu einer Theorie zu gelangen, scheitern daran, daß die als Erklärsystem benutzte politische Ökonomie von Marx dem System der gesellschaftlichen Zwecke immanent bleibt. Benjamins These, der Flaneur sei »Virtuose der Einfühlung... in die Ware... in den Tauschwert selbst«[67], widerruft den Flaneur als Exponenten aller ästhetischen Wahrnehmung, der er bei Baudelaire, Dickens und nicht zuletzt in Benjamins eigenen Belegen ist. Die von Benjamin aufgegriffene grundlegende Definition von Marx, »daß der Wert jeder Ware bestimmt ist durch das Quantum der in ihrem Gebrauchswert materialisierten Arbeit, durch die zu ihrer Produktion gesellschaftlich notwendig werdende Arbeitszeit«[68], hat vor den Intentionen des Flaneurs keinen Bestand, die sich damit als auf das Ästhetische gerichtet erweisen: der Flaneur erzielt mit einem gegen Null tendierenden Aufwand an Arbeit, im Sinne der gesellschaftlichen Funktionen und Zwecke, den höchsten Mehrwert. Der Tauschwert der Ware ist ihm ein Nichts vor der Geschichte ihrer Entstehung und ihres Vergehens: Er erkennt sie als Müll schon im Augenblick ihrer Produktion. Dem Satz aus der Einleitung zur Kritik der politischen Ökonomie: »was wird aus der Fama neben Printinghouse Square?«[69], gerät Dialektik zur Rechtfertigung; für den ästhetischen Blick ist Printinghouse Square gemessen an der Fama zu vernachlässigen. Der Erkenntniswert der politischen Ökonomie liegt darin, daß sie die Funktionen und das Funktionieren von Herrschaft in den gesellschaftlichen Systemen selbst beschreibt, und sie bleibt in den Systemen auch darin, daß sie, wie jede Ideologie, auf Übernahme der Macht gerichtet ist. Die Funktion von Herrschaft wird gar nicht grundsätzlich in Frage gestellt, wie dies jegliche ästhetische Theorie a priori tut, sondern es wird nur ihre Umschichtung von einem gesellschaftlichen Zweckverband auf den andern zur dialektischen Synthesis erhoben.

Dem ästhetischen Blick aber sind alle Funktionen beliebig, nämlich sämtlich Ausfluß der gesellschaftlichen Apparaturen, die allesamt auf Herrschaft und Unterdrückung strukturiert sind. Die Qualität des Ingenieurbaus hängt nicht ab von der Frage, ob es sich um einen Kindergarten oder ein Konzentrationslager handelt, einen Atombunker für die Regierungsclique oder ein Einfamilienhaus. Vor dem ästhetischen Blick enthüllt sich das Zwangssystem der Zwecke als jene Wirklichkeit, in der »man auf alles gefaßt sein muß; das gesellschaftliche Leben ist nicht so sehr Hort der Sicherheit, sondern die Quelle aller Gefahren«[70]. Im Namen der gesellschaftlichen Zwecke jeglicher Couleur ist der Einzelne immer nur Material und Opfer gewesen. Das Ästhetische dagegen ist jenes Ordnungsprinzip, das einzig auf den Einzelnen baut; in ihm erkennt es den Garanten seines Überlebens: mit ihm.

Das 19. Jahrhundert, das doch die bis heute nachwirkenden Typen von Straße und Stadtgestalt als Bewegungsarchitektur entwickelt hat, verfügt über keine Theorie, die seinen Produktionen gewachsen gewesen wäre, mit deren Hilfe also Benjamin den Schlüssel zum Register der angehäuften Bilder hätte finden können. Die Theorie von Marx versucht nur die Bilder wieder dem ökonomischen Prozeß einzuverleiben, dem sie mühsam entrissen wurden, damit die Kunst das Funktionieren der ökonomischen Systeme nicht mehr behindern kann. Marx' Beschreibung des Verhältnisses von Arbeit und Warenwert ist schon falsch gewesen, als sie formuliert wurde: sie gründet sich auf eine schon Historie gewordene handwerkliche Produktionsweise. Die Einführung der Maschinen drängte, wie sich heute rückblickend erweist, von Anfang an auf die Eliminierung von menschlicher Arbeitskraft, und der Anschein des Gegenteils wurde nur durch die stürmische Entwicklung in den industriellen Gründerzeiten erweckt, auch durch die Dezimierung der Potentiale in den Kriegen, in denen sich jede Ökonomie den Platz für neue Produktionen freischlägt. Der Warenwert ist definiert durch das Verhältnis von Angebot und Nachfrage, die sich für die Zwecke der Ökonomie viel leichter steuern lassen als die menschliche Arbeit, nämlich durch die Begrenzung der Lebensdauer der Produkte und durch Einwirkung auf das Bewußtsein des Konsumenten. Der Flaneur hat dies von Anfang an durchschaut und folgerichtig den Konsum der Waren verweigert. Sie gehören zu dem »Bettel«, von dem Benjamin spricht.

Weil die Warenwelt den Begriff des »Schönen« mit Beschlag belegt und entwertet hat, ist er dem ästhetischen Diskurs suspekt. Jene Schönheit, die Dürer bereits als Möglichkeit zur Bestimmung des ästhetischen Urteils zurückgewiesen hatte, ist Manipulationsmaterial der Warenwelt und nur mehr Produkt von Mode- und Geschmacksdiktaten, also tatsächlich von Herrschaft. Zumindest dies haben die Ästhetiker der Epoche erkannt. Aber Pater und Ruskin ziehen daraus den illusionären Schluß, daß es gelte, die Produktion der Waren auszusetzen, um dadurch dem Ästhetischen die Schönheit zu retten. Gegen die Realität des Industrieproduktes und seine Erscheinungsbilder suchen sie den Schein einer vergangenen handwerklichen Produktionsweise zu restaurieren. Indem sich aber das Ästhetische als Illusion vor der allgegenwärtigen gesellschaftlichen Realität bekennt, erweist sich solche Ästhetik als dem bürgerlichen Telos immanent: Kunst ist die Feierabend-Illusion des Bürgers, die er sich gestatten darf, wenn er das Tagwerk seiner ökonomischen Zwecke erledigt und die wirtschaftlichen Kontrahenten zur Strecke gebracht hat. Gemessen an der überwältigenden Wirklichkeit der Zwecke, ist dem Bürger Kunst, die sich dem von Ruskin und Pater errichteten Primat der Schönheit unterwirft, nichts als verachtenswerte Illusion, ein Stück Dekoration mehr in der Warenwelt, der sie vollkommen integriert ist. Das Erscheinungsbild der Metropolen-Architektur konnte von den Ästheten nur als Feindbild wahrgenommen werden; aber sie gelangten von daher nicht zu einer Theorie, deren legitimer Ort ja durchaus in der Kritik des Bestehenden zu sehen gewesen wäre. Die präraffaelitischen Theoretiker aber verharren im ökonomischen Zweckverband des Historizismus: sie erweitern die Warenproduktion durch Zitate aus der vorindustriellen Handwerkerkunst und durch die Adaption der präraffaelitischen, d. h. perspektivelosen Malerei. Was dagegen die wirkliche Architektur auszeichnet, ist das Aufbrechen der Perspektive zu grenzenloser Entfernung, in die es den Ästheten als Flaneur zieht. Er rettet damit die von der Ferne hinter dem

Horizont entfesselte Einbildungskraft in die ökonomische Wirklichkeit der Stadt: dies war Baudelaire, und dies war der Feind, den der Haß des Bürgers vernichten mußte. Das verächtlich als dekoratives Beiwerk und unschädlich für die Ökonomie Erkannte läßt man am Leben, weil der Bürger in Theoretikern wie Pater und Ruskin insgeheim und vertraulich den »frère cochon« erkennt, mit dem sich umgehen läßt und mit dem Geschäfte zu machen sind: was ist eine Schmiedewerkstatt gegen ein Hüttenwerk? Höchstens eine marginale Ergänzung der Produktpalette!

Die Einordnung der Artefakte in den Begriffszusammenhang von Funktion und Décor weist ihnen zugleich ihren Platz zu in der Werthierarchie der ökonomischen Realitäten: sie sind das Letzte. Der Eindruck von Modernität, der von den architektonisch sozialen Reformmodellen von Owen und Fourier ausgeht, rührt von ihrer Übereinstimmung mit der Ökonomie. Die rückwärts gewandte Utopie versucht in diesen auf die Bedürfnisse einer funktionalen Gemeinschaft zugeschnittenen Bauwerken die Massengesellschaft der Metropolen durch den Chiliasmus zu ersetzen, die Industrieproduktion durch die Rekonstruktion handwerklicher Produktionsgemeinschaften, so als seien nicht Massenkonsum und Großkapital die bestimmenden Kräfte der gesellschaftlichen Realität, sondern immer noch Handwerk, Zünfte und Tauschgeschäft. Gemessen an der »offiziösen« Architektur erweisen sich die Entwürfe Owens und Fouriers als epigonale, sie bleiben hinter deren ästhetischen Möglichkeiten zurück, und das liegt vorzüglich daran, daß sie sich dem Anspruch des Ästhetischen gar nicht stellen, sondern in den Begründungszusammenhang des Funktionalen flüchten, also absolut systemkonform sind: die ökonomischen Großsysteme finden sich in ihnen in sektenhafter Verkleinerung abgebildet. Sie ähneln darin heutigen sogenannten »alternativen« Projekten, in denen das gewöhnliche Ausbeutungssystem in grotesker Übersteigerung als Parodie wiederkehrt: den Beteiligten ist selbst der minimale systemimmanente Schutz ihrer Existenz durch Rentenanspruch und Arbeitslosenversicherung entzogen.

Demgegenüber stellt sich die Architektur der Großstadtstraße im 19. Jahrhundert, sofern man sich dazu entschließt, die Erscheinung der ästhetischen Sachverhalte für gewichtig genug zu halten, daß keine Theorie von ihnen absehen kann – und dazu rät jede historische Erfahrung –, als Anerkennung der Entropie und als Widerruf der durch die ökonomischen Zwänge gesetzten Funktionen dar. Der Kuppelbau als Bahnhofshalle, die Villa als Fabrikgebäude, der Palast als Warenhaus negieren nicht nur jegliche Funktionalität, sie stellen auch die ökonomischen Absichten in Frage, aus denen sie entstanden sind, und lassen den Konformismus, der im Funktionalismus der Sozial-Utopien steckt, hinter sich. Die ausschließlich von Gnaden der Grundstückspekulation genährte ökonomische Utilitas demaskiert zugleich alle von ihr gesetzten Ordnungen als solche, die zum Zerfall bestimmt sind. Gegen die Diktatur der Zwecke und Interessen verbündet sich das Ästhetische mit seiner alten Erzfeindin Entropie, gegen die ja die vitruvianische Kategorie der Firmitas gerichtet war, sofern man sie nicht als Ingenieurmaxime, sondern, wie Palladio, als ästhetische Kategorie betrachtet. Nun aber werden die Ordnungen im Verfall erst sichtbar, der zugleich die Zwecke entlarvt, in der Ruine, die nicht umsonst zur Ikone des Picturesque geworden ist. In der Allegorie der Vergänglichkeit, als die sich die Ruine darstellt, assimiliert sich das Ästhetische die verfließende Zeit und eröffnet den aus der entfremdeten Wirklichkeit Exilierten eine Heimat in den gewesenen Geschichten des Menschlichen, deren Gegenwärtigkeit sie als Zitat beschwört. Im Picturesque und seinen ewigen Epiphanien der zerfallenden Ordnung tritt zutage, was immer Begründung der ästhetischen Utilitas gegen die ökonomische Zweckbindung des Bauwerks gewesen ist: die Setzung von Heimat.

Die neuplatonische Utopie des palladianischen Bauens hatte dies als Rekonstruktion eines neuen Paradieses auf Erden verstanden. Der Eklektizismus, dem nichts so einleuchtend erscheint wie die Abwesenheit des Ästhetischen, Heimat-Begründenden in allen gesellschaftlichen Realitäten, legt solche Utilitas frei durch die im Zerfall gefundene Spur der Ordnungen: wie die Spur Robinsons, die der Wind verweht, führt sie von der Vergangenheit durch die Gegenwart in die Zukunft, als Erinnerung an ein paradiesisch Gewesenes, das Heimat noch als ein Gegenwärtiges zu erweisen vermocht habe. Im Picturesque findet der Eklektiker die Fama von der ästhetischen Heimat: als Zitat. Wie in anderer Weise bei Palladio, stellt der Auftritt des Ästhetischen im realen Werk auch für das Picturesque ein metaphysisches Paradoxon dar: den Versuch nämlich, die Entropie selbst als Zustand, im Widerspruch zu ihrer »Natur«, als Erscheinung in einem Moment von Dauer zu fixieren. Der Realismus der Ruinenarchitektur, der den Verfall statisch verfestigen will, ist ja keiner, denn Entropie duldet keinen Zustand von Ordnung, wie er noch in den desolaten »Anordnungen« der Bilder aufscheint. Was vorgezeigt wird, ist immer schon vergangen: Vorstellung, Imagination.

Nicht die verfügbar gewordenen formalen Codices jeglicher gewesenen Architektur samt den von ihnen entwickelten proportionalen Ordnungen können als Garanten des ästhetischen Scheins dienen, sondern die in ihnen enthaltenen Phantasiepotentiale, jene unendliche Geschichte, die aus dem Zusammenstoß zwischen der Welt der Vorstellungen mit jener des Willens entsteht. Das Ästhetische an Architektur definiert sich dem Eklektiker als etwas Fragmentarisches, da es nur durch Korruption, nämlich im Zusammenhang mit der Welt der Zwecke, in Erscheinung zu treten vermag. Ästhetische Wirklichkeit gewinnen die atomisierten Kunstwelten des Historismus erst wieder im Kopf des Betrachters: die Einbildungskraft wird instand gesetzt aus dem Vorrat des Phantasiepotentiale, die jedes Fragment enthält, wieder eine Welt der Vorstellung zu gewinnen.

Die Einbildungskraft findet die Quelle des Ästhetischen in dessen eigener Geschichte wieder. Benjamins »ägyptisches Traumbuch des Wachenden« ist sein Archiv, in dem für immer gegen die alltägliche Destruktion aufbewahrt ist, wie die Welt als Vorstellung sich in Ornament und Figur gegen die von der Welt des Willens produzierten Zerstörungen aufgelehnt hat. Die Architektur des eklektischen Historismus ist deswegen sowohl historisierend bis zu einem Grad, daß sie eine sinnliche Vorstellung von Gegenwärtigkeit gar nicht mehr intendiert, als auch literarisch in dem Sinn, daß jenes Ästhetische, das ein Versprechen ist, sich erst mit Hilfe der von seinen Signalen provozierten Einbildungskraft freizusetzen vermag. Schopenhauers Kritik an der Geschichte, die sich dem systematischen Denken entziehe, trifft auch das Erscheinungsbild der architektonischen Ensembles: »Ihr ist jede Gegenwart nur ein Bruchstück, welches ergänzt werden muß durch die Vergangenheit, deren Länge aber unendlich ist und an die sich wieder eine unendliche Zukunft schließt.«[71] Die eklektische Architektur will, wie Schopenhauer dies von Geschichte konstatiert hat, die deshalb keine Wissenschaft sein könne, nicht einen Systemzusammenhang rekonstruieren, wie jener der Concinnitas einer wäre, sondern sie will »zu Ende erzählen«.

Der Eklektizismus zitiert die Gegenwart des Gewesenen herbei: in den architektonischen Arrangements findet der Beschauer, soweit er sie als ästhetische begreift, eine Geschichte wieder, die, nach den Worten Walter Benjamins, nicht seine eigene ist, aber doch die aller Kindheit, also kollektive Erinnerung an einen Zustand von Unschuld, dem der Auftritt von Kunst noch als selbstverständlich habe gelten können, so wie ihm das Erscheinen des Wunders das natürlichste von der Welt gewesen sein müsse. Gleichwohl wird man nicht, wie Benjamin dies tut, von »Wunschbildern« sprechen können, in denen »das Kollektiv die Unfertigkeit des gesellschaftlichen Produkts sowie die Mängel der gesellschaftlichen Produktionsordnung sowohl aufzuheben wie zu verklären« sucht.[72] Damit wird nur, wie in Blochs Ästhetik des Vorscheins, der Versuch gemacht, dem Ästhetischen einen Rückweg in die Welt der Zwecke zu eröffnen, der längst verworfen ist durch das Primat der Imagination, deren das Ästhetische bedarf, um sich behaupten zu können: nur in ihr wird der kindliche Blick wirklich. Kollektive Rezeptionsprozesse von Kunst sind nur als funktionelle möglich, als Sozialisationsmodell zweckgebunden, d. h., sie müssen von der Erscheinung des Ästhetischen, seiner Möglichkeit überhaupt, absehen. Nur die isolierte Einbildungskraft ist in der Lage, die abgebrochenen Geschichten zu Ende zu erzählen, denn: »In Wahrheit hat nur der Lebenslauf jedes Einzelnen Einheit, Zusammenhang und wahre Bedeutsamkeit... Nur die inneren Vorgänge, sofern sie den Willen betreffen, haben wahre Realität und sind wirkliche Begebenheiten: weil der Wille allein das Ding an sich ist«, und: »Was die Geschichte erzählt, ist in der Tat nur der lange, schwere und verworrene Traum der Menschheit.«[73]

Die historischen Zwangsläufigkeiten als Abbild einer Triebstruktur: so hat Freud es in der Nachfolge Schopenhauers gesehen. Dies aber heißt, daß die an den Willen verlorene Zeit nur in den Bildern von Architektur revidiert werden kann, die sich die Vorstellung macht; in ihr, nicht im reproduzierten Formen-Kanon der Vergangenheiten selbst, entsteht aus dem »verworrenen Traum« wieder ästhetische Ordnung, die darum auch notwendig eine allegorische ist: wegen der Doppelgesichtigkeit der Allegorie, einerseits reale Erscheinung, die sich den Korruptionen der gesellschaftlichen Realität ausliefert, andererseits deren Widerruf durch den Schein. Nur die Allegorie »kann den wirklichen Gegenstand als bloßen Gedanken auffassen, ohne ihn als Gegenstand zu verlieren. Sie macht, was vor unseren Augen vorgeht, zu einer Erscheinung der Idee, wobei wir gleichwohl die Wirklichkeit als solche vor uns behalten.«[74]

Allegorisch ist auch das Produkt der Imagination, das seine ästhetische Erscheinung einer architekturspezifischen Relation zwischen dem Bauwerk und seinem Betrachter verdankt, die nicht aus der Funktion des Gebäudes resultiert, sondern aus dem fiktiven Material der Architektur. Arno Schmidts Begriff für derlei Weiterbildungen der in bestimmten ästhetischen Ordnungsentwürfen bei der Vermischung mit den alltäglichen Realitäten sich formierenden Phantasiepotentiale, das »Längere Gedankenspiel«, meint offenkundig das, was Benjamin als das »Kolportagephänomen des Raumes« bezeichnet hat: »Kraft dieses Phänomens wird simultan was alles nur in diesem Raum potentiell geschehen ist, wahrgenommen. Der Raum blinzelt den Flaneur an: Nun, was mag sich in mir wohl zugetragen haben?«[75] Das Ästhetische findet seine Ordnung in der fragmentarischen Trümmerlandschaft wieder, denn die abgebrochenen Zitate der Stilarchitektur verweisen auf vergangene Ordnungen; die Brüche im Straßen- und Stadtbild, die ökonomische Prozesse geschlagen haben, auf verflossene Zeit und versunkene menschliche Geschichte. Der Flaneur als Gedankenspieler, der »Historie, Mythologie und Landschaften seines Binnenreiches aus sich selbst heraus zu spinnen hat«[76], betreibt ein genuin ästhetisches Geschäft. Indem er die Geschichte im Sinne Schopenhauers zu Ende erzählt, erfindet er ihr eine neue Ordnung, die nicht jene der von Zwecken und Interessen bestimmten Realität ist: deren Geschichte erschöpft sich in Wiederholungszwängen. Jene Geschichte, die zu Ende erzählt wird, entsteht aus dem Weiterspielen der Fakten und Fragmente als Projektion aus dem Kopf des Flaneurs. Keineswegs handelt es sich also darum, die Wirklichkeit durch die Vorstellung zu eskapieren, sondern vielmehr um die »Neu-Drapierung eines einmal zugelassen-Beteiligten«[77], die ja auch dem stilistischen Puzzle des Historismus zugrunde liegt. Im Dialog zwischen der Realität der Bauten und der Wirklichkeit ihres Rezipienten ist der Flaneur offenkundig entschlossen, die Konsequenzen des Eklektizismus auf sich zu nehmen, indem er »bunte Fakten zu karierten Mythologien« umbildet.[78]

Die Fiktion der Stadt, die entsteht, wenn die scheinbar nur gegenwärtigen Bilder, die doch als einzelne fast ohne Bestand sind, von der Folie der unendlichen Vergangenheit und der gleichfalls unendlichen Zukunft überlagert werden, ist als Vorstellung von Wirklichkeit zugleich Rekonstruktion des Ästhetischen: aus den Blessuren, die beide sich zufügen, nährt sich die Projektionsmaschinerie des Gedankenspielers. »Allegorischer Bereich« im Sinne Baudelaires wird die Stadt dadurch, daß sie aus Fragmenten, Bruchstücken und Zitaten im Kopf des Flaneurs als ästhetischer Zusammenhang neu ersteht, »ein neues eigenes geschaffenes System«, in dem »das völlig Irrationale des bloßen Vorhandenseins« überwunden scheint durch die Neu-Ordnung der isolierten Fakten in der Sammlung: »Diese ist der diametrale Gegensatz zum Nutzen und steht unter der merkwürdigen Kategorie der Vollständigkeit.«[79]

In der Tat ist die Vollständigkeit vielleicht sogar das grundlegende Merkmal zur Bestimmung der Metropolis, die sich eben dadurch von andern Siedlungsformen unterscheidet, daß es dort »alles« gibt, was denkbar ist an Waren, Rassen und Klassen. Die Sammlung, die damit weit davon entfernt ist, eine exotische oder gar eskapistische Kategorie zu sein, läßt sich mit der Kategorie der Vollständigkeit ein auf die Wirklichkeit der Stadt. Ohne Einbeziehung aller Wirklichkeit gäbe es keine Vollständigkeit und ohne Vollständigkeit keinerlei Aussicht, jemals »zu Ende zu erzählen«. Nur die Gedankenspieler haben deshalb entdecken können, daß die Aporie der großstädtischen Architekturbilder dort liegt, wo die Wirklichkeit am wirklichsten ist: in der unterirdischen Stadt der Kanalisation, die mit ihren Kreuzungen und Plätzen, Torbögen und Nischen die Oberwelt parodistisch wiederholt. Der unterirdischen zweiten Ökonomie entspricht die unterirdische zweite Stadt, und Kirwan benutzt dafür in seiner Beschreibung der 2000 Meilen der Londoner Unterwelt den verräterischen Begriff der »unterirdischen Passagen«. Die Warenwelt, deren äußerstem Anspruch auf Präsenz und Repräsentation die Passagen ihre überirdische Existenz verdanken, ist in ihren Zwecken vom Ende her entlarvt: als Kloake.

Wirklichkeit, so konstatiert die Stadtarchitektur des Eklektizismus, enthüllt sich nur dem fremden Ethnologenblick des Flaneurs, der in den Extremen die ästhetischen Ordnungen wiederfindet, immer hin- und hergerissen zwischen dem sublimen Rausch des Panoramischen und dem Sturz in die nächste Nähe des Picturesque: Arno Schmidt hat das Schwindelerregende des ästhetischen Blicks als die »Verlorenheitsgefühle von Froschperspektive plus Vogelschau«[80] bezeichnet. Die ästhetische Ordnung der Metropolis liegt in ihren Extremen, die dem immer in halber Nähe verweilenden, nur im Sinne der Konsumwelt funktionierenden Bürger für immer verschlossen sind. Aus der hoffnungslos in Teile zerfallenen Realität rekonstruiert der Gedankenspieler das utopische Ganze der zu Ende erzählten Geschichte, die ästhetische Heimat, die Goethe vom Straßburger Münster herab noch einmal zu erblicken glaubte, als erhabenes Panorama und unter dem Topos der Renaissance: »Und so sah ich denn von der Plattform die schöne Gegend vor mir, in welcher ich eine Zeitlang wohnen und hausen durfte ... wie ein neues Paradies für den Menschen.«[81]

3 Allerleirauhs Imagination – Ein Märchen
(unter Berufung auf Jakob und Wilhelm Grimm)

»Ich bin zu nichts gut, als daß mir die Stiefeln an den Kopf geworfen werden.«
Allerleirauh

Dann machte sie die Nuß auf und holte ihr Kleid hervor, das wie die Sterne glänzte... und alle traten ihr aus dem Weg, denn niemand kannte sie.
Märchen

Die Frage ist doch: was verstand Allerleirauh wirklich vom Kochen? Zwar, der König fand, ihr Gericht habe so gut geschmeckt, »daß er meinte, niemals eine bessere Suppe gegessen zu haben«, aber nach dem Wortlaut des Märchens war es nur eine Brotsuppe, gekocht, »so gut sie es konnte« – und das mag, da es sich um eine verkappte Königstochter handelte, an Kenntnis wenig genug gewesen sein. Nirgends lernen Königstöchter das Kochen – es sei denn im Märchen. Und die Brotsuppe selbst, mit der die Armen ihren Hunger zu stillen pflegen, unzulänglich, wie der Hunger immer abgespeist worden ist, den die Könige nicht kennen: muß sie sich an der königlichen Tafel nicht merkwürdig ausgenommen haben?

Welch seltsame Köchin, was für ein sonderbarer königlicher Esser, der sich über die befremdlichen Zutaten zu seiner Mahlzeit nicht beschwert, wie mit dem sprichwörtlichen Haar in der Suppe üblicherweise verfahren wird, sondern keinen Zweifel läßt, daß sie es erst sind, die den Reiz der armen Speise ausmachen: der Ring, die goldene Haspel, das goldene Spinnrad, die der Löffelnde auf dem Tellergrund erblicken muß.

Betroffen erkennt er ihr Geheimnis: sie sind zu nichts nutz.

Wie es scheint, konnte Allerleirauh wirklich kochen. Der König jedenfalls aß mit Genuß, auch bevor er von den verborgenen Schätzen auf dem Tellergrund wußte. Der Anblick der unnützen Kostbarkeiten enthüllt ihm nur den Grund der Kochkunst als Wunder der Phantasie, das sie von der Zubereitung von Nahrung unterscheidet. Allerleirauh, die im verborgenen die nutzlosen Insignien ihres Reiches dem armseligen Nahrungsmittel beigemengt hatte, sie war doch die unter dem Aschenkleid versteckte Prinzessin der Phantasie, die sich selbst immer nur mit dem Hinweis auf ihre Nutzlosigkeit rechtfertigt: »Ich bin zu nichts gut, als daß mir die Stiefeln an den Kopf geworfen werden.« Das Märchen ist Verzauberung und Aufklärung zugleich: denn freilich sind unter die Stiefeln immer die geraten, die zum anerkannten und sterbenselenden Zwangssystem von Nutzen und Effektivität nichts beizutragen hatten.

Vor der aufs endgültige Funktionieren eingeschworenen Welt hat Allerleirauh ihre Schätze, die sie von ihrem Vater – und auch das nur widerwillig – mitbekommen hatte, verbergen müssen. Mit ihrem Flickpelz war sie gerade gut für die Küche und dort zum niedrigsten: »Komm nur mit, da kannst du die Asche zusammenkehren.« Sie hat es getan mit jener Demut und Geduld, die wahrscheinlich nur aufbringen kann, wer sich umhüllt fühlt von den »drei Kleidern von Sonne, Mond und Sternen«. Das Himmelskleid der Phantasie blieb Allerleirauh auch erhalten im »Ställchen unter der Treppe, wo kein Tageslicht hinkam«, das man ihr zugewiesen hatte als der letzten auf der gesellschaftlichen Erfolgsleiter. Es hatte Platz in einer Nußschale, so wenig hatte es auf Erden verloren.

In der Nacht aber, im verborgenen, in dem sich die Statthalterin der Einbildungskraft immer hat verstecken müssen vor denen, die unter dem Vorwand des Fortschritts die Wiederkehr des immer Gleichen betreiben, wusch sich Allerleirauh den Ruß vom Gesicht und holte das Kleid hervor, »das wie die Sonne glänzte«. Und auch ihr Flickpelzwerk für den Aschentag: war es nicht gemacht aus den Fellen aller Tiere ihres väterlichen Reichs, das Bild der ganzen großen Natur, das sie mit sich trug? Dem König mag der Zusammenhang geschwant haben zwischen den Zutaten in der armen Brotsuppe und dem glänzenden Geschöpf, das er beim Tanz in den Armen hielt. Aber er erkannte die Schöne nicht wieder, als sie vor ihn trat, bekleidet mit nichts als dem Pelzwerk der Natur. »Ich bin«, sagte sie, »ein armes Kind, das weder Vater noch Mutter hat.«

Allemal nämlich ist Allerleirauh eine Waise, versehen mit nichts als der Gabe der Imagination, der Mitgift der Elternlosen. Sie tritt in die Welt und weiß von deren Machenschaften nichts. Was einmal Schönheit und Anmut hieß, all die verlorenen Worte, Allerleirauh hat sie seit jeher besessen und aufbewahrt. Deshalb haben auch ihre Verstecke nie genügt: Immer wieder hat sie ihr Überfluß den Verfolgern verraten, vor denen sie sich rettete in den Mantel des Kreatürlichen. Denn zu allen Zeiten waren die Rationalisierer und Funktionalisierer hinter ihr her und erkannten sie unter ihrem Pelz: »Du bist eine Hexe, Rauhtierchen.«

Sie aber hat, und dies ist der Grund jeglicher sonst verlorenen Hoffnung, alle Scheiterhaufen überlebt.

Denn freilich ist sie eine Hexe, Rauhtierchen mit dem Sternenkleid in der Nußschale. Diese Aschenprinzessin duldet in ihrem Reich nur eine Macht, die der Imagination. Die aber ist nicht gefragt auf der Erfolgsleiter der Effektivität, wo der Wirklichkeit nur das Optimum an Anpassung an Systemzwänge abgewonnen wird.

Wo Allerleirauh in die Geschichte eintritt, trifft sie auf den Hofstaat des Immergleichen. Deshalb hat auch sie selbst ihre Geschichte abgelegt – und das ist am Märchen der reale Skandal: daß es in dem, was gemeinhin Historie heißt, nichts zu erkennen vermag als den Inzest, daß Allerleirauh, indem sie dem blutschänderischen Ehebett mit dem Vater in Fremde und Armut entflieht, die historischen Wiederholungszwänge negiert: so hat sich das Ästhetische ihnen immer von neuem verweigert; ein in seiner Beiläufigkeit angemesseneres Gleichnis für das Epiphanieartige seines Auftretens ist außerhalb der Märchen nicht gefunden worden. Für Allerleirauh als Statthalterin der ästhetischen Freiheit wäre selbst ihr Erbe innerhalb des väterlichen Reichs noch fatal, da es immer nur auf das Prinzip der Wiederholung verweist: die sterbende Königin hat der Nachfolgerin nichts mitzugeben als den Maßstab der eigenen Schönheit und den systemerhaltenden Zwang zum Inzest mit dem Vater. Allerleirauhs wirkliches Erbe ist die Macht der Phantasie, Ring, Spinnrad und Haspel aus Gold, das sie nur retten kann durch die Flucht unter den Mantel der Natur.

Kaum befreit aus den Fängen der Vergangenheit, sieht sich Allerleirauh freilich gezwungen, in der Putzküche Schutz zu suchen. Denn die Hüter der Vergangenheit werden nicht dulden wollen, was von ihr zu befürchten ist: den sanften Widerspruch. Die Welt, der sie sich aussetzt: das ist die Gesamtheit derer, die zum Funktionieren entschlossen sind, um in Gang zu halten, was immer gegangen ist, und mit allen Mitteln zu unterdrücken, was den gewöhnlichen Lauf der Dinge nicht hinnehmen will: unter dem Vorwand des Allgemeinwohls die Phantasie, unter der Perversion von »Arbeit« jedes ursprüngliche Bedürfnis nach Kreativität, unter Gewinnmaximierung die Sehnsucht nach Heimstatt und Heimat, unter der Freizeitbeschäftigung, was ästhetische Freiheit einmal hieß, und sei es nur in den Transzendierungen der idealistischen Philosophie, die doch noch tausendmal der feigen Einsicht in die Macht der Verhältnisse überlegen sind. Mit dem Funktionieren läßt sich Allerleirauh nicht ein. Und alle, die sich längst eingelassen haben, müssen um ihre Bestandsicherung fürchten, vom Koch, der sich durch ihre Hexenkünste entmachtet fühlt, bis zu den Höflingen: sie alle haben Grund, sich zu ängstigen vor der Armut, die ihre Schätze in der Besenkammer verwahren muß.

Allerdings ist auch diese Furcht nur aus der Unterwerfung unter den Systemzwang begründet. Denn Allerleirauh, das muß unbedingt gesagt werden, kennt weder Hoffart noch Eigennutz. Verbergung und Verkleidung: sie sind ihr vollauf genug. Weiß sie doch, daß sie dem Treiben, das sich mit der Zerstörung eingerichtet hat, nichts entgegensetzen kann als den Schein einer entfernten, erträumten, einer ganz fremden Wirklichkeit, die jener der alltäglichen Sachzwänge nur mehr das kategorische »Nein« und keine Gründe mehr schuldig ist: außer jenes immer schlagenden Grundes, jenes tatsächlichen Satzes vom Grunde, daß alles Funktionieren immer nur dazu geführt hat, die Fortsetzung der sich in Zerstörungen wiederholenden Historie zu garantieren.

Diesem Satz vom Grunde stellt sie entgegen: die Freiheit der erfundenen Geschichten.

Dem Märchenkönig allein war es gegeben, sich einzulassen mit Allerleirauhs stachligen Geschichten. Dafür gebürt ihm Respekt: Er hat die vorgeschriebenen Handlungszwänge außer Kraft gesetzt und bewirkt, daß das Rauhtierchen aus seinen Verkleidungen hervortreten durfte, um sich offen gegen die alten Wiederholungen von Absicht, Zweck und Untergang zu stellen.

Auch wenn sie sich unter Schmutz und Ruß verbergen mußte: Es verrät sie schließlich der weiße Finger der Unschuld. Obwohl von der Putzküche besudelt, obwohl sie sich zum Überleben einlassen mußte mit den Apparaturen der täglichen Destruktion, hat Allerleirauh bewahrt: die Unschuld der Phantasie, den Blick des ersten Tages, an dem noch alles neu erschienen ist und unverstellt von den nur den Systemzwängen unvermeidlichen Schlüssen auf das allemal finale und fatale Ende hin. Ring, Spinnrad und Spindel aus Gold, der Mantel aus Sonne, Mond und Sternen, sie halten hartnäckig fest an der Vormacht der Phantasie und ihrer offenen geschichtenentwerfenden Horizonte gegenüber den sich ständig schließenden Systemen, seien sie von der Metaphysik entworfen oder von der Physik.

In den Geschichten, die Allerleirauh bereithält unter ihrem Sternenmantel, sie, die Königin der Imagination, ist die Hoffnung enthalten, daß die erdachten und funktional realisierten Systeme doch nicht das letzte Wort behalten könnten. Wo sich der letzte Ausgang aus den immer kreisförmiger ablaufenden instrumentalisierten Weltbildern schließen will, tritt Allerleirauh zwischen Tür und Angel, verhüllt in ihren Zottelpelz aus allen Tieren der Welt, daß einer, König oder nicht, sie erkenne: »Da kamen die goldenen Haare hervor, und sie stand da in voller Pracht und konnte sich nicht länger verbergen.«

4 Allerleirauhs Architektur
Die Rettung der Fiktionen im Auftritt des Ästhetischen

1.

Das Märchen erzählt immer von in der Fiktion vergangenen Geschichten: einmal war Allerleirauh wirklich Königin. Der Märchenkönig hatte in ihr und in ihren Insignien der Nutzlosigkeit das Motiv der Freiheit erkannt. Als seine Königin würde sie die Zwangssysteme der gedeuteten Wirklichkeit auflösen: die sich kraft der Anerkennung der Kausalität zu Wahnsystemen verfestigenden Weltbilder, die ausweglos immer zu Herrschaft und Unterdrückung, Sieg und Niederlage führen, zur Orientierung der gesamten Lebenswirklichkeit an funktionalen Erfolgszwängen, die den unvermeidlichen letalen Ausgang nur als finale Katastrophe erscheinen lassen. Allerleirauh verkörpert im Widerspruch zu allen Zwängen die Kraft der Vorstellung, der Imagination, die, sofern sie ästhetisch wirksam wird, die aus der Kausalität resultierenden Notwendigkeiten allesamt zunichte macht. Schopenhauer hat die Vorstellung unmittelbar als das Objekt der Kunst angesehen, im Gegensatz zu der Welt des Willens, in der sich immer das Ding an sich, nämlich jene aus angeblichen Naturgesetzen abgeleitete monomanische Kausalität verwirkliche. Idealistische Philosophie hat, aus dem heutigen Abstand und daher als Ganzes betrachtet, immer daran festgehalten, daß die altera natura der Bilder und Gedanken und der aus ihnen gebildeten neuen Geschichten denselben Anspruch an Wirklichkeit stelle, wie die abgeleiteten Systeme der funktionalen Naturgesetze. Solche Philosophie ist deshalb in sich selbst wieder ästhetisch, ein Gedanke, der Hegel letzten Ende dazu führt, der Kunst das Existenzrecht neben seiner Philosophie streitig zu machen. Weil die sogenannten Naturgesetze immer zu Zwangssystemen führen, das Ästhetische aber die Zwänge außer Kraft setzt: deshalb will Schiller eine ästhetische Betrachtungsweise der Natur, die »nicht von ihrem Reiche gelten lassen (kann), was in ihrem Reiche gilt«[1].

Philosophie, die sich solchermaßen als Kunst verstehen muß, wird real gewordene Kunst nicht mehr recht wahrnehmen können; deshalb auch scheinen die idealistischen Ästhetiken ihrem Gegenstand gleichzeitig nahe und unendlich entrückt. Ästhetik muß sich aber mit der

Erscheinung von Kunst einlassen, ihrem sinnlichen Auftritt in der alltäglichen Realität: Allerleirauhs erstes Wirkungsfeld ist die Küche und ihr erster Eingriff gilt der Brotsuppe.

Einbildungskraft, Vorstellung wird ästhetisch erst wirksam, wenn sie die künstliche Welt jenseits jener »realen« der funktionalen Nutzanwendungen auch in Wirklichkeit produziert, ohne doch ihren fiktionalen Anspruch aufzugeben: indem die Kunst die Entropie des Wirklichen respektiert, bleibt sie fiktional, sie verzichtet auf die Zurichtung von Naturwirklichkeit durch funktionale Gesetze, die aus ihr eine Realität machen.

Die Geschichte vom Zusammenstoß der ästhetischen Vorstellung mit den Realitäten erzählt das Märchen nicht mehr. Es verharrt auf jenem zeitlosen Moment des Wunders, der Glückseligkeit, den die von ihren materiellen Bedingungen befreite Imagination gewährt: wenn sie nicht gestorben sind, so leben sie noch heute. In der Realität, mit der sich Allerleirauh ja eingelassen hat, zuerst in der Küche und dann auf dem Thron, werden der Märchenkönig und die Märchenkönigin über die Wirklichkeit geherrscht haben und daran gestorben sein. Allerleirauh, nachdem ihre Geschichte in der Wirklichkeit der Welt des Willens verschwunden ist, taucht wieder als Waise auf und zieht still ein in »das Ställchen unter der Treppe, wo kein Tageslicht hinkam«, verhüllt in den Zottelpelz und erfüllt von allen denkbaren Geschichten der Welt.

Es ist das nicht lösbare Problem aller Ästhetik, daß sie zwar die fiktionale Seinsweise von Kunst, wenn auch notdürftig, erklären kann, aber nicht ihr reales Erscheinungsbild. Versuche zum letzteren führen unweigerlich zu neuen Zwangssystemen, die in sich widerästhetisch sind und eher nebenbei und selbstredend vollkommen unkünstlerisch. Das Erscheinungsbild des Ästhetischen ist normativ nicht faßbar, und es befindet sich keineswegs immer im Einklang mit den jeweils sogenannten »künstlerischen Absichten«. Auch allgemeine Definitionsversuche, die auf Proportionsverhältnisse reflektieren, auf den Zusammenhang des Ganzen und der Teile, sind nur so lange brauchbar, als der mit ihnen intendierte Schönheitsbegriff nicht zu einer Reproduktion der alltäglichen Systemzwänge in einem Wahnsystem von »Geschlossenheit« führt. »Geschlossenheit« ist nur als transzendentale Idee denkbar, als Jenseits-Reproduktion: in die Wirklichkeit übertragen produziert sie totalitäre Systeme.

Solche unverstellte Demonstration nackter Systemzwänge unter dem Mantel einer widerästhetischen Vollkommenheit liefert anschaulich die Architektur des Funktionalismus, die das Erbe der Gründerväter der Moderne verwaltet und in großem Stil zur herrschenden Architektur gemacht hat. Die Reduktion der Architektur auf den Zweck hat nicht, wie man glaubte, das Ästhetische als Ordnungsprinzip erscheinen lassen, vielmehr reproduzieren die Ordnungen nur die gesellschaftlichen und technischen Nötigungen, denen die Bauten ihre Existenz verdanken. Die leere, weil durch keinerlei Verweis auf menschliche Geschichten mehr vermittelte Funktionalität stellt sich als reines Abbild von Herrschaft dar: jener der Verwaltung über die Bedürfnisse des Menschen, die in seinen Alltagsgeschichten sichtbar werden. Die völlige Abwesenheit des Ästhetischen drängt sich am deutlichsten auf in einem monströsen Mangel an realisierter Imagination. Diese Bauten sind ohne Vorstellung, sie sind Schopenhauers Ding an sich, wofern dies sich im Wirken der Kausalität, im unverstellt affirmativen Funktionieren erschöpft. Allerleirauh hat sich längst im Heizungskeller versteckt, die Nuß mit dem Sternenkleid unter dem Fellmantel verborgen, indes die Verwalter der Sachzwänge sich die Grund- und Aufrißvarianten vom Computer liefern lassen.

Längst auch hat sich herausgestellt, daß die von Reinlichkeit strotzenden funktionalen Ordnungen unbewohnbar sind.

Das Ästhetische, auf eine Schwundstufe reduziert, erweist sich als dem Humanen verwandt, indem es sich als Protest gegen Unbewohnbarkeit artikuliert: gegen die hybride Sauberkeit der funktionalen Ordnungen realisiert es sich als Schmutz, der den erschlichenen Anschein von Dauer und Vollkommenheit durch Hinweis auf die nur dem Vergänglichen eigene Schönheit revidiert.

Die sinnleeren Wände lassen sich immerhin noch mit Parolen besprühen, in denen die Vorstellungskraft überlebt, die Normbalkone können durch Eingriff der Phantasie in Gartenlauben verwandelt werden, die den vorgeblich ästhetischen Wiederholungszwang der Reihungen ruinieren, der Schmutz schließlich bewirkt den Akt der Aufklärung, der die erlogene Klarheit der Wandstruktur mit der Patina der sich ereignenden Zeit überzieht, ihre Bausubstanz vernichtet, um zum Vorschein zu bringen, was als ästhetische Wahrheit in den Gebäuden steckt: die Ruine der vormals verbindlichen proportionalen Ordnungen.

Erst wenn diese Architektur eines Tages durch die Herrschaft des Schmutzes, mit dem Allerleirauh sich Gesicht und Körper verhüllt, um sich den Verfolgern unkenntlich zu machen, vollkommen von ihren funktionalen Zusammenhängen befreit sein wird, kann sie auch wieder eine ästhetische Sprache finden: als funktionsloses Ruinenfeld, vorzeigend auch in der Wirklichkeit was sie immer gewesen ist: unbewohnbar, unbenutzbar, strukturiert hin auf ihren eigenen Tod.

Daß das Ästhetische dergestalt in der herrschenden Architektur nur mehr als negative Kategorie faßbar ist, beruht auf einem Mißverständnis von globalen Ausmaßen und katastrophalen Folgen: der Kompensation des Ästhetischen durch einen vagen Begriff von Schönheit, der die Utilitas dem Ästhetischen entzieht und sie zur Begründung von technischen, ökonomischen und gesellschaftlichen Funktionen verkehrt. Der Blick auf die palladianische Architekturkonzeption hat gezeigt, daß die Utilitas der für die Begriffsbildung des Ästhetischen zentrale Begriff der vitruvianischen Trias gewesen ist. Venustas stand in engem Zusammenhang mit der Erscheinung der Idee im Kunstwerk und war als solche nicht weiter zu hinterfragen oder zu begründen, die Firmitas aber stellte sich dar als das handwerklich-konstruktive Vermögen, das zur ästhetischen Ordnung gehört, weil es ihr Dauer verleiht. Utilitas im Sinne der Renaissance-Ästhetik stand dem Begriff der Funktion vollkommen fern und gehörte ins Reich der Vorstellung. Im Zusammenhang mit der Neubelebung der Antike verlieh sie dem Bau seine fiktionale Anciennität: sie enthüllt die Proportionalität der Concinnitas als Abbild der göttlichen Weltordnung, damit die ästhetische Fiktion als Begründung einer zweiten Wirklichkeit: altera natura. Immer aber blieb die ästhetische Ordnung ein menschliches Maß: In der Abweichung von der mathematisch reinen Reihung und Symmetrie wahrte sie ihre Bindung an die unvollkommenen menschlichen Wirklichkeiten. Wahrscheinlich ist es sogar das sichtbare und spürbare Spannungsverhältnis zwischen einer denkbaren idealen Ordnung und jener virulenten Unordnung, die man gemeinhin als Vergänglichkeit bezeichnet, das erst das ästhetische Ereignis ermöglicht.

Das Ästhetische gibt sich als menschliches Werk zu erkennen, das seine Zeitgebundenheit nicht verleugnet, Altern und Tod einschließt. Denn selbstverständlich können Kunstwerke sterben: sie gehen dann selbst in die Fama der menschlichen Geschichten ein, von denen sie sonst erzählen.

Die vitruvianische Utilitas-Kategorie und mit ihr die Definition des Ästhetischen stand in einem metaphysischen Zusammenhang, der von der Aufklärungsphilosophie des 18. Jahrhunderts als Täuschung angesehen wurde. Die historisch überlieferte Proportionslehre wurde als Konstruktionslehre umgedeutet, die Concinnitas als Darstellung der konstruktiven Zusammenhänge des Bauwerks. Damit wurde aber die Utilitas durch die Funktion ersetzt, damit auch, und nicht erst mit den stilistischen Säuberungsaktionen des 20. Jahrhunderts, begann, was heute »Moderne« heißt. Die französischen Revolutionsarchitekten beriefen sich bei der Gestaltung ihrer Entwürfe ausschließlich auf Mathematik und Geometrie und ließen die Abweichung von den errechneten Verhältnissen nicht zu. Folgerichtig wurde die Kugel als Ausdruck der vollkommenen Symmetrie zum architektonischen Idealtyp. Der Klassizismus erweist sich als Kind der Revolutionsarchitektur vor allem darin, daß die antiken Vorbilder mathematisch bereinigt wurden. Aus dieser »Makellosigkeit« resultiert die eigentümliche Kälte der Bauten wie auch ihre Tendenz zur Langeweile, da bei mathematisch reinen Lösungen die Proportionalität zu starren Repetitionsrastern verkommen mußte.

Der Blick auf die Großstadtarchitektur des 19. Jahrhunderts hat gezeigt, daß sie sich nicht anders als die der »Moderne« allen Maßstäben des Ästhetischen entzieht, soweit diese auf der Concinnitas beruhen. Ihre ästhetische Sprache erhält die Architektur des 19. Jahrhunderts dadurch, daß sie die Proportionalität als Zitat auffaßt und die funktionale Konstruktion folgerichtig auch in stilistische Zitate verwandelt. Mit der Vorherrschaft des Zitats erhält ein Moment des Ästhetischen grundsätzliches Eigengewicht, das auch in der Renaissance-Architektur immer vorhanden war: daß sich die Kunst selbst zum Thema wird.

Das Ästhetische stellt sich dar als Museum der menschlichen Geschichten, als Archiv der real gewordenen Einbildungskraft, deren Fiktionen sich den realen Funktionszwängen widersetzen. Palladio hat dieses Motiv des Ästhetischen im Denkmalcharakter seiner Bauten angedeutet.

Erst nach dem Abräumen der Zitate kam die nackte Konstruktion zum Vorschein. Der Verlust der Fiktionen führte dazu, daß das Abbild der Funktionen zum ästhetischen Ereignis erklärt wurde. In den mathematisch reinen Ordnungen ist für die Geschichten der menschlichen Vorstellung kein Platz. Funktionale Ordnungen sind, mit Schopenhauer zu sprechen, Abbild des reinen bewußtlosen Willens. Die Reinigung der Ordnungen von allen außerfunktionalen Inhalten hat aber nicht dazu geführt, ihr ästhetisches Gewicht zu verstärken. Dies ist nur scheinbar paradox, denn mit der Abstoßung der geschichtenbildenden Fiktionen entzieht sich Architektur dem Anspruch der Wirklichkeit, weil sie die Wirkungen der Zeit von sich weist. Das Ergebnis ist offenkundig: schon die einfachen Veränderungen, die durch die Witterung an den klinisch sauberen Wänden hervorgerufen werden, verwandeln das Bauwerk zu Abraum.

Funktionale Architektur kann aufgrund ihres angemaßten ästhetischen Anspruches nicht altern: sie wird sofort zu Schrott. Der funktionale Formalismus produziert einen hypertrophierten Begriff von Ästhetik, der die produzierten Objekte für unberührbar erklärt – erklären muß: denn die durch den Gebrauch entstehenden Veränderungen ruinieren den ein für allemal und ohne Rücksicht auf die Zeit strukturierten formalen Konsens des Produktes.

Es ist ein Problem jeglichen »Designs«, daß die Bemühung um eine outrierte formale »Einfachheit«, die sich angeblich aus den funktionalen Bedürfnissen ergibt und dem geschichtenbildenden weil erzählerischen Ornament kein Recht zubilligt, zu einer Vergötzung der Oberfläche geführt hat. Ein Fettfleck, und das Gebilde ist seiner ästhetischen Ansprüche ledig.

Während also die geschmähten Bauten des Historismus, auch vollgesogen vom Ruß der Großstädte und mit von Abgasen erschütterter Bausubstanz, in ihrem ästhetischen Anspruch ungeschmälert bleiben, müssen die zum konstruktiven Gerüst geglätteten Fassaden statt mit Ornamenten mit Kunststoff ummantelt werden, um sie wieder in den Geruch der ästhetischen Reinlichkeit zu versetzen. Auf einmal sind die funktionalen Formgesetze keinen Pfifferling mehr wert, wo es darum geht, dem Bau seinen ökonomischen Wert zu erhalten: Was nämlich hat die Beschichtung für eine Funktion außer der, das darunterliegende Gebäude für eine begrenzte Zeit vor dem Gebrauch zu schützen!

Das Ästhetische hat, da es Ordnungen der Imagination in die Welt setzt, auch immer berücksichtigt, daß nach dem zweiten Hauptsatz der Thermodynamik in geschlossenen Systemen die Tendenz zur Entropie, also zur Auflösung der Ordnungen sich stetig erhöht. Der Zuwachs an Entropie nährt sich aus zwei Quellen, »nämlich aus dem Streben nach Einfachheit, das zum Geordnetsein beiträgt, dabei aber das Ordnungsniveau senken kann, und aus dem ordnungsstörenden Zerfall. Beides vermindert die Spannung im System, und beide Phänomene zeigen sich um so deutlicher, je weniger sie von der Gegentendenz verformt werden, das heißt also von der symbolischen Gestaltung eines Strukturthemas, wodurch Spannung erzeugt und bewahrt wird.«[2]

Jedes im weiteren Sinn »idealistische« ästhetische System ist wegen der systemimmanenten Tendenz zur Vollkommenheit der Ordnungen vom Zerfall bedroht. Die neoplatonische Renaissance-Architektur hat deshalb immer die Differenz zwischen der Idee und der gebauten Realität anerkannt und sichtbar erhalten. Das Motiv der Irregularität, der Abweichung von der idealen Ordnung ist dem Bauwerk fundamental:

Deshalb konnten auch Bauten wie St. Peter aus den unterschiedlichen Konzeptionen verschiedener Baumeister erwachsen. Gestört hat dies allenfalls die formale Geschlossenheit, nicht aber den ästhetischen Konsens. Umgekehrt hat die Stadtarchitektur des 19. Jahrhunderts die Spannungsverminderung, die sich aus dem Verlust der zwischen Fiktion und Wirklichkeit vermittelnden Concinnitas ergab, ausgeglichen durch die Betonung jenes anderen Strukturthemas von der in den Zitaten enthaltenen verfließenden Zeit: Es setzt Einbildungskraft frei.

Der funktionalistische Formalismus, der sich aus der einstigen Reformarchitektur entwickelt hat, gibt seine Gebilde nach beiden Richtungen der Entropie preis. Die Eliminierung der Zeit führt zur Destruktion der Ordnungen durch die geringsten Einwirkungen von außen, also zum Zerfall des Systems. Die Reduktion auf möglichste Einfachheit der formalen Zusammenhänge führt zu einem völligen Spannungsausgleich, also nach dem zweiten Hauptsatz der Thermodynamik zum sofortigen Zusammenbruch des Systems. Der katastrophale Zuwachs an Entropie wird dem Betrachter durch ein vernichtendes Gefühl der Langeweile deutlich vermittelt.

Der rapide Zuwachs an Entropie in den Raster- und Reihensystemen resultiert also aus dem Verlust an Wirklichkeit ebenso wie aus der Unfähigkeit zum Erhalt einer dialektischen Spannung zwischen den gesellschaftlichen Realitäten und einer ästhetischen Fiktion, die erzählerisch humane Potentiale der Phantasie entwickeln könnte.

Mit der Umwandlung des Proportionsgedankens in eine Ingenieurkategorie legte Architektur ab, was als ästhetischer Schein, wie immer numinos definiert, die Utilitas nicht in funktionellen Nutzanwendungen finden wollte. Anstatt sich als Schein der Realität zu stellen, sucht sie seither den Anschein von Realität durch Nachvollzug aller vorgeschriebenen Zweckbestimmungen aufrechtzuerhalten. Der hypertrophe Idealismus der »reinen Zweckform« geht in einer nicht weiter erstaunlichen Weise konform mit den ökonomischen Interessen an der Nutzung des zwangsläufig teurer werdenden Baugrundes und der vorfabrizierten Schablonen der Bauindustrie, wie mit den Machtstrukturen der bürokratischen Herrschaft und den von ihr erzwungenen Normierungen.

Denn in diesem Punkt, und nur in diesem, ist das »neue Bauen« realistisch: daß es die gesellschaftlichen Machtverhältnisse affirmativ wiederspiegelt. Die wirkliche Wirklichkeit kann sich danach nur mehr als Schmutz darstellen, der sich als Spur menschlichen Wirkens über die sauber verwaltete Welt ausbreitet. Der Schmutz, für den Allerleirauh als Hüterin der ästhetischen Wahrheit allein noch zuständig scheint, ist zumindest ein menschliches Maß. Er bewahrt die Erinnerung an den Homo-Mensura-Satz, auf den sich die Gründerväter der Moderne berufen haben.

Daß der Mensch das Maß funktionaler Architektur sei, ist in der Tat der letzte Hinweis auf eine Definition der Funktionalität, die sich nicht auf Ökonomie und Sachzwänge berufen könnte. Das Argumentum ad hominem erweckt den Anschein, es handle sich bei solcher Architektur um Befriedigung menschlicher Bedürfnisse, aus der sich die Reduktion auf die einfachste mögliche Form ergeben und das Ästhetische gleichsam von selbst und beiläufig hervorgehen müsse. Nun bestätigt aber der Augenschein, daß die solchermaßen begründete, real existierende Architektur den menschlichen Bedürfnissen, und zwar den elementarsten nach Behaustheit, individuellem Wohlbefinden, Erkennbarkeit des jeweils eigenen Ortes in absurder Weise widerspricht.

Der Homo-Mensura-Satz ist aber – und hier liegt der Grund für ein ästhetisches Fehlurteil –, seit Protagoras ihn erfand, gar nicht funktional, sondern fiktiv verstanden worden. Es handelt sich, wie dies auch Leonardos Zeichnung der vom Kreis umschlossenen menschlichen Figur zeigt, um eine kosmische Metapher. Die Würde des Menschen, die ihm erlaubt, sich selbst zum Maß zu setzen, ist eine entliehene: sie rührt davon, daß er sich als Abbild einer göttlichen Idee versteht. Der Homo-Mensura-Satz ist eine abgeleitete Größe, die sich gegenüber der Naturwirklichkeit als humane Fiktion zu erkennen gibt, und er trägt zur Beförderung der Humanität auch nur bei, sofern ihm sein fiktionaler Charakter belassen wird. Als Realitätsprinzip, wie dies der Funktionalismus voraussetzt, stellt er sich nur mehr als Herrschaftsanspruch des Menschen über die Natur dar, mit den Folgen, die inzwischen als Zerstörung von Naturwirklichkeit erkennbar sind. Die funktionalistisch instrumentierte Wissenschaft frißt die Wirklichkeit auf, wie Montaigne vorraussah: sie ist Mythologie.

Allerdings zeigt Le Corbusiers Modulor, daß der Homo-Mensura-Satz von vornherein auch in der funktionalen Architektur gar nicht als Argumentum ad hominem – und das würde nach deren Selbstverständnis bedeuten: auf die Bedürfnisse des Individuums hin – gedacht war. Das für die Berechnung des Modulors maßgebliche Vorbild »Mensch« ist ein abstraktes Denkmal, das nicht auf Differenzierung reflektiert, wie es die Annäherung an das Individuum erfordern würde, sondern auf die Monumentalität der mathematischen Zusammenhänge. An die Stelle eines wie immer definierten menschlichen Maßes tritt eine abstrakte Fibonacci-Reihe, die selbstredend funktionslos ist. Das mathematische Prinzip ist das einer apriorischen Wissenschaft, die an keiner Erfahrung maßnimmt. Der Modulor stellt sich als hypertropher Idealismus dar, der jeglichen mimetischen Zusammenhang leugnet und das Ästhetische für pure Wirklichkeit setzt. Der Schein-Charakter des Ästhetischen schwindet, da außerhalb des funktionalen Zusammenhangs nichts mehr aufscheinen darf. Die durch den Modulor gesetzte Proportionalität mündet deshalb in die schon mehrfach zitierte Ingenieurkategorie: der Modulor beschreibt eine Konstruktionsform aus Raster und Modul: die des industriellen Bauens, dessen Konsequenz das allen menschlichen Bedürfnissen entrückte Fertigprodukt ist. Es orientiert sich nur an Ökonomie und Rationalität von Herstellung und verspricht mit dem geringst möglichen Aufwand das höchste Maß an materiellem Gewinn.

2.

Funktionale Architektur duldet das Ästhetische nur als negative Kategorie: sofern es sich nicht – wie erhofft – von selbst ergibt, wird es nur als Mangel erkennbar. Die Demontage der Aufklärung zeigt sich in der Instrumentalisierung ihrer Begriffe. Sprachlosigkeit in aestheticis, die an sich nichts ist als die natürliche Folge eines Mangels, wird dementsprechend kaschiert durch die pseudo-wissenschaftliche Tautologie von der »ästhetischen Kommunikation«. Denn selbstverständlich war das Erscheinen von Kunst in der Wirklichkeit immer an dialogische Strukturen gebunden. Gerade in den Vorstellungen, die das Kunstwerk im Beschauer/Benutzer freizusetzen vermag, erweist sich die Gegenwart des ästhetischen Scheins. Die Reduktion der ästhetischen Erscheinung auf ein Kommunikationsproblem läßt auf die Kommunikationsunfähigkeit der Objekte schließen. Die Dialogunfähigkeit funktionaler Architektur beruht immer auf einem technischen und ökonomischen Funktionsbegriff, denn vom Menschen her entwickelte Funktionalität müßte implicit eine dem Benutzer zugängliche dialogische Struktur enthalten. Dialogfähig in diesem Sinne ist aber tatsächlich nur ästhetische Architektur: Das Ästhetische erweist sich als das menschliche, nicht als das technische Maß. Der technisch und ökonomisch funktionale Bau muß deshalb durch aufgesetzte Kommunikationssysteme erläutert werden, die dem Bau angepaßt sein müssen, also seinen technischen Strukturen folgen: d. h., sie orientierten sich wieder nicht am Benutzer, sondern an der Konstruktion. Diese Tautologie tritt spätestens zutage, wenn das zur Bedienung des Bauwerks erforderliche Personal mit dem Einsammeln der Verirrten beginnt.

Die ästhetische Insuffizienz der vorgeblich »schönen«, sogenannten »reinen Zweckform« rührt letzten Endes davon her, daß die technischen Systeme die dem Ästhetischen eigene dialektische Beziehung zur Wirklichkeit pervertieren.

Das Ästhetische stellt sich durch sein Bekenntnis zum Schein als Differenz von der Wirklichkeit dar, mit der es zugleich, da es als Erscheinung in eben dieser Wirklichkeit real wird, in eine dialektische Beziehung tritt. Demgegenüber geben die technischen Systeme vor, sie seien im Besitz von Wirklichkeit, ein Anspruch, der durch die Ephemerität ihrer Ordnungsversuche, gemessen an der riesigen Unordnung der Wirklichkeit, als scheinhaft entlarvt wird. Während das Bekenntnis zum Schein der Kunst den Weg in die Wirklichkeit öffnet, wenn auch als Fiktion in ihr, wirft der Anschein von Wirklichkeit, den sich die technischen Objekte geben, sie in die Scheinhaftigkeit zurück, der sie nicht entrinnen können, da sie über keinerlei Fiktion verfügen.

Der Begriff des »Schönen« ist eine Fiktion, die in den Funktionen nicht enthalten ist. Der Verzicht auf die Fiktion und ihre Wirklichkeit transzendierenden Tendenzen, über die noch zu handeln sein wird, läßt keineswegs auf größere Wirklichkeitsnähe schließen. Auch die technischen Systeme von Architektur verfügen nur über eine begrenzte Fähigkeit zur Aufnahme und Reproduktion von Wirklichkeit. Das hängt mit ihrem Systemcharakter zusammen; wie alle Systeme leiden auch die technischen unter einem Realitätsverlust, der um so größer ist, je differenzierter das System ausgebaut ist, je höher das Maß an Spannung wird, das zu seiner Erhaltung benötigt wird. Es setzt sich damit immer weiter von der Wirklichkeit ab, die nach dem zweiten Hauptsatz der Thermodynamik zum Abbau und Ausgleich von Spannung tendiert. Wirklichkeit muß geradezu zwangsläufig immer mehr eskamotiert werden, da ihre Anwesenheit das Wachstum der systemzerstörenden Entropie beschleunigt.

Das Problem aller Systeme liegt in ihrem Verhältnis zur Wirklichkeit, die sie in Wahrheit nicht beschreiben, sondern verändern. Deswegen spiegeln die technischen Systeme der funktionalen Architektur auch nicht die Bedürfnisse des Menschen, sondern sie zwingen den Menschen, je mehr ihr Organisationsgrad optimiert ist, zu einer immer totaleren Anpassung seiner Wirklichkeit an ihre Strukturen.

Letzten Endes tendiert Wirklichkeit, dem Prinzip der Entropie folgend, immer dazu, sich vom Zufall regieren zu lassen.

Dieser Einsicht versucht nicht nur die Evolutionstheorie Rechnung zu tragen, sie folgt unmittelbar aus dem Blick auf die menschliche Geschichte, die von Giambattista Vico folgerichtig als wirkliche Wirklichkeit und einzig faßbares Objekt der Erkenntnis angesehen wurde.

Alle von der Wirklichkeit systematisch abstrahierenden Ordnungen sind gegen den Zuwachs an Entropie gerichtet, der das eigentliche Gesetz der Wirklichkeit ist. Sie erhalten daraus sporadischen Charakter: die Ereignisstruktur, die jeweils dem vom Ausgleich bedrohten System neue Spannung zuführt, ist ihrerseits Produkt des Zufalls.

Es gehört zum Wesen der Aufklärung, den Realitätsverlust der alten systematischen Strukturen bewußt gemacht zu haben. In der Architektur folgt daraus die Verwandlung der mythisch-transzendierenden Concinnitas in eine Ingenieurkategorie, die nicht mehr Kunst sein will und kann, sondern Wissenschaft: sie ist mimetisch auf ein sogenanntes Naturgesetz gegründet, das der Schwerkraft, deren Erscheinung nach Schopenhauer das Wesen von Architektur ausmacht, und es ist gleichgültig, ob dies dem Philosophen folgend auf dem System von Stütze und Last oder auf anderen Tragwerkkonstruktionen beruht. Das Problem der Aufklärung ist aber, und dies demonstriert vorzüglich die funktionale Architektur, daß sie – dem modernen Prinzip des Denkens folgend, das nämlich auf Sinngebung drängt und die Desorientierung des statischen Gleichgewichts nicht hinnehmen will, also immer auf die Verminderung der Entropie aus ist – Wirklichkeit auch nicht anders zu erklären vermag als durch Strukturierung der Phänomene zu systematischen Zusammenhängen: Sie heißen nun nicht mehr Philosophie, Theologie, Metaphysik oder Kunst, sondern Wissenschaft. Der Realitätsverlust der Wissenschaft resultiert aus ihrem wesensgemäßen Versuch, die Wirklichkeit durch Ordnungen systematisch zu Ende zu strukturieren. Im Prinzip ist der Unterschied zwischen dem, was man unkritisch als »Weltbild der modernen Physik« bezeichnet, und etwa der *Phänomenologie des Geistes*, der thomistischen Scholastik oder auch der Genesis, mit Rücksicht auf die zufällige, der Entropie ausgelieferte Wirklichkeit, gering:

Alle Systeme versuchen die Anarchie des Wirklichen durch Aufstülpung einer sinnvoll gedachten Struktur zu überwinden und den Zuwachs an Entropie anzuhalten: alle Systeme sind in einem emphatischen Sinn nicht wirklich.

Ich bin mir darüber im klaren, daß die Unterscheidung von fiktiven und nichtfiktiven Systemen angesichts der grundsätzlich systemfeindlichen Struktur der Wirklichkeit relativ ist. Auch das wissenschaftlich-funktionale System der Technik ist in bezug auf die Wirklichkeit Fiktion: Es reproduziert nur die ordnenden Strukturen des Denkens, seinen Widerstand gegen die Entropie, auf die Wirklichkeit zurück, um sie zu usurpieren.

Der Unterschied zwischen der funktionalen und der fiktionalen Illusion liegt in ihrer gegensätzlichen Utilitas-Definition. Funktionale Systeme sind auf Ausbeutung von Wirklichkeit hin konzipiert, also auf Herrschaft strukturiert. Ihre fiktionale Utopie ist die der dauerhaften Sicherung der Macht über die Wirklichkeit. Die Utopie der ästhetischen Fiktion dagegen ist die sinnliche Übereinkunft des Denkens mit der Wirklichkeit.

Deshalb ist auch die Auffassung trivial, die ästhetische Erscheinung der Architektur ließe sich durch richtige Anwendung der funktionalen Systeme des industrialisierten Bauens gewinnen. Sie widerspricht der wissenschaftlichen Rationalität des funktionalen Systems, das den Utilitas-Begriff ganz offen im Sinne der ökonomischen Effizienz auffaßt. Deshalb versuchen die funktionalen Systeme das Ästhetische auch folgerichtig als Resultat von Ökonomie, als größtmögliche Sparsamkeit des Einsatzes der Mittel zu produzieren.

Das Ästhetische läßt sich aber nicht als Nebeneffekt einer ökonomischen Zielsetzung definieren. Seine Abwesenheit in den technischen Baukastensystemen ist kategorisch eben, weil diese offen oder verdeckt das Ziel von Funktionalität als größte Effizienz bei niedrigstem Mitteleinsatz, d. h. als Gewinnmaximierung verstehen müssen. Die ästhetische Insuffizienz der technischen Systeme hängt aber zusammen mit dem Selbstverständnis der sie produzierenden Wissenschaft als instrumentalisierte Rationalität. Daraus erklärt sich die schiere Unmöglichkeit der immer wieder behaupteten Wahlfreiheit, nach der es mit Hilfe der Systeme ebenso möglich sei, ästhetische Architektur wie Wohnbaracken herzustellen: es komme sozusagen nur auf den guten Willen an. Wie alle Systeme sind auch die wissenschaftlich-technischen auf Zufuhr der sie erhaltenden Energie angewiesen, wenn sie nicht zusammenbrechen sollen, d. h., es werden immer höhere Investitionen an ökonomischen Mitteln und an Arbeit erforderlich, um die Funktionsfähigkeit des Systems aufrechtzuerhalten, damit wächst auch der Anspruch an Effizienz und Verwertbarkeit; der Mehrwert ist die eigentliche Triebkraft des Systems. Das Gewicht ästhetischer oder ethischer Gesichtspunkte muß demgegenüber ins Ephemere absinken: jene konterkarieren sogar offen die Lebensfähigkeit des Systems, da ihre Berücksichtigung durch Energieverlust zu einem schnellen Zuwachs an Entropie im System führen müßte.

Wenn richtig ist, daß, wie weiter oben dargelegt wurde, das Ästhetische mit dem Begriff des Humanen insofern korrespondiert, als es einen dem Individuum angemessenen Maßstab meint, so ist die von der Aufklärung postulierte Wahlfreiheit dahin, das Problem ihrer Dialektik, wie Horkheimer/Adorno es stellten, entschieden – gegen die Aufklärung: die Systeme sind nur Einflüssen und Entscheidungen offen, die den Systemzusammenhalt und ihr weiteres Wachstum fördern. Die Meinung, es komme nur darauf an, wie man die technischen Möglichkeiten nutzt, hat sich nicht nur historisch gesehen längst als naiv erwiesen, sie ist es auch tatsächlich, nimmt man die den Systemen immanente Fiktion vom wachsenden Zugewinn einer ökonomischen Ordnung beim Wort. Eine Sache, die ökonomisch Gewinn verspricht, muß auch gemacht werden. Dies ist der einzige erkennbare Kausalnexus der instrumentalisierten Rationalität. Alle Gesprächsangebote gegenüber ästhetischen oder ethischen Ordnungen, die eine andere Form von Rationalität vorspiegeln wollen, die ein Abwägen von Vor- und Nachteilen außerhalb der ökonomischen Diskussion vorschieben, sind nur Anschein und dienen der Selbstbestätigung des Systems durch den Nachweis der Inferiorität der angebotenen Alternativen.

Denn daran kann kein Zweifel bestehen, daß die wissenschaftlich-technischen Systeme erfolgreicher gewesen sind. Der Grund liegt darin, daß der Erfolg für jede technische Struktur eine Frage von Leben und Tod ist. Er ist in Wahrheit das einzig Meßbare an der Wissenschaft. Das Ästhetische dagegen kennt das Problem des Erfolgs nicht, das Apriori seiner Existenz ist, wie Adorno bemerkt hat, das Gelingen: Es gibt keine mißlungene Kunst.

Der Erfolg des technischen Systems in der Architektur liegt in der Erhaltung seiner eigenen Stabilität bei geringstmöglicher Energiezufuhr, oder in rohen Worten: es verspricht maximalen Gewinn durch Verzicht auf Kunst und Lohnkosten: Funktionalität.

Der Versuch, das Verhalten der funktionalen Ordnungen gemäß dem zweiten Hauptsatz der Thermodynamik zu beschreiben, der den Zusammenhang geschlossener Systeme regelt, schließt sich in einem hermeneutischen Zirkel: Auch dieser Satz selbst ist in seinem Verhältnis zur Wirklichkeit fiktiv; er beschreibt nicht Wirklichkeit, sondern einen funktionalen Zusammenhang und begründet ein Zwangssystem. Indem er auf einer funktionalen Ordnung insistiert, durch die sich die Entropie vermindern läßt, liefert er die Begründung für den Eingriff der menschlichen Vernunft, durch den die chaotische Wirklichkeit in nützliche Ordnung verwandelt wird. Die Fiktion, daß die Entropie sich ausschalten ließe, bedeutet nichts anderes als die Verdrängung von

Wirklichkeit aus dem System, da die Wahrheit über die Wirklichkeit selbstverständlich in der Entropie liegt.

Das Denken selbst – und dies ist der Grund für die Dialektik der Aufklärung – ist zweite Wirklichkeit, da seine logischen Strukturen in der ersten ebensowenig enthalten sind wie die Projektionskraft seines Vorstellungsvermögens.

Diese Grenze anerkannt zu haben, macht die intellektuelle Würde der idealistischen Philosophie aus: Niemals hat Hegel behauptet, er treffe Aussagen über die Wirklichkeit, sondern immer nur über den Prozeß des Denkens; und der Antipode Schopenhauer konfrontiert die Welt der Vorstellung mit jener des blinden Willens. Die Wirklichkeit entzieht sich der theoretischen Systematik, dies ist der Tatbestand, den man immer als Schopenhauers sogenannten »Pessimismus« bezeichnet hat. Er meint aber, daß der Lauf der Wirklichkeit sich nach den systematischen Kategorien des Denkens nur als Paradoxon ausdrücken läßt, dem vom »Gesetz des Zufalls«. Der Zufall kennt aber kein Gesetz, sondern er ist das Wirken der Entropie selbst.

Versucht man das Wirken des Zufalls theoretisch zu fassen, so begibt man sich auf das Gebiet der Fiktion zurück. Friedrich Theodor Vischer, als Ästhetiker in der Tradition Hegels stehend, hat das Problem in die Fiktion zurückversetzt. In dem Roman *Auch Einer* wird das Wirken des Zufalls faßbar, allerdings als offen ästhetische Kategorie im Begriff des Humors. Die in ihrer Willkürlichkeit nur mehr metaphysisch zu verstehende Vorstellung von der »Tücke des Objekts« zeigt das Wirken der Wirklichkeit vor, die immer im entscheidenden Augenblick die Strukturen der menschlichen Sinngebung zunichte macht, solchermaßen ihre Künstlichkeit und Realitätsferne enthüllend, ihren fiktiven Charakter. Zugleich stellt der Begriff von der »Tücke des Objekts« sich selbst dar als das was er ist: Fiktion von Ordnung – Ästhetik.

Dies ist die Antwort, die das Ästhetische auf die Herausforderung der Aufklärung geben kann, daß es sich als Fiktion von Ordnung zu erkennen gibt, die nicht auf Zurichtung von Wirklichkeit aus ist, sondern auf ihre Befreiung durch die Imagination.

Die Instrumentalisierung des Denkens in den technischen Systemen zielt demgegenüber auf eine Fiktion von Wirklichkeit, die gegen die Intention von Aufklärung gerichtet ist. Dies hat exemplarisch Flaubert mit *Bouvard und Pécuchet* vorgeführt. Das Ergebnis der Instrumentalisierung des Denkens ist, wenn man diesen Vorgang an den Möglichkeiten der intellektuellen Vorstellungskraft mißt, die Dummheit.

3.

Die vielen Fakten machen dumm – so erzählt Flaubert –, weil sie in ihrer Totalität keinem anderen Gesetz als dem der Entropie folgen und deshalb alle Erklärungsversuche sich als Fiktionen erweisen, die sich für die Wirklichkeit nur ausgeben. Das Ästhetische dagegen ist immer aufgetreten als das Nicht-Faktische. Die unbewußte Grazie der Kunst rührt daher, daß sie über ihre Wirklichkeit nichts weiß, ihr Selbstbewußtsein gründet sich allein auf die Einsicht, selbst Fiktion zu sein. Adorno formuliert die Peripetie jeglicher idealistischen Ästhetik, wenn er die Erscheinung der Kunstwerke gerechtfertigt sieht »durch jenes Nichtseiende an ihnen, um dessentwillen sie existieren«[3].

Schönheit des »technologischen Kunstwerks« aber kann sich nur auf eine »immanente Teleologie« berufen, aus der übrigens das Design entspringt, das sich »als schlechtes Gewissen von Sachlichkeit« darstellt. Das versachlichte Kunstwerk wird »kraft seiner puren Gesetzmäßigkeit, zum bloßen Faktum und damit als Kunst abgeschafft«[4].

Das Problem des ästhetischen Denkens ist, wie der Philosoph uns lehrt, gar nicht die Kunst, sondern die Wirklichkeit. Ästhetische Theorie glaubt die Kunst zu kennen, und sie hat sich, allen Verhöhnungen ihrer »Realitätsferne« zum Trotz – ein Vorwurf, der ja ohnehin nur ihre Nähe zu den großen Fiktionen verdeutlicht, wenn auch ungewollt –, tatsächlich selten geirrt, wo es um Kunst ging.

Die Erscheinung des Ästhetischen als die ihrer selbst bewußte Fiktion entzieht es den Kriterien der tatsächlichen Überprüfbarkeit. Das Ästhetische versteht sich, um ein Wort Friedrich Theodor Vischers abzuwandeln, immer von selbst.

Was sich nicht von selbst versteht, ist die Wirklichkeit. Ihre Erklärungsbedürftigkeit wird durch die Unzahl der dazu entwickelten philosophischen und wissenschaftlichen Systeme hinlänglich belegt. Sie alle haben zum Ziel, was Schopenhauer »die Entzifferung der Welt« genannt hat, und sie definieren sich allesamt dadurch, »daß die unzählbaren Widersprüche, von denen die Welt (aus jedem andern Standpunkte gesehen) voll ist, in ihrem Licht sich auflösen und verschwinden, hingegen Zusammenhang und Übereinstimmung überall zu finden sind«[5].

Systematisches Denken, das die Wirklichkeit dergestalt seiner Zensur unterwirft, verliert sie selbstverständlich sofort aus dem Blick. Die Wirklichkeit entzieht sich dem Denken auf geradezu humoristische Weise, indem sie nämlich das Denkgebäude für unbewohnbar erklärt, ihm nachweist, was Adorno »funktionsloses Funktionieren«[6] genannt hat. Das leer-gedachte Haus erweist sich als die einzige Fiktion, über die funktionalistische Architektur verfügt. Gewiß enthält der Begriff von Architektur, sofern darunter der Auftritt des Ästhetischen gemeint ist und nicht der Ingenieurbau, den Hinweis auf die Etablierung von Ordnungen, die als fiktive Struktur aufscheinen.

Die ästhetischen Fiktionen geben sich aber von vornherein als unwirklich in einem emphatischen Sinn zu erkennen. Ihre Tendenz ist nicht darauf gerichtet, die vorherrschende Entropie der Realität aufzuheben, sondern das Aufscheinen des Ästhetischen rückt gleichzeitig die Anarchie der Wirklichkeit ins Licht.

Architektur meint nicht die technischen Ordnungen. Sie sind prima vista als Voraussetzung für die Stabilität des Bauwerks unumgänglich. Rückt man sie aber an die Stelle der ästhetischen Fiktion, so versuchen sie ihre Fiktion von Ordnung in die Wirklichkeit zu transportieren, die Entropie endgültig auszuschalten, die Wirklichkeit in ihre Gewalt zu bekommen: »In der Technik ist Gewalt über die Natur nicht durch Darstellung reflektiert, sondern tritt unmittelbar in den Blick.«[7] Die technischen Strukturen sind der ästhetischen Architektur, wie jeder Kunst, das Element des Wirklichen: Da sie endlich sind, weisen sie immer auf die Vergänglichkeit der von ihnen gestützten Ordnung hin; der Rückfall in die Entropie ist immer absehbar, das Ästhetische, das auf sie baut als Unwirkliches, als Vorstellung von Herrschaftsansprüchen befreit.

Ästhetisches Denken wird überhaupt nur möglich, wenn die grundsätzliche Unvereinbarkeit zwischen dem Ästhetischen und der instrumentalisierten Realität akzeptiert ist. Der Versuch, die Wirklichkeit durch die Etablierung der Fiktionen in ihr selbst zu verändern, führt, wie die Geschichte der funktionalen Architektur exemplarisch zeigt, zur Herrschaft über die Wirklichkeit, zur Zerstörung von Naturwirklichkeit, ohne doch an einem andern Ort zu enden, als wieder in der Entropie. Das Ästhetische bezieht seine Rechtfertigung daraus, daß es sich in einem dialektischen Verhältnis zur Wirklichkeit erhält, jene Nicht-Identität, die Adorno hervorhebt, ist ihm substantiell. Das Ästhetische ist eine Ordnung, die immer nur in Beziehung zur Wirklichkeit steht, ihre Realitäten aufgreift und sie in Erscheinung verwandelt: Es bleibt immer ein Vermitteltes.

Die affirmative Identität mit dem Wirklichen müßte die ästhetischen Ordnungen zu Herrschaftsprinzipien verkommen lassen, die nicht mehr von der Vorstellung getragen werden, sie vor dem zeitlichen Verfall zu bewahren, sondern von der Hoffnung, daß auch mit ihnen die

Entropie ein Ende machen wird. Das Ästhetische ist deshalb auch nicht das »Prinzip Hoffnung«, für das Bloch es in Anspruch nimmt. Es mag Entwurf von Gegenwirklichkeit sein, aber es kann nicht »Vorschein« künftiger Wirklichkeit sein, denn der ersehnte Augenblick seines Eintrittes in die Wirklichkeit, der ja einmal kommen müßte, soll das »Prinzip Hoffnung« überhaupt Sinn machen, verkehrt es zur Affirmation. Die Etablierung der Utopien in der Wirklichkeit verwandelt sie auf der Stelle in Formen von Herrschaft. Diese Verwandlung zeigt deutlich die von Bloch zitierte Formel von Friedrich Engels: wir müßten endlich das Ding an sich in Dinge für uns verwandeln.[8]

Denn eben dies ist der Machtanspruch des instrumentalisierten Denkens, daß wir zwanghaft glauben gemacht werden sollen, daß alle Naturerscheinung nur als Ding für uns vorhanden und sinnvoll zu erklären sei.

Christliches Sendungsbewußtsein, als biblischer Auftrag in die Wirklichkeit übertragen, hat seit 2000 Jahren unentwegt vorgeführt, was die Übertragung der Utopien auf die Wirklichkeit allein vermag: ihre Zerstörung. Blochs »Regnum Hominis« verliert beim Eintritt in die Wirklichkeit den utopischen Charakter einer Humanitätsformel, der Begriff wird dann in seinem Wortsinn erkennbar: als Terror-System.

Die Realisierung des »Vorscheins« ist Theologie und heißt nicht mehr und nicht weniger als den Eintritt des Jüngsten Gerichtes: also Mythologie. Nur für das mythische Denken ist Kunst und Wirklichkeit eins: Es gibt darin nur eine ungeteilte Wirklichkeit, die von der irdischen Natur bis auf den Gipfel des Olymp reicht. Für Homer ist der Alltag der Penelope nicht wirklicher als der Streit der antiken Götter. Erst die Philosophie hat die Welten getrennt: In Platos Höhlengleichnis ist Erkenntnis in den Weltinnenraum zurückverwiesen. Wirklichkeit ist reduziert auf das Schattenbild an der Wand, das nur Projektion ist jener wahren Welt der Ideen hinter dem Rücken der Höhlenbewohner. Dieser Ursprung der Transzendentalphilosophie ist immer primär als Entwertung von Wirklichkeit angesehen worden und deshalb als inhuman von den materialistischen Systemen diffamiert. In Wahrheit liegt hier die Begründung von Aufklärung vor: Die Wirklichkeit des Menschen wird als eine eigenständige sichtbar, der Alltag Penelopes wird als neuer Horizont für die Vorstellung eröffnet. Die Geschichten, die er enthält, können nun zum Objekt der Kunst werden.

Nur in der Trennung, nur als seiner selbst bewußte Fiktion, vermag das Ästhetische in Erscheinung zu treten. Es wird also in der Architektur im Verhältnis zu den technischen Strukturen immer als das ganz andere erscheinen. Die Technik dient ihm als Schutz vor dem Verlust der Wirklichkeit, indem sie die Fiktion von Dauer, die eine der Utopien des Ästhetischen ist, der Entropie ausliefert.

Blochs Versuch, die technischen Utopien als einen Vorschein künftiger Wirklichkeit anzusehen, ist im Grunde eine neoplatonische Fiktion: die von der stufenweisen Realisierung der Idee. Der Charme der frühen technischen Utopien beruht aber gerade auf ihrem fiktionalen Charakter. Statt Wirklichkeit zu instrumentalisieren, entwerfen sie eine technische Mythologie, durchaus als Traum von einem herrschaftsfreien Zusammenspiel von Mensch und Natur, aber durchaus auch als ästhetische Vorstellung. Der Versuch der Revolutionsarchitekten, die utopischen Ordnungen in die Wirklichkeit zu überführen, kann ebensowenig als Garant für die Zukunft des »Vorscheins« dienen. Boulées ideale geometrische Ordnungen sind zu jeglicher wie auch immer gearteten Auseinandersetzung mit der Naturwirklichkeit vollkommen unfähig. Um existieren zu können, müssen sie totalitär alle andere Wirklichkeit um sich auslöschen. In ihnen erscheint der Ewigkeitsanspruch des Ästhetischen verabsolutiert. Um ihn aufrechtzuerhalten, müssen die Ordnungen sich durch Rückzug in den Innenraum vollkommen von der Außenwelt abschließen. Sie sind unfähig zur Dialektik und weisen nur auf die tatsächliche Bedeutung hin, die in dem Versuch liegt, Zeitlosigkeit zu gewinnen: Es ist der Tod, der einzige Ort, an dem es keine Dialektik mehr gibt: Boulées architektonische Utopie ist das Mausoleum.

Statt die Theorie vom »Prinzip Hoffnung« zu stützen, sind die utopischen Architekturen vielmehr geeignet zu zeigen, wie das Ästhetische, zum Realitätsprinzip degeneriert, jede Beziehung zwischen der Naturwirklichkeit und den Ordnungen vollkommen zu ruinieren imstande ist; diese Beziehung ist nur als dialektische möglich, die auf die Synthese verzichtet. Kants Formel von der Interesselosigkeit des Ästhetischen trifft, wenn auch in einem sehr allgemeinen Sinn, das Grundprinzip, auf das sich seine Erscheinung beruft. Tatsächlich enthält die Formel schon jenes Motiv der Unversöhnlichkeit, das bei Adorno die ästhetische Theorie regiert. Sofern das Ästhetische in der Sprache Adornos niemals affirmativ sich verhalten kann zur schlechten Realität, muß es zu seiner Selbsterhaltung auch interesselos sein.

Architektur, die ihr mimetisches Potential aus Interessen ableitet, wird auch Spiegel dieser Interessen sein müssen, sich zwangsläufig affirmativ zu ihnen verhalten: sie ist für die Kunst verloren, nicht anders als jene, die ihr utopisches Potential den ökonomischen Interessen ausliefert.

oder den gesellschaftlichen einer wie immer definierten »Klasse«, oder – allgemeiner – dem Herrschaftsanspruch des Menschen über die Naturwirklichkeit.

Statt Hegel auf die Füße stellen zu wollen, hätte marxistische Theorie sich lieber an seinen Kopf halten sollen. Seine *Ästhetik* nämlich demonstriert mustergültig, wohin ästhetisches Denken führt, das auf Versöhnung aus ist: zur Abschaffung der Kunst. Für Hegel muß Kunst notwendig ein Vergangenes werden, weil die berühmte Definition vom sinnlichen Scheinen der Idee eine Paradiesformel ist: Kunst bleibt dem mythischen Denken vorbehalten, wie die Entfaltung der Gegensätze dem wissenschaftlichen. In der Philosophie nämlich tritt bei Hegel dialektisch auseinander, was die Kunst versöhnen soll: Der Geist, der den Menschen befähigen soll, sich über die Zwänge der Naturgesetzlichkeit zu erheben, erweist sich als unfähig, die Idee in der Wirklichkeit einzurichten, »indem der Geist sein Recht und seine Würde nun allein in der Rechtlosigkeit und Mißhandlung der Natur behauptet, der er die Not und Gewalt heimgibt, welche er von ihr erfahren hat«[9].

Hegels Philosophie, sofern sie ganz bei sich ist, sich dem prozeßhaften Denken überläßt, kann die Antinomien nicht auflösen. Sie will dies der Kunst überlassen und schafft sie damit ab. Denn die Wahrheit der Idee soll sich doch im »sinnlichen Scheinen« dergestalt »auch äußerlich realisieren und bestimmte vorhandene Existenz als natürliche und geistige Objektivität gewinnen«, daß sich »die Idee selbst zur Darstellung bringt«[10]. Mit diesem Eingang der Idee in die »sinnliche Gewißheit« der Wirklichkeit aber, so hat Hegel in der *Phänomenologie des Geistes* mit der ihm bisweilen eigenen Offenheit deklariert, findet der dialektische Prozeß sein Ende in der Zerstörung der Wirklichkeit, indem der Geist sich das Prinzip des Fressens und Gefressenwerdens zu eigen macht, oder es, wie Hegel an den Eleusinischen Mysterien darlegt, in Mythos verwandelt. Jene, »welche jene Wahrheit und Gewißheit der Realität der sinnlichen Gegenstände behaupten«, bleiben wie die Tiere »nicht vor den sinnlichen Dingen als an sich seienden stehen, sondern verzweifelnd an dieser Realität und in der völligen Gewißheit ihrer Nichtigkeit langen sie ohne weiteres zu und zehren sie auf«[11].

Der in der Wirklichkeit etablierte »Geist« ist zu seiner Selbstbehauptung gezwungen, diese Wirklichkeit aufzufressen. Er führt niemals zur Erscheinung des Ästhetischen, sondern zum instrumentalisierten Denken. Adorno sieht »die von Hegel glorifizierte verwirklichte Vernunft« als »unvereinbar mit geistiger Erfahrung« an, und greift die Metapher aus der *Phänomenologie* wieder auf, um ihr Wirken in der Wirklichkeit zu charakterisieren: »Wird ihr ein Standpunkt abverlangt, dann wäre es der des Essers zum Braten. Sie lebt von ihm, indem sie ihn aufzehrt; erst wenn er unterginge in ihr, wäre das Philosophie.«[12]

Im Unterschied zu jener Erfahrungsweise, die Adorno mit dem Stichwort »Szientismus« mehr belegt denn beschreibt, frißt die ästhetische Erfahrung die Wirklichkeit nicht auf. Sie ist gleichwohl sinnliche Erfahrung: Adorno löst Hegels Problem im Grunde dadurch, daß er sich auf die Seite der Kunst schlägt, ästhetisch denkt. Die *Ästhetische Theorie* will nicht nur Theorie des Ästhetischen sein, sondern selbst als Theorie ästhetisch. Damit wird ihr jene Wirklichkeit zum Problem, deren Bedeutungslosigkeit für das Wirken des Geistes bei Hegel noch zum platonischen Erbe gehört. Die sinnliche Erfahrung besteht für Hegel tatsächlich im Aufessen der Wirklichkeit, alles andere wäre Mythos nach der Art jener Eleusinischen Mysterien, vorkritisches Denken, wie es Lévi-Strauss beschreibt.[13] Die *Ästhetische Theorie* tritt in eine dialektische Beziehung zu jener Wirklichkeit des Fressens und Gefressenwerdens, ohne sie doch durch den Weltzusammenhang eines Naturgötter-Mythos zu rechtfertigen. Das Ästhetische bewahrt das Mimetische auf als Erinnerung an den Zauber der Kunst, der durch die »Entzauberung der Welt... nicht ausradiert werden kann.« Sondern: »Der Zauber selbst, emanzipiert von seinem Anspruch, wirklich zu sein, ist ein Stück Aufklärung: sein Schein entzaubert die entzauberte Welt.«[14] Die sinnliche Erfahrung des Ästhetischen ist durch den Wahrheitsanspruch von Kunst eng mit dem Geistigen verknüpft, da nur kraft des Geistes die dialektische Distanz zur Wirklichkeit gewahrt werden kann: »Denn wahr ist nur, was nicht in diese Welt paßt.«[15]

Eine Architektur, die ihre Utilitas darin erschöpft, sich im kantischen Sinn den Interessen auszuliefern, ist für jedermann als kunst- und menschenfeindlich dadurch erkennbar, daß sie die Naturwirklichkeit aufißt.

Der Auftritt jenes Ästhetischen, das sich auf den »Zauber« einläßt, müßte solche Architektur in ihrem angemaßten Kunst-Anspruch vernichten, wie dies auch tatsächlich der Fall ist, wo die einförmige Funktionalität der Flächensanierung durch den ästhetischen Solitär gebrochen wird.

Wir kehren für einen Augenblick zurück in Platos Höhle, diesen universellen Treffpunkt abendländischer Philosophie, wo wir Georg Wilhelm Friedrich Hegel antreffen; in der klassischen Pose des Aufklärers: entschlossen hat er sich umgedreht, mit dem Rücken zu den Schatten an der Wand, das Gesicht unbeirrbar zum hellen Licht der Ideenwelt gewandt. Neben ihm aber hat ein cholerisch blickender Herr mit Backenbart Platz genommen, der den sein System memorierenden Hegel von Zeit zu Zeit hämisch in die Rippen stößt: Arthur Schopenhauer: die Augen fest, aber ohne jedes Einverständnis auf die Projektionen an der Wand gerichtet. Seine Faszination ist erklärlich: dieser immer ein wenig enragierte Privatgelehrte hatte, nicht unwesentlich unterstützt durch seinen Pudel, herausgefunden, daß die Ereignisse an der Schattenwand nicht Abglanz waren und Projektion der im fernen Licht agierenden Ideen, sondern: die Wirklichkeit des Denkens.

Schopenhauer kehrt die platonische Projektionsmaschinerie um. Unveränderlich ist ihm nicht mehr die Ideenwelt, sondern die Welt des Willens, die dem Satz vom Grund unterworfen ist und die deshalb selbst das Ding an sich ist. Die Idee aber ist nur gegenwärtig in der Vorstellung: »Indem ein erkennendes Individuum sich zum reinen Subjekt des Erkennens und eben damit das betrachtete Objekt zur Idee erhebt, tritt die Welt als Vorstellung gänzlich hervor.«[16] Umgekehrt: »Sobald das Erkennen, die Welt als Vorstellung, aufgehoben ist, bleibt überhaupt nichts übrig als bloßer Wille, blinder Drang.«[17] Für Schopenhauer muß der »Braten« aus Adornos *Negativer Dialektik* in der Tat untergehen in der Idee, um Philosophie zu werden: als Vorstellung.

Das Problem der platonischen Utopie, wie nämlich die Idee real werden könne, das auch das Blochs ist, dort nur verstellt von mythischen Regressionen, beschäftigt den Dualismus der Welt als Wille und Vorstellung nicht mehr. Nur in der Vorstellung ist die Idee gegenwärtig. Die Wirklichkeit ist die von der Kausalität regierte Welt des Willens, des »blinden Drangs«. Sie ist Erkenntnisobjekt der Wissenschaft. Die Erkenntnis der Idee dagegen ist »Objekt der Kunst«[18], die deshalb im Unterschied zur Wissenschaft »überall am Ziel« ist, indem sie »das Objekt ihrer Kontemplation heraus aus dem Strohme des Weltlaufs ... isoliert«[19]. Die Kunst als »Betrachtungsweise der Dinge unabhängig vom Satze des Grundes« ist das wiederum real erkennbare Produkt der Vorstellung. Systematisches Philosophieren, das sich nicht im Nachbeten des Satzes vom Grunde erschöpfen will, ist für Schopenhauer immer unausgesprochen ästhetische Theorie. Im Unterschied zu Hegel, der, angesichts des realen Wirkens des Geistes, Kunst als ein mythisch-Vergangenes nur mehr museal konserviert, ist für Schopenhauer Kunst das wirkliche Produkt der Philosophie. Denn »die Erkenntnis der Idee« ist »notwendig anschaulich, nicht abstrakt«. Rein platonisch betrachtet würde diese Notwendigkeit der Konkretion den Kunst Produzierenden zurückwerfen in die Kausalität, da solche Erkenntnis »beschränkt seyn« müßte »auf die Ideen der seiner Person wirklich gegenwärtigen Objekte und abhängig von der Verkettung der Umstände«. Das lösende Zauberwort heißt »Phantasie«[20].

Platos Höhle weist auf einen frühen Zusammenhang von Architektur und Ästhetik. Die Höhle ist die früheste von der Natur selbst vorgehaltene Behausung, noch nicht Architektur vor allem deshalb, weil sie ganz und gar jener Wirklichkeit zugehört, die durch den Satz vom Grund bestimmt wird. Ihre Bewohner aber kannten keine unterschiedlichen Welten des Willens und der Vorstellung, der Außenwelt vor der Höhle und der Bilder, die sie an die Wände der Höhle malten. Das mythische Denken weiß sich in der Welt aufgehoben. Die Höhle ist das Leibinnere der Welt, Mutterleib und Grab zugleich.[21] In Platos Höhle haben sich Innen- und Außenwelt unwiderruflich getrennt. Ihre Bewohner erkennen mit Schrecken, daß die Bilder, mit denen sie die Wände bevölkern, nur Projektionen des großen Unbekannten sind. Seither wurde mit immer größerer Raffinesse der Versuch gemacht, die unbekannte Ideenwelt mit Hilfe der Bilder an der Wand sichtbar zu machen, die Brücke zu schlagen zwischen dem Drinnen und dem Draußen, und sei es nur dadurch, daß die Kluft zwischen beiden in den Erfindungen des Erhabenen und des Lächerlichen in hellstes Licht gerückt wird. Denn der Mythos kennt weder das Pathos des Erhabenen, noch den Humor, er ist in seiner alles umfassenden Wirklichkeit immer wesentlich trivial.

Die Harmoniesüchtigkeit der Hegelschen Philosophie, die ihm von seinen Nachfahren als Verrat an der Dialektik vorgeworfen wird, ist keineswegs so inkonsequent, wie es angesichts der unversöhnlichen Dialektik des Dualismus erscheint. Versöhnung, die immer weiter weg rückte, je mehr sich das dialektische Denken entfaltet, sollte sein dürfen, wenigstens in den Denkmälern der Kunst. In diesem Punkt hat Bloch sich zu Recht auf Hegel berufen: er teilt mit ihm das Harmoniebedürfnis. Das Unvereinbare zwischen der Welt der Vorstellung und der des Willens hat als einziger unter den Transzendentalphilosophen Karl Wilhelm Ferdinand Solger nicht zu versöhnen versucht. In seiner Ästhetik siegt auch beim Eintritt der Utopie in die Wirklichkeit allein die Dialektik. Die Idee wird ihm erst sichtbar durch den Untergang in der Existenz, aber sie wird eben dadurch erkennbar als Idee, die wiederum die Wirklichkeit als Leiche zurückläßt: an die von Hegel wie Bloch imaginierte Versöhnung durch die Kunst ist nicht zu denken; sie wäre reine Affirmation, wie im Kleinbürgeridyll des Karl Marx.

Schopenhauers Dualismus kennt keine Versöhnung. Die Dialektik wird in ihm manifest: die korrespondierende Antinomie zwischen Fiktion und Wirklichkeit führt nirgends zur Identität, sondern die Vorstellung befreit die wirklichen Erscheinungen aus den Fesseln der Kausalität. Die ästhetische Vorstellung ist dadurch charakterisiert, daß sie »nicht mehr das Wo, das Wann, das Warum und das Wozu an den Dingen betrachtet, sondern allein das Was«[22]. Schopenhauer identifiziert Platos Höhle, jenes Niemandsland zwischen Kopf und Bauch, als den Innenraum des Schädels, in dem die Vorstellung die Gegenbilder der Wirklichkeit produziert. Die Phantasie gebiert Ungeheuer wie bei Goya oder sie produziert »Luftschlösser«[23], in Romanen sowohl wie in der Architektur. Das Problem Wirklichkeit als Zentrum der ästhetischen Betrachtung erhebt sich in der Kategorie der Trivialität: Was die in der Wirklichkeit inhaftierte Phantasie produziert, sind kollektive Wunschträume, das, was Arno Schmidt als die »Träume der Baggerführer« bezeichnet hat.[24]

Den Mechanismus, nach dem sich diese Welt im Kopf realisiert, hat Sigmund Freud unter dem Begriff der »Projektion« beschrieben, die für die psychoanalytische Neurosenlehre zunächst ein in fast platonischem Sinn negativer Begriff ist: in den Projektionen nämlich wird die Wirklichkeit verfälscht durch Bilder, die sich eine traumatisch deformierte Psyche von ihr macht. Platos Ideenlehre ist bei Freud zu einer Krankengeschichte geworden. Andererseits hat Freud schon früh gesehen, daß die Projektionen in der Traumarbeit überraschende Gemeinsamkeiten mit der ästhetischen Produktion aufweisen, indem nämlich in den Geschichten der Kunst die Projektionen des Unbewußten ans Tageslicht befördert und neu geordnet werden.[25] Die Produktion einer zweiten Wirklichkeit, die nach der klassischen psychoanalytischen Neurosenlehre durchaus nur als krankhafte Verkennung der Wirklichkeit zu interpretieren wäre, scheint also in der Kunst sanktioniert, obwohl der Mechanismus der Projektion in ihr nicht anders abläuft als in der Traumarbeit. Den Skandal, daß die ästhetischen Fiktionen sich aus derselben Quelle speisen wie die »Träume der Baggerführer«, hat Freud, genau besehen, gar nicht zu beseitigen versucht, und die Besonderheit des Ästhetischen vermag er nur durch die Genie-Ästhetik zu erläutern, die schon Schopenhauer dazu dient, die ästhetische Phantasie als eine besondere Art von Einbildungskraft zu definieren. Das Genie nämlich wird durch die Phantasie in den Stand gesetzt, »aus dem wenigen, was in seine Apperception gekommen, alles übrige zu konstruieren und so fast alle möglichen Lebensbilder an sich vorübergehen zu lassen«[26].

Schopenhauer wie Freud verdecken mit dem Rückgriff auf den Genie-Begriff, der durch die Moderne verrufen ist, trotzdem wahr bleibt, weil er eigentlich nur eine psychische Disposition, ein triviales Anderssein beschreiben will, aber zugleich relativ bedeutungslos für die Seinsweise der ästhetischen Produktion ist – sie verdecken mit diesem Geniebegriff, der sich dem Bemühen verdankt, primär die Erscheinung des Künstlers zu erklären, um über seine Produktivität auf die Seinsweise von Kunst zu schließen, das prinzipiell Neuartige ihrer Theorie:

Daß nämlich in den ästhetischen Fiktionen nicht die Mimesis der außerweltlichen Ideen greifbar werde, sondern die Geschichten der menschlichen Vorstellung, und daß das Ästhetische sich definieren könne als Entwurf von Ordnungen, die nicht mehr aus der in der Concinnitas gespiegelten Proportionalität der von der Ideenwelt gesetzten Weltharmonie gespeist sind, sondern von dem Versuch, in der Vielfalt der menschlichen Geschichten Ordnungen für die fiktionale ästhetische Welt der Vorstellung zu finden.

Es handelt sich um ein Verfahren, das der wissenschaftlichen Betrachtungsweise im hegelianischen Verständnis widerspricht. Schopenhauer hat konsequenterweise Goethes Farbenlehre gegen Newton verteidigt, Freud in seinen kulturtheoretischen Schriften das mythische Denken als eine Form von Welterkenntnis auf den Grundlagen der Traumarbeit rekonstruiert.

Im Ästhetischen gewinnt jene Welt der Vorstellung, die einst nichts als mythische Identität der einen Welt war und die sich vor dem Blick der auf die Kausalität der Welt des Willens gerichteten Wissenschaft ins Nichts zu verflüchtigen drohte, neue Wahrheit und Wirklichkeit: weil die Erscheinungen der Wirklichkeit ein Sein nur gewinnen dadurch, daß sie »verstrickt« sind »in Geschichten«[27]. Historisch wird dies faßbar dadurch, daß die tradierten Ordnungen der idealen Welt, wie an der Entstehung der Grands Boulevards dargelegt, nicht allein Zitat bleiben, das als Erinnerung von einstiger Kunstmöglichkeit als einem Vergangenen kündet – eine rein museale Vorstellung von Kunst und Architektur, die in Hegels Ästhetik vorformuliert ist –, sondern: das Ästhetische tritt nach dem Verlust der Concinnitas neu zutage in jenen Ordnungen, die sich ergeben, wenn man die gegenständliche Welt nicht unter dem Aspekt ihres physikalischen Wirkens betrachtet, sondern sie unter dem Aspekt der mit den Realien verbundenen und von ihnen evozierten Vorstellungen begreift.

An die Stelle der aus einer mythischen oder idealen Weltordnung in die individuelle Gegenwart sich projizierenden Ordnungen tritt eine

Ordnung, die aus der menschlichen Beziehung zur Wirklichkeit entsteht als Projektion der Welt im Kopf. Ästhetisch realisiert sich diese Welt der Projektionen als zweite Wirklichkeit in Bildern, Texten, Bauten, die von den Geschichten des menschlichen Verhaltens zur Wirklichkeit berichten und den Realien so eine neue ästhetische Wahrheit außerhalb ihrer physikalischen vermitteln.

Penelope, die von der Fortsetzung der Götterkämpfe in der Wirklichkeit ausgeschlossen blieb, wie es das mythische Denken der Odyssee vorschrieb, die von den Herren Platon und Aristoteles aus der Ideenwelt verbannt wurde und ihr Unglück nur als triviale Projektion einer für sie unfaßbaren höheren Wahrheit erklärt bekam: Penelope hebt den grauen Kopf vom Webstuhl, die Augen verdunkelt von den Schatten aller Gegenstände ihrer Welt und beginnt zu erzählen nicht vom Olymp, sondern von Ithaka, von den Freiern und vom Widerstand, vom Vergehen der Zeit und der stummen Anarchie der wirklichen Welt, und davon, wie aus der Götterlosigkeit ihres Sich-selbstüberlassen-Seins eine neue Ordnung der Bilder entstand.

4.

Sogenannte »gute Proportionen« einer Fassade oder eines Objekts können nicht mehr zum Nachweis für die Gegenwart des Ästhetischen dienen. Auch die Renaissance-Ästhetiker verfügten über keine »realistische« Begründung dafür, daß bestimmte Proportionalverhältnisse ästhetischer sein sollten, als beliebige andere. Die Tetrakys wurde zur ästhetischen Figur durch die Implementierung eines idealen Beziehungssystems in die niedere Mathematik. Die Reproduktion der Weltharmonie in den Maßverhältnissen der pythagoreischen Tonleiter sicherte dem Ästhetischen durch Rückbindung an die Idee die seiner Erscheinung lebensnotwendige Kategorie der Wahrheit, also die Utilitas. Indem die Proportionsverhältnisse in der historischen Entwicklung der Architektur immer komplexer und damit schließlich gänzlich inkommensurabel im Sinne der pythagoreischen Reihe wurden, signalisierten sie eine wachsende Distanz der gebauten Welt zu dem in der Tetrakys enthaltenen Ursprung.

Das Ästhetische geriet dadurch in einen wachsenden Begründungszwang gegenüber der wirklichen Welt. In der idealistischen Kunsttheorie des 18. und frühen 19. Jahrhunderts hat dies zu der merkwürdigen Auseinandersetzung um die Differenzierung eines sogenannten »Naturschönen« vom nicht minder sogenannten »Kunstschönen« geführt. Denn beide Begriffe weisen sowohl auf den Verlust der ästhetischen

Vorstellung hin, da sie die Utilitas opfern müssen, um den Schönheitsbegriff zu retten, wie sie andererseits den ästhetischen Schein dieses »Schönen« nur durch eine vage Identität mit der abstrakten Idee in die Wirklichkeit vermitteln können. Kunst erscheint demnach immer nur als Instrumentalisierung von Idee, die ihres Scheinanspruchs schließlich verlustig geht und in die Realität zurücksinkt.

Historisch muß solche Auflösung der Dialektik zum Kampf von Herrschaftsansprüchen in der Wirklichkeit führen. So könnte man die barocke Architektur als einen Versuch zur totalen Ästhetisierung der Wirklichkeit ansehen, die sich allerdings nur realisieren ließe durch Verbündung mit dem feudalen Herrschaftssystem. In der Tat aber weist die barocke Verschleierung der Concinnitas durch das Ornamentale nicht auf Identität, sondern auf wachsende Entfremdung von einer mythisch gewordenen ursprünglichen Einheit hin. Die Geschichten der Mythen selbst werden zum Spielfeld der Phantasie, die den Mythos herbeizitiert, um in der Projektion der Wirklichkeit ins Schäferspiel den Schein des Paradieses zu erhalten. Schon im Barock wird das Ästhetische nicht mehr in der Proportionalität verbindlich erkennbar, vielmehr findet es seine Utilitas im Ornamentalen, das gegen die zur Affirmation von Herrschaftsansprüchen verkommenen Ordnungen, gegen deren Vereinheitlichung von Wirklichkeit, die unendliche Vielfalt der Mythologie herbeizitiert.

Die Debatte um das »Naturschöne« und das »Kunstschöne« gehört angesichts der apriorischen Differenz, die den ästhetischen Schein von der herrschenden und beherrschten Wirklichkeit trennt und die sich nicht an Aporien darstellt wie sie in der barocken Welt auftreten, zu den absurdesten Nebenkriegsschauplätzen der idealistischen Philosophie. Seines falschen Identitätsanspruches entkleidet, stellt sich das »Naturschöne« eben als nicht wirklich dar, nicht zum Reich der Natur gehörig, nicht zur Welt des Willens: sondern es ist Vorstellung, Projektion von Innenbildern in die wirkliche Welt, Fiktion eines neuen Bildes, in dem die Naturerscheinung, die ich gerade sehe, durch Überlagerung und Übertragung von Erinnerung, Überlieferung und Erfahrung in die Nähe des Ästhetischen gerückt wird. Es handelt sich um nichts anderes als die Anwendung der Produktionsweise des Ästhetischen auf die wirkliche Natur, die danach selbstredend nicht mehr sie selbst ist.

Das Ästhetische ist als wie immer geartete Identität überhaupt nicht denkbar. Auch als Schein bleibt es auf den Dualismus angewiesen, der sich in seinem Verhältnis zur Wirklichkeit ausdrückt. Deshalb auch vermittelt die als Funktion von Technik an die Wirklichkeit verlorene

Proportionalität keine ästhetische Erfahrung. Technisches Bauen mit vorfabrizierten Elementen ist, wenn es funktionieren soll, einfach auf die Anwendung von Rastern angewiesen, auf Repetitionsordnungen, die nur den Vorschriften entsprechend angewendet werden müssen, um von selbst unvermeidlich zu Proportionsverhältnissen zu führen, die aber keinerlei Vorstellung mehr enthalten.

Wirklichkeit wird immer stärker mit Architektur im weitesten Sinne überzogen, die Welt durch den Raster überwuchert, mit dem Ziel, sie durch komplette Verwandlung in Proportionalität endlich in Ordnung zu bringen. Auch die Hochspannungsleitungen, die Flurbereinigungen stellen nichts anderes dar als die Neuordnung der anarchischen Naturwirklichkeit und ihrer geschichtenerfüllten Vergangenheit durch Raster und Proportion. Daraus erklärt sich, warum Natur heute wieder in den ästhetischen Blick rückt: Weil sie aus der Wirklichkeit eskamotiert wurde, ersteht sie der ästhetischen Erfahrung neu als Erinnerung dessen, was sie einmal war. In ihren Relikten erzählt sie von den Geschichten einer vergangenen Einheit alles Lebendigen und provoziert noch einmal die Vorstellung vom »Paradies für den Menschen« (Goethe).

In der Produktionsweise des Ästhetischen, wie sie sich den Renaissance-Theoretikern darstellte – altera natura, sive deus –, ist ja ein fortwirkendes Versprechen enthalten: daß nämlich das Denken, obwohl es an der wirklichen Welt anteil hat, nicht dem zur Ordnung von Welt stilisierten Evolutionsprinzip der gegenseitigen Ausrottung unterworfen sei, daß es ihm also möglich sei, selbst eine Wirklichkeit zu schaffen, die auch die ungeordnete Natur bestehen läßt, und die nicht zwangsläufig in die Destruktion der außerhalb des Menschen bestehenden Außenwelt münden müsse. Diese Nicht-Handlung wäre der Akt der Freiheit, der die Utopie der idealistischen Philosophie ausmacht. Es wird ihn, wie Geschichte zeigt, innerhalb jener Wirklichkeit, die der Mensch in vermeintlich höherem Auftrag produziert hat, nie geben.

Freiheit ist immer nur in der Vorstellung möglich gewesen, die den angeblich von jenem ersten Eiweißmolekül ausgehenden Zwang für lächerlich erklärt, weshalb auch Schiller sie nur im Ästhetischen wirksam sieht, in der in ihm manifesten Independenz von den Zwängen der sogenannten Naturgesetze.

In dieser Independenz des Ästhetischen liegt aber auch die Möglichkeit des Denkens, sich selbst zum Thema zu werden und sich anders zu verstehen, denn nur als Fehltritt der Evolution, der Bewußtsein aus einer unbewußten Natur hat entstehen lassen. Im Ästhetischen liegt die ungenutzte Chance, sich gegen die Instinkte zu wenden, die das der bewußtlosen Natur überlegene Selbstbewußtsein des Intellekts nur zur Zerstörung der unbewußten natürlichen Welt nutzen können.

Weil die Bewußtseinslosigkeit der Natur auch Unschuld bedeutet, wird das Ästhetische die Partei des Wirklichen ergreifen müssen gegen die Systeme, die den sogenannten Kampf ums Dasein zur Ideologie stilisieren und auch die Evolutionstheorie zu dem erklären müssen, was sie ist: instrumentalisierte Fiktion.

Der Auftritt des Ästhetischen ist im Grunde immer als Aufbrechen der geschlossenen Systeme verstanden worden, auch der von ihm selbst produzierten. Aufgrund seiner Differenz zu den Sachzwängen des Faktischen vermag das Ästhetische immer seine Ordnungen in Frage zu stellen und seine affirmativ gewordene Tradition zu korrigieren. Deswegen ist Allerleirauh eine Waise, und ihr Auftritt öffnet das geschlossene System des Märchenhofes, indem sie den Märchenkönig für die Welt der Vorstellung gewinnt. In der Welt der Vorstellung, in den Geschichten, die sich das Denken bildet aus Konfrontation mit den Dingen, eröffnet sich dem Ästhetischen ein »universale fantastico« (Vico), das die zur Affirmation verkommene Proportionalordnung durch eine neue Ordnung ersetzt und das aus den Systemen verbannte Individuum kraft seiner eigenen Vorstellungen und Geschichten wieder in den Dialog mit der Welt setzt.

»Bei einer Geschichte oder bei der Allgeschichte kann man nicht fragen, wie der Einzelne hineinkommt. Er ist schon immer darin. Bei einem System scheint dagegen die Frage wichtig, wie der Einzelne in das System hineinkommt, welchen Platz er in dem System hat. System steht in enger Beziehung zur Welt. Man kann die Frage also auch so stellen, welchen Platz hat der Einzelne in der Welt des Systems, wie kommt er in diese Welt hinein, und vielleicht auch, wie kommt er wieder heraus aus ihr. Diese Frage kann man allen Philosophen stellen. In den Systemen scheint die Frage selten im Mittelpunkt zu stehen. Die Welt scheint irgendwie ohne den Menschen auskommen zu können. Das System gleicht dann der guten Stube der Hausfrau, die aufs schönste gepflegt ist, in die aber niemand hinein darf.«[28]

Wilhelm Schapp hätte seine Frage an die Philosophen ebensogut an die Architekten stellen können, deren Gebäude aufgrund ihrer Verpflichtung gegenüber den ihre Produktion bestimmenden Systemen für den Menschen unbetretbar geworden sind. Sie enthalten keine Ansatzpunkte für die Vorstellung, die sich aus den Geschichten nährt, in die das Individuum im Sinne Schapps »verstrickt« ist. Die Wahrnehmungstheorie Schapps erklärt, daß das ästhetische Objekt eine Ordnung enthalten muß, die von der Vorstellung wiedererkannt wird und so das Subjekt des Ästhetischen erst hervorbringt. Die Proportionalordnung Palladios ist nicht lesbar als Sachverhalt des Zahlenverhältnisses, sondern dadurch, daß sie auf eine Geschichte verweist: den Zusammenhang mit einer ursprünglichen göttlichen Ordnung, die sie als Paradiesvorstellung ausweist. Noch heute ist diese Ordnung in der Villa als Erinnerung gegenwärtig; sie hat sich vermischt mit den unzähligen Geschichten, die inzwischen zur Seinsweise des Bauwerks gehören. Nach dem Verlust ihrer Bedeutung bleiben aber von den Proportionssystemen für heutiges Bauen nur die Sachverhalte übrig, »die von Anfang an als Diktatoren des Universums auftreten und die Geschichten in den äußersten Winkel verjagen oder besser aus der Welt hinausjagen«[29].

Im *Philotas* diskutieren Sokrates und Thaietos den Wahrheitsgehalt des Satzes »Thaietos sitzt«. Schapps Nachdenken über diesen Satz kommt zu dem Schluß, daß er als Sachverhalt überhaupt nicht wahrzunehmen und nicht real ist. Die Wahrnehmung nämlich hätte zu klären, welche Geschichten im Sitzen des Thaietos enthalten sind. Die Dialogfähigkeit seines Sitzens könnte in den Adjektiven stecken, und so könnte die »Phantasie des Lesers den Satz rückwärts oder vorwärts zu einer Novelle oder zu einem Roman« erweitern. Für sich genommen, wie der Dialog ihn verwendet, bleibt der Satz bedeutungslos. Der in Geschichten verstrickte Leser könnte dem Dialog rückblickend nur den Sachverhalt der vergangenen Zeit selbst entnehmen, indem er ihn als ehemaligen Sachverhalt hinnimmt: »Damals saß Thaietos.« Nur in den Geschichten überhaupt ist der Sachverhalt wirklich. Die »Wahrnehmung von Thaietos« steht im »Verhältnis zur Vorstellung von, zum Denken an Thaietos. Dabei interessiert in erster Linie die Möglichkeit, die Vorstellung in der Wahrnehmung wiederzuerkennen.«[30]

Mit andern Worten: die ästhetische Erfahrung ist davon abhängig, daß das Bauwerk eine Vorstellung enthält von einer ästhetischen Ordnung, die nicht als Sachverhalt definiert ist. Die ästhetische Qualität wird erst in den Vorstellungen erkennbar, die als Projektion aus den Geschichten der Verstrickung mit der Welt im Kopf in die Architektur eingegangen sind.

»Wir sagen, Thaietos ist der in seinen Geschichten Verstrickte. Es gibt keine bessere oder richtigere Vorstellung von Thaietos als die Vorstellung seiner Geschichten, in die er verstrickt ist oder war.«[31]

Als Sachverhalt betrachtet und konzipiert erschöpft sich das Bauwerk in seinen Funktionen, die sich gegenseitig ausschließen, da ein wahrnehmbarer Zusammenhang sich nur über die ästhetische Vorstellung ergeben könnte. Während das Ästhetische seinen Betrachter, als den ebenfalls in seine Geschichten Verstrickten, immer von neuem in der Wirklichkeit entdeckt, müßte sich das funktionale System seinen Benutzer selbst erfinden. Es tut dies ja auch tatsächlich, indem es die zu seiner Benutzung Genötigten gewalttätig seinen Sachverhalten anpaßt. Schapp hat den Vorgang anhand des Computers beschrieben, ebenfalls ein geschlossenes System von Sachverhalten, der mit Wörtern gefüttert und entsprechend programmiert, schließlich auch Dramen schriebe. Sie bleiben aber Sachverhalte, die ohne Vorstellung sind: »Wenn man noch jemanden erfände, der ins Theater ginge und sich dieses Schauspiel ansähe oder anhörte, so wäre der Kreis geschlossen.«[32] Der oder die Betreffenden sind inzwischen erfunden – die *Philosophie der Geschichten* erschien erstmals 1959 –, aber sie brauchen nicht ins Theater zu gehen, sondern schließen sich zu Hause an die Systeme an, um ohne Rest in ihren Sachverhalten aufzugehen. Die Integration ins System läßt der Vorstellung und damit den ästhetischen Ordnungen keinen Raum. Auf diese Weise, sagt Schapp, könne man »niemals Geschichten herstellen und niemals den In-Geschichten-Verstrickten... nicht einmal den Satz: Thaietos sitzt«[33].

Die Geschichte der menschlichen Vorstellungskraft, die noch immer ungeschrieben ist, stellt den einzig erkennbaren Versuch dar, in die ästhetischen Fiktionen zu retten, was sich in der realen Weltgeschichte als eine einzige Folge von Niederlagen der Vernunft darstellt.

Die wissenschaftliche Erkenntnis hat sich nicht allein damit begnügt, die Wirklichkeit der natürlichen Welt gegen die Vorstellungswelt zu beweisen, eine Tautologie, die schließlich doch gelungen ist, sondern sie hat sich sofort darangemacht, diese Wirklichkeit zu entmündigen, indem sie jede individuelle Erscheinung konsequent beseitigt zugunsten von Systemen, die nur Ursache und Endzweck kennen und in dieser manischen Geschlossenheit zugleich als Wahnsysteme entlarvt sind. Vicos »universale fantastico« hält demgegenüber an der Priorität der sinnlichen Erfahrung fest. Für die *Scienza Nuova* ist an der physikalischen Welt nichts zu beweisen, da der Mensch ihr selbst angehört, Erkenntnisobjekt ist die selbstgeschaffene Welt, die der Fiktion in Historie, Philologie und Tradition. Vicos Kampf gegen Descartes richtet sich nicht gegen das diskursive Denken, sondern gegen den Rationalismus des Spießers, der in den sinnlichen Erscheinungen immer von neuem nur die vorgeblichen Zwecke zu erkennen vermag. Die »poetische Weisheit« der »Phantasie« ist Erkenntnis einer »sinnlich empfundenen und durch Einbildungskraft vorgestellten« Welt[34], deren Ziel es nicht ist, alle Erscheinungen auf eine Ursache zurückzuführen, sondern für jede Erscheinung möglichst alle Ursachen zu finden. Die *Scienza Nuova* ist vor Freud der entschiedenste Versuch, den Weg der Projektionen in die Wirklichkeit zu verfolgen, die Herkunft von Religionen, Mythologie, Rechtssystemen aus der Vorstellung, nicht zuletzt auch der Kunst: denn der »eigentliche Stoff« der Poesie, so dekrediert Vico, als habe er Adorno als Ghostwriter dienen wollen, sei es, »das Unmögliche als ein Glaubhaftes« darzustellen.[35] Das »universale fantastico« findet Vico in der historischen Welt, nicht in den Kausalsystemen der Wissenschaft, also in den menschlichen Geschichten, in denen sich die Vorstellungen von Wirklichkeit manifestieren. Die *Scienza Nuova* intendiert eine Theorie des menschlichen Bewußtseins, deren Sprengkraft sich erst in der neueren ästhetischen Reflexion, vor allem bei Croce und in der Lehre Freuds erwiesen hat.

Betrachtet man die unterschiedlichen Manifestationen des Ästhetischen in der Architektur unter dem Aspekt der Vorstellung, so bleibt ihnen im Verhältnis zur Wirklichkeit nach dem Abzug aller von Mythologie, Religion und Philosophie vorgeschriebenen Inhalte, als kleinstes gemeinsames Vielfaches die Projektion einer Vorstellung in die Wirklichkeit, die sich als ihrer selbst bewußte Fiktion ihres Scheincharakters nicht entledigt, ohne ihren Wahrheitsanspruch darum aufzugeben.

5.

Die Frage nach der ästhetischen Erscheinungsform der Fiktionen könnte danach an die Kunstgeschichte zurückverwiesen werden, in der sie als Erinnerung aufbewahrt sind. Sie stellt sich als Katalog von Möglichkeiten des Widerspruchs dar, der nicht abgeschlossen ist.

Darin besteht, wenn überhaupt, ein Prinzip Hoffnung, daß die Vorstellung immer wieder neue Auswege ersinnt aus den Zirkelschlüssen der Systeme, nicht aber darin, daß sie sich schließlich mit deren Realität vereinen möge.

Diese letztendliche Katastrophe des Ästhetischen hat, seit Platos Versuch sie einzuleiten, die Fiktion immer zu vermeiden gewußt. Eben diesen Determinismus hat die Entfaltung der Vorstellung nie anerkannt. Er rührt aus ihrer Reglementierung in den philosophischen Systemen, wie Ernst H. Gombrich in einem geistreichen Aufsatz über Hegel und die Kunstgeschichte dargelegt hat: indem nämlich, so zeigt er an Gropius' Beispiel, die Moderne sich immer als »Vorschein« künftiger Wirklichkeit verstanden hat, opfert sie ihre Vorstellung auf dem Altar eines »Weltgeistes«, der in den Bauten selbst gar nicht vorhanden ist. Gropius, und diese Folgerung ist durchaus humoristisch im Sinne Schopenhauers, ist nicht auf den Gedanken gekommen, daß seine Vorstellung tatsächlich nicht in der Zukunft real wird, sondern nur in seinen Bauten: und das war's dann schon.[36]

Schwer zu beantworten wäre auch nach allen Exegesen die Frage nach der Wirklichkeit des ästhetischen Scheins, das, was die kollektiven »Träume der Baggerführer«, von denen Arno Schmidt spricht, von den Träumen der Kunst unterscheidet. Ganz allgemein liegt die Antwort gewiß darin, daß die Träume der Kunst Ordnungen intendieren und nicht auf Wunscherfüllung aus sind, weil »sich aus diesen Geschichten eine Welt aufbaut, die ohne diese Geschichten nichts wäre, in der nach griechischer Sprechweise das Chaos wäre«[37]. Wie die Stilarchitektur des 19. Jahrhunderts die vorhandenen Geschichten der Architektur aufgenommen und in Vorstellungen verwandelt hat, die als Fiktion in den Bauten wieder zu einer neuen Architektur führten, so müßten insgesamt aus dem Fundus der sich immer erneuernden Erfahrungen, die Vorstellung aus ihrem Zusammenstoß mit der Realität gewinnt, neue Fiktionen hervorgehen. Deutlich ist freilich auch, daß die Projektionen der menschlichen Vorstellung nur dann ästhetische Ordnungen hervorbringen können, wenn sie den dialektischen Zusammenhang mit der Entropie des Wirklichen, die ja die wirkliche Wirklichkeit ist, nicht aufgeben, also mit dem, was in der antiken Sprache das Chaos heißt. Adorno hat darin den mythischen Ursprung des Mimetischen gesehen.

Jenes ästhetische Ordnungsprinzip für die Welt der Vorstellung, das Arno Schmidt, ausgehend von der Projektionstheorie Freuds, im Begriff des »Längeren Gedankenspiels« zu formulieren versuchte, hielte die Freiheit des Bewußtseins vor, das von Schapp entdeckte Universum der Geschichten oder auch Vicos »universale fantastico« neu zu strukturieren. Der Begriff des Spiels, wie er von Schiller als ästhetische Kategorie entdeckt wurde, enthält ja den Eingriff der ordnenden Intellektualität in die Assoziationen, die der Vorstellung aus der im Zustand der Entropie befindlichen Wirklichkeit zufließen. Längeres Gedankenspiel ist deshalb auf Architektur gerichtet und nicht auf Luftschlösser, wenn auch klar ist, daß jede Architektur, die zur ästhetischen Erscheinung werden will, dazu Luftschlösser braucht.

Projektion, soll sie nicht nur als Mechanismus psychischer Instanzen verstanden werden, sondern zur Produktion einer ästhetischen Welt der Geschichten führen, kommt ohne das platonische Motiv nicht aus. Das »Längere Gedankenspiel« steht zwar wegen der assoziativen Begleitumstände, unter denen es seine Vorstellungen gewinnt, in Korrespondenz mit dem Unbewußten des Gedankenspielers. Es kann aber im Blick auf seine vom Bewußtsein des Ich strukturierte Kombinatorik psychoanalytisch weder begründet noch erklärt werden. Die Psychoanalyse ist ja selbst Erklärung von Wirklichkeit, Aufklärung über die Entstehung der in ihr wirkenden Zwangssysteme. Alltäglicher Wahnsinn und gewalttätige Weltgeschichte, der autoritäre Zwang überhaupt, die Wirklichkeit auf finale Strukturen zu reduzieren, entstehen aus den Projektionen des Unbewußten, dadurch, daß es die ihm von den Instanzen auferlegten Zwänge nach außen reproduziert. Sigmund Freuds Intention war es, den Ursprung der Vorstellungen in der realen Welt selbst zu finden; keineswegs wollte er aus der Projektion das Recht der Vorstellung begründen, sich eine zweite Wirklichkeit zu schaffen, die, nach seiner Theorie, nur eine neurotische sein könnte.

Indem aber der Ursprung der Vorstellungen in die reale Welt verlegt, oder mit Schapps Worten, im Verstricktsein in Geschichten gefunden ist, eröffnet sich für das »Längere Gedankenspiel« die Möglichkeit, die Projektionshöhle wieder aus dem psychoanalytischen Bauch in Platos Schädelhöhle zurückzuverlegen, nur daß der Projektionsvorgang umgekehrt wird.

Das ordnende Bewußtsein gewinnt aus der wirklich gewordenen Schattenwelt an der Wand, die Ordnung der ästhetischen Welt, die in die Außenwelt projiziert werden kann. Die platonische Vorstellung der Projektion wird auf ihre materiellen Ursachen zurückgeführt, sie wird zum Objekt der Kunst erst durch ihre Verstrickung mit den Obsessionen der Wirklichkeit.

Von ihnen, den Obsessionen und ihrem zwanghaften Charakter, kann sich Kunst nicht vollkommen lösen, weil auch die ästhetischen Ordnungen schließlich sich zu eigenen Geschichten verfestigen und zu einem System, das Gewalt über die Wirklichkeit ausüben will. Sie kann dem nicht entgehen, es sei denn, sie verließe den Innenraum der Wirklichkeit überhaupt und gäbe damit ihren Wahrheitsanspruch preis. Dieser resultiert aus der Rückbindung der Fiktionen auf die Wirklichkeit an der Wand, die einst Solger als Untergang der Idee in der Existenz begrifflich zu fassen versucht hatte.

Deshalb aber muß Allerleirauh immer von neuem in die Kellerküche zurück, wo sie Szepter und Spindel aus Gold, die ja nichts vorstellen als die Überlegenheit des Ästhetischen über die Insignien von Herrschaft und Arbeit, wieder mischen kann in die Suppe der alltäglichen Geschichten. Ihre Epiphanie auf dem Tellerboden, nachdem der Märchenkönig die Suppe gegessen hatte, ist doppeldeutig: in ihrer reinen

Erscheinung zehrt auch die Schönheit – um nun endlich diese fragwürdigste Kategorie des Ästhetischen in einem emphatischen Sinn zu gebrauchen – die alltägliche Wirklichkeit auf. Zwar ruiniert die Erscheinung des Ästhetischen das Zwangssystem des Märchenhofes, aber jene Ordnung, die Allerleirauh als Königin etabliert, weist auf die Suppe nur als gegessene, vergißt die Küche, aus der sie kommt.

Bekleidet mit dem chaotischen Gewand aus allen Tieren der Welt ist Allerleirauh deshalb wiederum Waise geworden. Im Keller des Hochhauses erfährt sie die Wirklichkeit der funktionalen Architektur, hinter der die Herrschaft der Systeme lauert, als Entropie der Ordnungen in der wirklichen Wirklichkeit der Heizungsrohre, Installationen, Abwasserkanalisation, die nun kein Design mehr verbirgt. Was sie im Staub findet, sind aber auch die Relikte der Vorstellung, aus der die Geschichten entspringen.

Allerleirauh in ihrem Keller wäscht sich von neuem den Finger weiß für den goldenen Ring, holt das Sternenkleid aus der goldenen Nuß und zieht es über den Mantel aus allen Tieren der Welt, den sie als Unterkleid immer behält, weil der Sternenmantel ohne die Vielfalt der Welt nicht wärmt. Sie nimmt den Teller zur Hand, Spindel und Szepter von der Suppe bedeckt, und steigt hinauf. Sie verzichtet auf den Aufzug, wegen ihres Hanges zur Klaustrophobie und benutzt statt dessen das feuersichere Treppenhaus, in dem sie auch dem System des Hauses näher bleibt: dort zieht es herein durch die offenen Fensterlöcher, die man so gelassen hat, um im Brandfalle den Kamineffekt zu vermeiden: *Funktion*. Allerleirauh bleibt stehen auf der obersten Etage vor dem Fensterloch in der Wand, und man wird sagen dürfen, daß sie im Nachtwind friert. Es ist kalt in dieser Wirklichkeit.

Von ihrem Aussichtspunkt aber sieht sie das erleuchtete Fenster der neben dem Treppenhaus gelegenen Wohnung, und im Schattenspiel, das es von den darin verborgenen Wirklichkeiten projiziert, stehen wie auf Platos Höhlenwand die Geschichten auf, die der Vorstellung eine neue Quelle eröffnen. Draußen in der Nacht gibt es Tausende von Lichtern und Tausende von Geschichten, in deren Wirklichkeit das Zwangssystem der Hochhausarchitektur vergangen ist, wie ausgelöscht von der Dunkelheit.

Allerleirauh drückt auf die Klingel an der Tür. Sie blinzelt im plötzlichen Licht und hält den Öffnenden den gefüllten Teller entgegen, während ihr Sternenkleid zugleich in wildem Glanz zu leuchten beginnt.

Die Vorstellung ist der Aufgang des Zaubers: Ästhetik.

Anhang

Anmerkungen zu
Inge Habig: Redweisen des Ästhetischen

1 Prolegomena

1 Der Fachschriftsteller Vitruvius aus der frühaugusteischen Zeit schrieb *De Architectura libri decem* und ist mit diesem Werk der einzige aus der Antike überlieferte umfassende Theoretiker der Baukunst. Die spätere Architekturtheorie bis ins 19. Jahrhundert hinein setzt sich immer neu mit Vitruv auseinander.

2 Der Zusammenhang zwischen Ordnung und Schönheit durchzieht ästhetisches Philosophieren, seit er von griechischen Denkern der Antike angesprochen wurde. Hierin sind Ordnung und Schönheit ideal und sinnlich erscheinend identisch. Wie die Unterscheidung einer »freien Schönheit« (pulchritudo vaga) von einer »anhängenden Schönheit« (pulchritudo adhaerens), wie Kant sie macht (*Kritik der Urteilskraft* § 16), auf Architektur anzuwenden ist, bedarf einer eigenen Untersuchung.

3 *Philosophie der Kunst*, 1859. Unveränderter reprographischer Nachdruck, Darmstadt 1966, S. 219.

4 Der Begriff »Universalien« wird hier im Sinne der Sprachtheorie gebraucht: »Die Existenz profunder formaler Universalien ... impliziert, daß alle Sprachen nach demselben Muster angelegt sind, aber sie impliziert nicht, daß es irgendeine Punkt-für-Punkt-Entsprechung zwischen einzelnen Sprachen gibt« (zit.. in Umberto Eco: *Einführung in die Semiotik*, München 1972, S. 363).

5 Beispielsweise haben Alois Riegl, Heinrich Wölfflin, Hans Sedlmayr und Guido von Kaschnitz-Weinberg in ihren kunstwissenschaftlichen Arbeiten, ohne programmatisch von diesem Begriff Gebrauch zu machen, Strukturen der untersuchten Kunstepochen herausgearbeitet. Dabei wurde Struktur jeweils als kunstgeschichtliches Prinzip mit einer bestimmten Gesetzlichkeit und Geschlossenheit aufgefaßt. Vgl. dazu Heinrich Lützeler: *Kunsterfahrung und Kunstwissenschaft*, Freiburg/München 1975, Bd. II u. a. S. 1067 ff. Strukturprinzipien von Architektur in ihren epochalen, stilistischen Ausprägungen hingegen entwickelte an Beispielen verschiedener Stilphasen Heinrich Wölfflin: *Kunstgeschichtliche Grundbegriffe*, München 1929[7] (für Renaissance und Barock). – Paul Frankl: *Die frühmittelalterliche und romanische Baukunst*, Berlin-Neubabelsberg 1918 (hier werden die stilistischen Struktur-Prinzipien des mittelalterlichen Kirchenbaus nicht eigens abgehandelt, sondern in die kunstgeschichtliche Darlegung jeweils eingefügt). – Hans Jantzen: *Über den gotischen Kirchenraum und andere Aufsätze*, Berlin 1951 (Begriff der »Diaphanie«). – A. E. Brinckmann: *Baukunst des 17. u. 18. Jahrhunderts in den romanischen Ländern*, Wildpark-Potsdam o. J. – Hans Rose: *Spätbarock. Studien zur Geschichte des Profanbaus von 1660–1760*, München 1922.

6 Die Termini »Notwendigkeitsstruktur« und »Ereignisstruktur« nehmen die Bezeichnungen von Claude Lévi-Strauss »Strukturordnung« und »Ereignisordnung« auf (s. *Das wilde Denken*, Frankfurt/M. 1968, S. 39).
7 ›Über das Verhältnis der Kunstgeschichte zur Kunsttheorie. Ein Beitrag zu der Erörterung über die Möglichkeit »kunstwissenschaftlicher Grundbegriffe«‹. In: *Aufsätze zu Grundfragen der Kunstwissenschaft*, Berlin 1964, S. 67.
8 Die diesbezüglichen unterschiedlichen wissenschaftlichen Positionen z. B. von Hans Sedlmayr (vgl. vor allem: *Kunst und Wahrheit*, Hamburg 1958) und Kurt Badt (vgl.: *Eine Wissenschaftslehre der Kunstgeschichte*, Köln 1971) werden u. a. von Lorenz Dittmann (vgl.: *Stil, Symbol, Struktur*, München 1967) einander gegenübergestellt. Bei Kurt Badt, op. cit., kommt der Begriff »Struktur« bezeichnenderweise nicht vor, obwohl er von Strukturen spricht.
9 Vgl. dazu das Kapitel ›Ontologische Realität oder Operationsmodell?‹ in: Eco, op. cit., S. 361 ff.
10 »Am Anfang« kann nicht den historischen Anfang der Kunsterzeugung überhaupt meinen. Aus der Zeit der frühesten »Kunstdenkmäler« in den vorgeschichtlichen Höhlen um 20000 – 10000 v. Chr. kennen wir keine Architektur. »Am Anfang« ist hier kunstphilosophisch von einer Sicht her gemeint, die den Anfang mit den sogenannten Hochkulturen gleichsetzte. Hegel sagt, daß Architektur »der Existenz nach« als »erste Kunst abzuhandeln sei« (*Vorlesungen über die Ästhetik*. Theorie Werkausgabe, Frankfurt 1970, Bd. II, S. 266). »Am Anfang« kann aber auch allegorisch gemeint sein. Dann wird Platons Raumtheorie, daß Raum »Amme des Werdens« ist (vgl. dazu Alexander Gosztonyi: *Der Raum*, Freiburg/München 1976, Bd. I, S. 89) auf Architektur übertragen: Architektur ist »Amme des Menschwerdens«.
11 Die grundsätzliche Loslösung von Plastik und Malerei aus dem architektonischen Verband ist erst im 19. Jahrhundert zu beobachten, obwohl natürlich einzelne Kunstzweige immer schon von der Architektur unabhängig waren.
12 Zur Geschichte der Architekturtheorie vgl.: Georg Germann: *Einführung in die Geschichte der Architekturtheorie*, Darmstadt 1980. – Hanno-Walter Kruft: *Geschichte der Architekturtheorie*, München 1985 (mit umfassender Bibliographie).
Seit Immanuel Kant davon gesprochen hat, daß Baukunst die Kunst ist, »Begriffe von Dingen, die nur durch Kunst möglich sind, und deren Form nicht die Natur, sondern einen willkürlichen Zweck zum Bestimmungsgrunde hat, zu dieser Absicht, doch auch zugleich ästhetisch – zweckmäßig, darzustellen« (*Kritik der Urteilskraft* § 51,2), gehört Architektur auch zu den wichtigen Themen neuerer ästhetischer Reflexion.
13 Hans Sedlmayr: *Verlust der Mitte*, Salzburg 1948, S. 240.
14 Heinrich Wölfflin: *Prolegomena zu einer Psychologie der Architektur*, Diss., München 1886.

2 Architektur als realer Schein

1 Vgl. Dagobert Frey: ›Zur Wesensbestimmung von Architektur‹, in: *Kunstwissenschaftliche Grundfragen*, Darmstadt 1972 (Nachdruck von 1946). Darin untersucht Frey den Wirklichkeitscharakter von Architektur im Gegensatz zu den Bild-Künsten. – Vergl. auch Heinrich Lützeler: *Einführung in die Philosophie der Kunst* (Bonn 1934), wo die Sonderung der Künste nach dem Maßstab ihrer unterschiedlichen Wirklichkeitsnähe vorgenommen wird.
2 Vgl. Alexander Gosztonyi: *Der Raum. Geschichte seiner Probleme in Philosophie und Wissenschaften*, 2 Bde., Freiburg/München 1976.
3 Gosztonyi, op. cit. II, S. 729.
4 »Das Rätsel des Raumes und der Zeit drängt sich dem Denken auf ... (aber) auch heute noch ... ist der Raum der unbegriffene Raum und die Zeit die unbegriffene Zeit.« Eines ist möglich: »... einzusehen, wo das eigentlich Problematische in diesen Problemen liegt und wo demgemäß die Unbegriffenheit zum Verhängnis werden könnte«. (Wilhelm Weischedel: *Philosophische Grenzgänge*, Stuttgart/Berlin/Köln/Mainz 1967, S. 41 ff.)
5 Der Begriff des »natürlichen« Raumes ist heute wissenschaftlich umstritten und wird hier deshalb nur als Erlebnisbegriff gebraucht.
6 Vgl. Günter Schaper: *Vom Wesen des Bauens und der Baukunst*, Diss., Würzburg 1961, wo eine philosophische Untersuchung dieses Zusammenhanges gegeben wird.
7 Martin Heidegger: ›Bauen, Wohnen, Denken‹, in: *Vorträge und Aufsätze*, Pfullingen 1954.
8 Nach unserem derzeitigen Wissensstand ist der Antrieb zum Bauen eine Folge der »neolithischen Revolution«, jenem Wendepunkt in der menschlichen Geschichte, in dem sich die Stammesorganisation von Höhlenbewohnern und Jägern zugunsten landbebauender Gemeinschaften änderte.
9 Der Begriff »Ort« wird hier spekulativ-phänomenologisch und weniger physikalisch-ontologisch gebraucht; entgegen der Meinung des Aristoteles, der die Merkmale des Ortseins als ein Kontinuum bezeichnet, nämlich als etwas, das angrenzt an das, was neben dem Ort ist, bzw. als der Körper, der neben anderen Körpern ist.
Für Heidegger, op. cit., ist der »Ort« die Schlüsselkategorie des Bauens. Damit spricht er ein Lebensgefühl des »Am-Ort-Verweilens« aus, das jedenfalls für die Menschen vergangener Jahrhunderte und für ihre Zuwendung zur Baukunst entscheidend war. Heute scheint es vielfach so, als ob sich in den Zeiten des raschen Ortswechsels diese Bindung an den Ort gelockert habe. Ob damit die oft zu beobachtende Gleichgültigkeit gegenüber der Gestaltung des jeweiligen Ortes durch die Baukunst zu begründen ist? Auch darf der Hinweis nicht unterbleiben, daß wir in unserem Denken und Forschen den dreidimensionalen Raum verlassen haben und uns mit dem vierdimensionalen Raum beschäftigen. Die Erkenntnis dieser neuen Dimension hat sicherlich auch Konsequenzen für unsere allgemeine Einstellung zur Architektur.
10 Vermutlich ging das Haus, auch das Haus der Götter, im europäischen Kulturraum aus der Kammer für die Toten hervor. Dafür spricht, daß uns heute nur

Gräber (und aus späterer Zeit Tempel) aus »ewigem Stein« erhalten sind, während die frühen Wohnungen der Lebenden, weil aus vergänglichem Material, verschwanden. Architektur wäre dann aus dem Wollen entstanden, der Erde als Mutterschoß der Toten eine neue, dauerhafte Form zu geben. (Vgl. H. G. Evers: *Der Tod, Macht und Raum als Bereiche der Architektur*, München 1970²). Die Religionsgeschichte kennt viele Arten der Wohnungen der Toten und der Götter. Der dritte jüdische Tempel von Jerusalem besaß allerdings ein Allerheiligstes, das leer war – die Bundeslade war verlorengegangen – und gerade nicht die Wohnung des einen Gottes darstellte!

11 Diese Auffassung widerspräche dem marxistischen Theorem, daß die Gesellschaft, das Kollektiv, und nicht das sich als Person entdeckende Individuum am Anfang aller Kultur steht.

12 Otto Friedrich Bollnow: *Mensch und Raum*, Stuttgart 1963, S. 293.

13 Bollnow, op. cit., überschreibt so ein Kapitel.

14 Vgl. Wilhelm Weischedel: *Die Tiefe im Antlitz der Welt. Entwurf einer Metaphysik der Kunst*, Tübingen 1952.

15 Die Gedenkschrift für Richard Zürcher beschäftigt sich mit dem Thema: *Architektur und Sprache* (Carlpeter Braegger, München 1982), das ikonographisch aufgefaßt und von den einzelnen Verfassern an Beispielen der Kunstgeschichte untersucht wird.

16 »Darstellen« ist seit Schiller und Kant eine Grundkategorie der Ästhetik. Bei Hans-Georg Gadamer (*Wahrheit und Methode*, Tübingen 1975⁴, S. 103 ff) charakterisiert der vom Spiel abgeleitete Begriff der »Darstellung« die Seinsweise der Kunst überhaupt.

17 Welche über die lebenspraktische Nützlichkeit weit hinausgehende Bedeutung die gebaute Wirklichkeit sogar in der Frühform von Nomadenzelten und Wohnstätten besaß, zeigt die regelhafte Raumeinteilung in Behausungen eurasischer Nomadenvölker, in denen sich jede Raumzone durch symbolische Eigenschaften auszeichnete, denen der Charakter von strengen Tabus innewohnte. (Vgl. Gustav Ränk: *Das System der Raumeinteilung in den Behausungen eurasischer Völker*, Stockholm 1949)

18 Zur Ikonologie des Mal-Motivs und des Weg-Motivs vgl. Dagobert Frey: *Grundlegung zu einer vergleichenden Kunstwissenschaft*, Darmstadt 1970 (Neudruck von 1949). – Die ontologische und anthropologische Bedeutung von Weg, Straße, Pfad s. bei Bollnow, op. cit., Kap. II. – Heinrich Rombach (*Leben des Geistes*, Freiburg/Basel/Wien 1977) weist auf die ontologische Bedeutung dieser architektonischen Phänomene in einer »Fundamentalgeschichte der Menschheit« mit schönen Bild-Beispielen hin. – Vgl. auch Lisa Schürenberg: ›Mal. Kirchenbau als Ausdruck geistiger Strömungen‹, in: *Wiener Jahrbuch für Kunstgeschichte* 14, 1950, S. 23 ff. – Siehe Kurt Jauslin, ›Straße als »Längeres Gedankenspiel«‹ (oben S. 111 ff.).

19 Schaper, op. cit., S. 49.

20 Carl Friedrich von Weizsäcker: *Der Garten des Menschlichen*, S. 433. Diese erst seit Kant mögliche Auffassung des Seins muß m. E. den alten Begriff vom Sein als einer wesenhaften Wirklichkeit nicht aufheben.

21 Der Begriff des »Formwollens« lehnt sich an Alois Riegls Begriff »Kunstwollen«

an, ohne daß darin das von Riegl mitgedachte Theorem eines gesetzmäßigen Ablaufs der Kunstgeschichte im Wechsel von haptischen und optischen Stilen enthalten ist.

22 Die postulierte Antithese von »Raum« und »Bild«, die in der Architektur zur Synthese gelangt, entspricht der von Panofsky formulierten Antithese von »Fülle« und »Form«, in der für ihn das Urproblem der Bedingungen künstlerischen Schaffens begrifflich zu fassen ist (›Über das Verhältnis der Kunstgeschichte zur Kunsttheorie. Ein Beitrag zu der Erörterung über die Möglichkeit »kunstwissenschaftlicher Grundbegriffe«‹, in: op. cit., S. 49 ff.). Im Bereich der Architektur weist das von Panofsky an Malerei und Plastik aufgezeigte Verhältnis als »Fülle« auf Raum hin, als »Form« auf »Bild« von Architektur.

23 In der Kunstwissenschaft werden die hier als von vornherein zusammengebunden aufgefaßten Strukturelemente von architektonischem Raum und architektonischem Körper durchaus auch getrennt gesehen. So deutet A. Schmarsow (*Das Wesen der architektonischen Schöpfung*, Leipzig 1884) Baukunst eher als Raum, während H. Wölfflin (*Prolegomena zu einer Psychologie der Architektur*) sie vornehmlich als Körperbildung beschreibt. Diese unterschiedliche Akzentsetzung hat in der Kunstwissenschaft bis heute ihre Nachfolge.

24 Vgl. dazu Paul von Naredi-Rainer: *Architektur und Harmonie. Zahl, Maß und Proportion in der abendländischen Baukunst*, Köln 1982.

25 Dieser Rationalismus ist Leitgedanke der hellenistischen und römischen Architekturästhetik (beispielsweise bei Vitruv), wurde aber als solcher nicht formuliert. Für die Architekturforschung bieten hier die griechischen Tempel interessante Probleme, die die Zahlenrelationen der jeweiligen Bauten betreffen.

26 Vgl. dazu Otto Schubert: *Das Gesetz der Baukunst*, Leipzig 1954, 2. 29 ff.

27 Die unterschiedlichen Interpretationen des gotischen Baustiles bieten hier treffende Beispiele.

28 Die Arbeitsweise Brunelleschis beim Bau der Domkuppel von Florenz, die viel traditionelle Praxis enthält, zeigt eine interessante historische Möglichkeit des Verhältnisses von konzeptionellem Entwurf, mathematischen Berechnungen und fortschreitender Erfahrung (vgl. Eugenio Battisti: *Filippo Brunelleschi*, Stuttgart/Zürich 1979, S. 114 ff.).

29 Theodor Lipps: *Grundlegung der Ästhetik*, Leipzig 1923, Bd. I, S. 258.

30 Die beiden Begriffe: »Im-Raum-Sein« und »Raum-haben«, die O. F. Bollnow (op. cit., Kap. V, S. 271 ff.) als anthropologische Kategorien darlegt, werden transformiert gebraucht: »Raum-sein« bezeichnet die meßbare Objektivität von architektonischem Raum, »Raum-haben« das Vorhandensein der architektonischen Körper im Raum.

31 Es scheint, daß heutigentages der Gedanke des Platzes wiederentdeckt wird, der nicht nur der Begegnung von Außen und Innen dient, sondern eine genuine architektonische Symbolform darstellt, in der Geschichte, Gegenwart und Zukunft sich treffen können, sichtbar und erlebbar werden. Hierfür steht als jüngstes Beispiel der eindrucksvolle Maalot-Platz in Köln mit Rheinterrassen zwischen Museum, Dom und Rhein.

In der Literatur wurde das architektonische Raum-haben und Raum-sein im Zusammenspiel zwischen Innen und Außen kaum systematisch und kunsthistorisch

bearbeitet: Pieter Dykema (*Innen und Außen. Die Frage nach der Integration der Künste und der Weg der Architektur*, Hilversum 1960) bringt zwar eine interessante Sammlung von Grundrissen, läßt aber die wissenschaftliche Verarbeitung des Stoffes außer acht.
32 Hiermit ist die räumliche Wahrnehmung angesprochen. (Zur wissenschaftlichen Diskussion dieses Themas vgl. u. a. Gosztonyi, op. cit., Bd. II, Kap. V) Dabei ist zu bemerken, daß die Erfahrung von Raum für Menschen früherer Zeiten eine andere war als für uns. In der Kunstgeschichte lesen wir das an der Darstellungsweise von Räumlichkeit ab. Jean Gebser (*In der Bewährung*, Bonn/München 1962) spricht vom raum-zeitlosen Weltbild der Vorgeschichte, von der unperspektivischen, raumlosen, mythischen Weltanschauung der Archaik, von der rationalen, raum-zeitlichen Weltvorstellung seit den Griechen und unserer heutigen, wiederum a-perspektivischen, aber vierdimensionalen Weltsicht.
33 Enrico Guidoni: *Die Architektur der primitiven Kulturen*, Stuttgart 1976, S. 9.
34 Gosztonyi, op. cit., Bd. II, S. 894.
35 »Die räumliche Wahrnehmung setzt nicht nur den Raum der Gegenstandswelt, sondern auch die räumliche Struktur des Menschen voraus« (Gosztonyi, op. cit., Bd. II, S. 794 f.). Zu dieser Voraussetzung gehört die Erfahrung des Körpergefühls als Erfahrung der Räumlichkeit des Leibes durch die verschiedenen Weisen der Bewegung. »Der Leib ist die Matrize für jeden anderen existierenden Raum« (zit. bei Bollnow, op. cit., S. 280).
36 Leonardo zeigte in seiner Zeichnung der Proportionslehre des Vitruv von 1485 die Räumlichkeit des menschlichen Leibes durch dessen ausgestreckte Arme und gespreizte Beine an. Le Corbusier legte seinem »Modulor« Maßeinteilungen eines menschlichen Körperschemas mit erhobenem Arm zugrunde.
37 Vgl. Gosztonyi, op. cit., Bd. II, S. 754.
38 Der Architekt und Pädagoge Walter Gropius aus der Schule des Bauhauses maß der psychologischen Wirkung des Architektur-Raumes besondere Bedeutung bei und beeinflußte mit dieser Einstellung eine moderne Architektengeneration. Vgl. Walter Gropius: *Architektur. Wege zu einer optischen Kultur*, Frankfurt/Hamburg 1955.
39 Theodor Lipps (op. cit., Bd. II, S. 188 ff.) spricht von der »Raumseele« und dem »Raumgefühl« als Erleben und Zwiesprache mit dem Raum.
40 Vgl. dazu Thomas Schmidt: *Sinneswahrnehmung in Architektur und Freiraum. Raumstimmung. Architektonischer Ausdruck*, Diss., Aachen 1982.
41 Vgl. dazu Panofsky, op. cit., wo allerdings Architektur nicht zur Exemplifizierung herangezogen wird.
42 Hans Jantzen: *Die Gotik des Abendlandes*, Köln 1963².
43 Ein negatives Beispiel bietet der heutige Sichtbeton, der oftmals als monoton, wüst, furchterregend kalt und naturwidrig empfunden wird, obwohl dieses Material in höchstem Maße gestaltbar ist und moderne Architekten einer bestimmten Phase, wie etwa Pier Luigi Nervi, davon geradezu fasziniert waren.
44 Heinrich Rombach, op. cit., S. 104, mit eindrucksvollen Bildern dazu.
45 Diese Meinung wurde in der Ästhetik im folgenden immer wieder vertreten.
46 Op. cit., § 110 und folgende.
47 Auch in der rein kunstgeschichtlichen Darlegung von Architektur sind, wie

nicht anders möglich, weltanschauliche und philosophische Einstellungen enthalten.
48 In: Studio Wasmuth: *Architektur als Zeichensystem* (Tübingen 1971) finden sich u. a. Aufsätze von Umberto Eco, Gillo Dorfles und Max Bense mit Literaturangaben.
49 Vgl. Günter Bandmann: *Ikonologie der Architektur*, Darmstadt 1969. Auch Dagobert Frey: *Grundlegung einer vergleichenden Kunstwissenschaft*, Darmstadt 1970².
50 Vgl. z. B. Roland Günter: ›Krupp und Essen‹, in: Martin Warnke (Hrsg.): *Das Kunstwerk zwischen Wissenschaft und Weltanschauung*, Gütersloh 1970.
51 Der Begriff der »Anschauung« hat eine lange philosophische Geschichte. Hier wird er im philosophisch allgemeinsten Sinn gebraucht, in dem eine Sache in Zeit und Raum ohne Vermittlung, d. h. unmittelbar und ganzheitlich gegenwärtig ist.
52 Gosztonyi (op. cit.) führt mehrere Autoren an, die von »Breite« und »Tiefe« als Grunddimensionen des Raumes sprechen: u. a. Harald Lassen (* 1908), zit. auf S. 909 ff.
53 Vgl. Rudolf Arnheim: *Die Dynamik der Architektur*, Köln 1979, S. 61 u.a.
54 Das Modulare ist Gegenstand der Untersuchungen von Naredi-Rainer, op. cit. – Vgl. auch dazu: Gyorgy Kepes (Hrsg.): *Modul. Proportion. Symmetrie. Rhythmus*, Brüssel 1969.
55 Lateinisch: modulus = kleines Maß, d. h. eine bestimmte Maßeinheit, die in der griechischen Antike für den Tempelbau entwickelt wurde und dort den halben Durchmesser einer Säule meinte. Vgl. dazu auch das für farbige Flächenordnung gebräuchliche Begriffsinstrumentarium, etwa bei R. P. Lohse (*Katalog der Ausstellung der Städt. Kunsthalle Düsseldorf* 1975).
56 Alberti schrieb 1454 an den ausführenden Architekten der von ihm entworfenen Kirche S. Francesco in Rimini (Tempio Malatestiano): »Du siehst, woher die Maße und Maßverhältnisse der Pilaster stammen; wenn Du sie änderst, wird die Musik disharmonisch.«
57 Otto Schubert: *Optik in Städtebau und Architektur*, Berlin 1965, untersucht die »Selbstaussage von Architektur« unter dem »Blickwinkel binokularer Sicht« und weist nach, daß es eine Wiederkehr gleicher Sichtwinkel gibt, die sich aus den Baugesetzen des menschlichen Körpers erklären läßt, unabhängig von allen kulturell bedingten »geistigen Schwankungen«.
58 Vgl. dazu die Untersuchungsergebnisse zum Begriff »Harmonie« im Concinnitas-Kapitel von Jauslin, oben S. 105 ff.
59 Vgl. Otto Schubert: *Das Gesetz der Baukunst*, Kap. XII, S. 351.
60 Vgl. Maria Velte: *Die Anwendung der Quadratur und Triangulatur bei der Grund- und Aufrißgestaltung der gotischen Kirchen*, Diss., Basel 1951; dazu Rezensionen von: Bachmann 1952, Ackermann 1953, Forssman 1953, Kubach 1953.
61 Vgl. Arnheim, *Die Dynamik der Architektur*, Kap. VI, wo er Grundprinzipien von Ordnung und Unordnung darlegt, ohne den Begriff der Modularität zu verwenden.
62 Es genügt hier, auf tradierte Bauernhaus-Architektur nördlich der Alpen zu verweisen, wo sowohl arithmetische Verhältnisse, z. B. Beziehung von Rechteck-

körper des Hauses und Dachaufbau, wie auch geometrische Figurationen, z. B. im Ständerwerk und den Gefachen, vorkommen.

63 Curt Fensterbusch: *Vitruvius Pollio Marcus: De Architectura libri decem*, Darmstadt 1964.
64 Zur Architekturtheorie im Mittelalter vgl. Georg Germann: *Einführung in die Geschichte der Architekturtheorie*, Darmstadt 1980, S. 29 ff. – Vgl. Wilhelm Perpeet: *Ästhetik im Mittelalter*, Freiburg/München 1977.
65 Rudolf Arnheim (op. cit., S. 195) weist dies u. a. auch am Beispiel des De-Stijl-Hauses von Gerrit Rietveld nach.
66 »Das Prinzip Reihung in der Architektur« war Thema der Dortmunder Architekturtage 1975 (*Dortmunder Architekturhefte* Nr. 2, Regensburg 1977).
67 Vgl. dazu: Walter Kambartel: ›Funktionsbestimmung der Reihung als Minimalordnung: Affirmation und Negation‹, in: *Das Prinzip Reihung*, op. cit., S. 19.
68 *Ästhetik des Vorscheins* (hrsg. von Gert Ueding, Frankfurt/M. 1974, S. 148): »vor lauter ›Etre humain‹ werden die wirklichen Menschen in diesen Häusern zu genormten Termiten oder, innerhalb einer ›Wohnmaschine‹, zu Fremdkörpern ...«
69 *Anthropologische Forschung*, Hamburg 1961, S. 104.
70 Was Schelling (*Philosophie der Kunst*, S. 136) hier vom Rhythmus in der Musik sagt, kann auf die anderen Gattungen der Kunst übertragen werden.
71 »Das Wesen des Rhythmus ist die Verschmelzung von Gleichheit und Neuheit; so daß das Ganze niemals die wesentliche Einheit des Schemas verliert, während seine Teile den Kontrast bewirken, der sich aus der Neuheit der Einzelausführung ergibt. Eine bloße Wiederholung tötet den Rhythmus so sicher wie eine bloße Vermengung verschiedener Teile. Einem Kristall fehlt der Rhythmus wegen des Übermaßes an Form, während ein Nebel dadurch unrhythmisch ist, da er eine formlose Vermengung der Einzelteile darstellt.« (Alfred North Whitehead, zit. in: Kepes, *Modul*, S. 23).
72 *Brockhaus-Enzyklopädie* 1972, Bd. 15, S. 774 ff.
73 Vgl. Habig, *Sich ein Bild machen*: »Schmücken ist der Gebrauch, den der Mensch von der schönen Form macht.«
74 »Der anthropologische Ansatz ... erkennt in der ornamentalen Gestaltung ... etwas wie ein aktives Erweitern der zufälligen Reizumwelt nach optimalen Chancen hin, etwas wie eine gezielte Auswertung der entdifferenzierten Ansprechbarkeit für allgemeine Auslöserqualitäten, und zwar einfach des Lusterfolgs wegen, also in der Intention auf Höherlegen des Erlebnisniveaus.« (Gehlen, op. cit., S. 126)
75 Vgl. Michael Müller: *Die Verdrängung des Ornaments. Zum Verhältnis von Architektur und Lebenspraxis*, Frankfurt/M. 1977.
76 Vgl. dazu Arnheim, op. cit., Kap. 7 und S. 74 ff.
77 Hans Jantzen: *Über den gotischen Kirchenraum*, Berlin 1951.
78 Hans Eckstein (*Die romanische Architektur*, Köln 1977) entwickelt seine Stilanalysen aus dem jeweiligen Charakter der romanischen Körperhaftigkeit im Osten, Westen und Süden Europas.
79 Die Kunsttheorie von Gustav Britsch wurde posthum von Egon Kornmann, Ratingen 1966, herausgegeben.

80 Vgl. Rudolf Arnheim: *Anschauliches Denken*, Köln 1972, S. 267 ff.
81 Und weil die Form als Prinzip der Materie gedacht wurde, war diese als geformte vernünftig und besaß die Fähigkeit, schön zu sein. Nur das Unregelmäßige, Unvernünftige, Ungeformte, das Chaos, konnte weder schön noch gut sein. Vgl. dazu Wladyslaw Tatarkiewicz: *Geschichte der Ästhetik*, Basel/Stuttgart 1979 (darin Kap. I, ›Die Ästhetik der archaischen Epoche‹).
82 Zum a-kategorialen Weltbild vgl.: Jean Gebser, op. cit., S. 41 ff.

3 Die Qualität der ästhetischen Rede

1 Mittelalterliche Philosophen unterschieden zwischen der Natur als der Summe ihrer gestalteten Erscheinungen (natura naturata) und der Natur als Summe ihrer gestaltenden Kräfte (natura naturans). Dieser Doppelaspekt beinhaltet auch die im folgenden getroffene Unterscheidung der zwei Arten von Naturverständnis.
2 Seit Plato sich mit ihr auseinandersetzte, durchzieht die »Mimesis-Frage« die ästhetischen Theorien. Zusammen mit dem Gegenbegriff der »poiesis« – durch Aristoteles und seitdem für die Kunst in Anspruch genommen –, enthält sie das zentrale Problem der Art des Zusammenhanges zwischen (gegenständlichem) Vorbild und künstlerischer Produktion von Bildwerken. Je nachdem, wie Kunst definiert oder beschrieben wird, fällt auch die theoretische Lösung dieses Problems aus. Obwohl aporematisch, muß hier auf die begriffliche Polarität von »Mimesis« und »Poiesis« zurückgegriffen werden. (Vgl. dazu Inge Habig: *Sich ein Bild machen*, Frankfurt/Bern 1982, S. 99 ff.).
3 Hegel, 2*Ästhetik* II, S. 270.
4 In diesem Kontext haben die von Wilhelm Worringer (*Abstraktion und Einfühlung, 1907*) beschriebenen kunstpsychologischen Kategorien »Abstraktion und Einfühlung« ihren Platz und im Zusammenhang damit die wahrnehmungspsychologisch begründete sog. Einfühlungsästhetik.
5 *Von deutscher Baukunst*. De manibus Ervini Steinbach, 1773.
6 Vgl. dazu A. Leroi-Gourhan: *Prähistorische Kunst*, Freiburg/Basel/Wien, 1971. Zur Gegenmeinung vgl. Walter Simonis: ›Zur Ästhetik der vorgeschichtlichen Kunst‹, in: *Zeitschrift für Ästhetik und Allgemeine Kunstwissenschaft*, Bd. 28, 1, 1983, S. 5 ff.
7 J. S. Weiner: *Entstehungsgeschichte des Menschen*, Wiesbaden 1972 (Reihe Enzyklopädie der Natur, Bd. 19) S. 122. – Noch im Alten Testament sind Begräbnisstätten in natürlichen Höhlen bezeugt (Gen. 23, 19).
8 In Byblos waren die natürlichen Grabhöhlen für die Fürsten aus dem Anfang des 2. Jahrtausend v. Chr. schon künstlerisch ausgestattet. In Paphlagonien, Lydien und Phrygien gab es im 1. Jahrtausend v. Chr. Höhlen, denen man hölzerne Vorbauten als Eingangsarchitektur vorgelegt hatte. Vgl. A. Körte: ›Die phrygischen Felsdenkmäler‹, in: *Mitteilungen des Deutschen Archäologischen Instituts*, Athen 1898. Zur Geschichte der natürlichen und künstlichen Wohnhöhlen s.: G. Lilliu und H. Schubart: *Frühe Randkulturen des Mittelmeerraumes*, Baden-Baden 1967.
9 In Ägypten waren seit der 4. Dynastie Felsengräber üblich, die anfangs die

Raumfolge der oberirdischen Mastabas nachahmten. Ein schönes Beispiel der Frühstufe (6. Dynastie) sind die beiden Nomarchengräber von Assuan. (Vgl. Siegfried Giedion: *Ewige Gegenwart. Der Beginn der Architektur*, Köln 1965, S. 279, mit Abb.)

10 Vgl. Giedion, op. cit., S. 345.

11 Vgl. dazu Rombach, op. cit., u. a. S. 107. – Die spätmittelalterliche Ikonographie bringt diesen Gedanken in dem Bildmotiv von »Christus in der Vorhölle« zum Ausdruck, wo der Auferstandene die wartenden Voreltern aus einer Steinhöhle heraus ins Paradies holt. Vgl. dazu auch W. Kemp: ›Die Höhle der Ewigkeit‹, in: *Zeitschrift für Kunstgeschichte* 32, 1969, S. 123–151.

12 In Andalusien haben sich mehrere dieser steinzeitlichen und bronzezeitlichen Dolmen-Kammern erhalten. Die höhlenartigen Räume sind mit riesigen Megalithen gedeckt, die Stützen z. T. aus dem Felsen gehauen, z. T. eingestellt.

13 Beispielsweise in Sutri in dem zur Kapelle der Madonna del Parto umgestalteten Kammergrab und in vielen anderen etruskischen Nekropolen.

14 Vgl. Giovanni Lilliu, op. cit., S. 42 ff.

15 Vgl. *Propyläen Kunstgeschichte* Bd. 16, S. 201. – Ernst Diez: *Die Kunst Indiens* (Handbuch der Kunstwissenschaft), Wildpark/Potsdam o. J., S. 13.

16 Vgl. Hans Gerhard Evers: *Tod, Macht und Raum als Bereiche der Architektur*, München 1970, S. 1–4.

17 Giedion: *Architektur und das Phänomen des Wandels*, Tübingen 1969, S. 30 ff.

18 Im Burgbereich von Mykene blieben die Reste von mehreren dieser Tholosgräber erhalten, so das Grab der Klytemnestra und des Ägisth. Der Agamemnon-Kuppelgrabbau hat die Maße: Durchmesser 14,6 m, Höhe 13 m. Die Maurer- und Steinmetztechnik, mit der die tonnenschweren Blöcke fugendicht in räumliche Rundungen eingebracht wurden, erweckt heute noch Erstaunen.

19 Siehe in Rom das Caesar-, August- und Hadrian-Mausoleum, die Gräber der Cecilia Metella und der Helena u. a.

20 Die älteste christliche Krypta-Form bewahrte auch in der Raumgestalt noch die alte Idee der Grabhöhle, zu der ein einziger Korridor als unterirdischer Zugang führte. Ein Beispiel, das aus frühmittelalterlicher Zeit auf germanischem Boden noch erhalten ist, findet sich in der Ludgeri-Krypta in Werden a. d. Ruhr.

21 Die Unterkirche von S. Carlo alle Quattro Fontane von Borromini in Rom gab der Bildung dieser barocken Raumidee starke Impulse. Ein eindrucksvolles spätes Beispiel hat sich in der sog. Krypta des Benediktinerstiftes Altenburg/NÖ erhalten, wo der große unterirdische Saal mit Todesmotiven ausgemalt ist.

22 In der Bildikonographie erlebte das Motiv der Höhle aber immer wieder Renaissancen, zuletzt vor allem in der romantischen Malerei; vgl. Sabine Röder: *Höhlenfaszination in der Kunst um 1800. Ein Beitrag zur Ikonographie von Klassizismus und Romantik*, Diss., Berlin 1986.

23 Frühe Weltdeutungen entwerfen dieses Bild, bei dem der homerische Oceanos die Kreisscheibe der Welt umschließt, auf dem dann die Himmelskugel geheimnisvoll aufsitzt.

24 S. Giedion, *Ewige Gegenwart*, macht auf den Zusammenhang zwischen Entstehung des Rundbaus und Vorstellung vom Omphalos, Nabel der Welt, aufmerksam.

25 Beispiele s. S. Giedion, *Ewige Gegenwart*, II, S. 136 f.
26 Susanne K. Langer: *Philosophie auf neuen Wegen. Das Symbol im Denken, im Ritus und in der Kunst*, Berlin 1965.
27 Paul Schebesta: *Die Bambuti-Pygmäen von Ituri*, 2 Bde., Brüssel 1941. – Siehe auch die Ringgehöfte in Kamerun (S. Guidoni, *Architektur der primitiven Kulturen*, Abb. 388, 389).
28 Ein Beispiel von hoher Qualität ist in der Tholos von Epidauros (zwischen 370 und 330 v. Chr.) erhalten geblieben. Unter der Tholos war ein labyrinthischer unterirdischer Bau angelegt gewesen, der vielleicht das Grab des schlangengestaltigen Heros Asklepios umschloß.
29 S. Friedrich Wilhelm Schlikker: *Hellenistische Vorstellungen von der Schönheit des Bauwerks nach Vitruv*, Diss., Münster/Berlin 1940.
30 Vgl. dazu Naredi-Rainer, op. cit., Kap. II.
31 Josef Dölger: ›Zur Symbolik des altchristlichen Taufhauses‹, in: *Antike und Christentum* Bd. IV, Münster 1934, S. 153 ff. – W. M. Bedard: *Symbolism of the baptismal font*, Washington 1951.
32 Friedrich Wilhelm Schelling: *Philosophie der Kunst*, 1859 (Reprographischer Nachdruck: Darmstadt 1966), S. 233.
33 Bruno Zevi: *Frank Lloyd Wright*, Zürich 1981², S. 244. – Vgl. auch die sog. »geodätischen Kuppeln«, beispielsweise von Richard Buckminster Fuller, die ihre Entstehung zwar praktischen Überlegungen verdanken, in ihrer Erscheinung aber besonders eindringlich Himmelszelt-Vorstellungen wachrufen.
34 Wie tief das Bewußtsein von der Aura der Nische auch noch in der realitätsgesättigten Kunst des 15. und 16. Jahrhunderts war, zeigen z. B. frühe deutsche Stilleben von Ludger tom Ring, wo dem neuen Thema eines Blumenbouquets außerhalb jeden erzählenden Zusammenhangs so viel Bedeutung zugemessen wurde, daß der Strauß in der Nische stehend dargestellt wurde, in die bisher nur Heilige getreten waren.
35 Fr. W. Schelling, *Philosophie der Kunst*, § 110, Zusatz.
36 Vgl. dazu Renate Wolfgarten: *Ikonographie der Madonna im Rosenhag*, Diss., Bonn 1953. – E. M. Vetter: *Madonna im Rosenhag*, Düsseldorf 1926. – Dazu auch Margot Braun-Reichenbacher: *Das Ast- und Laubwerk. Entwicklung, Merkmale und Bedeutung einer spätgotischen Ornamentform*, Nürnberg 1966. – Eva Börsch-Supan: *Garten- Landschafts- und Paradiesmotive im Innenraum*, Berlin 1967.
37 Vgl. dazu Karl Oettinger: ›Laube, Garten, Wald. Zu einer Theorie der süddeutschen Sakralkunst 1470–1520‹, in: *Festschrift für Hans Sedlmayr*, München 1962, S. 201–228.
38 Wolfgang von Wersin: *Das Buch vom Rechteck. Gesetz und Gestik des Räumlichen*, Ravensburg 1956.
39 Dies ist in der Kunstgeschichte für die Ausstattung von Innenräumen deutlich faßbar in der Epoche des römischen Imperiums. Die erhaltenden Beispiele (etwa in Pompeji oder Haus der Livia auf dem Palatin von Rom) zeigen, daß die materiellen Raumgrenzen solcher rechteckiger Wohngemächer ästhetisch gar nicht gemeint waren, sondern in die Freskenbilder auf der Wand eingingen. Die Wandbilder entmaterialisierten die Mauern zu illusionären künstlerischen Erscheinun-

gen. Wand wurde zum Bildgrund. Die gleiche Auffassung von Wand im Innenraum findet sich dann im Quattrocento und Cinquecento in Italien und teilweise im Barock wieder.
40 Josef Sauer, ›Zahlensymbolik‹. Art. in: *Lexikon für Theologie und Kirche*, Freiburg 1938. – Vgl. dazu auch: ›Zahlensymbolik und Zahlenästhetik‹, in: Naredi-Rainer, op. cit., mit Literaturangaben.
41 Bericht in *Die Zeit*, Nr. 31, 26. Juli 1985.
42 In dem kleinen Bau des hl. Grabes innerhalb der Cappella Rucellai von S. Pancrazio in Florenz, entworfen von L. B. Alberti, wirkt der Gedanke des rechteckigen Mysterienraumes als Bauwerk im Gebäude noch nach und verbindet sich mit der Symbolik der »Gott-Welt-Zahl« Sieben.
43 Norbert Elias legt in *Die höfische Gesellschaft* (Darmstadt/Neuwied 1969, Kap. V) die soziologische Figuration dar, deren künstlerisch thematisiertes Abbild das Raumgebilde der »Großen Galerie« im 17. und 18. Jahrhundert war.
44 Siehe oben S. Jauslin, S. 138 f.
45 »Die Schwelle ist der Grundbalken, der das Tor im Ganzen trägt; er hält die Mitte, in der die Zwei, das Draußen und das Drinnen, einander durchgehen, aus.« (Martin Heidegger: *Unterwegs zur Sprache*, Pfullingen 1959, S. 26)
46 Wolfgang Metzger (*Psychologie*, Darmstadt 1975) legte die ontologische, wahrnehmungspsychologische und naturwissenschaftliche Abgrenzung von »Sein« und »Erscheinung« (bei Kant »das Ding an sich« und »Erscheinung«) vom Standpunkt der Gestalttheorie dar.
47 Vgl. dazu die Überlegungen, die Rudolf Arnheim in dem Kapitel ›Das Hauptzentrum und seine Rivalen‹ (in: *Die Macht der Mitte*, Köln 1982) anstellt.
48 Dem starken Eindruck, den der Figurenkomplex des Dombereichs von Pisa aus (schiefem) Turm, Dom und Baptisterium auslöst, kann sich auch der moderne Betrachter nicht entziehen, wie der Touristenstrom beweist. Aber auch der Einwand, daß diese Kirchenfiguren innerhalb der oft dichten Bebauung nicht so isoliert wie heute in Erscheinung traten, kann den genannten Sachverhalt nicht entkräften.
49 Edgar Lehmann: ›Vom Sinn und Wesen der Wandlung in der Raumordnung der deutschen Kirchen des Mittelalters‹, in: *Zs. Deutscher Verein f. Kunstwissenschaft* 7, 1940, S. 75.
50 Otto Schubert (op. cit. S. 21) meint, daß konvexe bzw. konkave Architekturfiguren entweder dem südlichen oder dem nördlichen Stilempfinden entsprächen. Vgl. auch Hans Eckstein: *Die romanische Architektur*, Köln 1977.
51 Naredi-Rainer, op. cit., vor allem Kap. II, ›Zahl und Gestalt‹, referiert die antike Philosophie der Mathematik.
52 Francesco Giorgi: *De Harmonia Mundi totius cantica tria*, Venedig 1525, fol. 81. Zit. in: Wittkower: *Grundlagen der Architektur im Zeitalter des Humanismus*, München 1969, S. 85.
53 Otto Schubert, op. cit., stellte Untersuchungen zur Lichtreflektion von Baumaterial zusammen (S. 12 ff.). Vom zeitgenössischen Architekten Arthur Erikson gibt es das Wort: »Architektur ist Antwort auf das Licht.«
54 Auch hier wurde in der Moderne Mies van der Rohe vorbildlich, wie sein früher Entwurf für ein Glashochhaus in Berlin zeigt.

55 Der Zusammenhang von bestimmten Materialien mit einer bestimmten Symbolik gilt besonders für das Material Stein. Die Verwendung riesiger Baublöcke im Altertum hatte mit dem Willen zur Darstellung von Königsmacht, Ewigkeit und Tod zu tun, wie schon an sumerischen Bauten nachzuweisen ist.
56 Manfredo Tafuri und Francesco Dal Co: *Architektur der Gegenwart*, Stuttgart 1977, S. 346.
57 Hans Eckstein (*Die romanische Architektur*, Köln 1977) baut seine Forschungen hierzu auf der These auf, daß mittelalterliche Baukunst landschaftlich unterschiedlich geprägte Auffassungen von Wand erkennen läßt.
58 Eckstein, op. cit., S. 37.
59 Beispiele finden sich vor allem im Südwesten Frankreichs in den Fassaden tourrainischer Kirchen.
60 Zit. in: Alessandro Nova: *Michelangelo. Der Architekt*. Darmstadt 1984, S. 12. Michelangelo denkt hier in der Nachfolge der antiken Architekturtheorie, vor allem Vitruvs, der im Begriff der »Symmetria« die Schönheit der Baukunst nach den Normen des Einklangs aller Körperglieder untereinander vorgebildet sah.
61 Brian O'Doherty: ›Die weiße Zelle und ihre Vorgänger‹, in: Wolfgang Kemp (Hrsg.): *Der Betrachter ist im Bild*, Köln 1985, S. 290.

Anmerkungen zu
Kurt Jauslin: Denkmale des Ästhetischen

1 Concinnitas

1 Zur Geschichte und zu den Erscheinungsformen der Ordnungen, vgl. Inge Habig, bes. Kap. 3 (oben S. 64).
2 Der Begriff der Concinnitas als »gesetzmäßiger Übereinstimmung aller Teile« wurde geprägt durch Leon Battista Alberti (1404–1472). Im Gegensatz zu Vitruvs Begriffen »Ordo« und »Ordinatio«, die sich auf die Säulenordnung bzw. die Proportionalität des gesamten Gebäudes beziehen, bezeichnet Alberti in seinen *Zehn Büchern über die Baukunst* (*De re aedificatoria libri decem*) mit Concinnitas ein übergeordnetes Ordnungsprinzip, das er das »oberste Naturgesetz« (absoluta primariaque ratio naturae) nennt (deutsche Übersetzung durch Max Theuer, Wien/Leipzig 1912, Nachdruck 1975, S. 492). Palladio stellt in seinem Architekturtraktat (*I Quattro Libri dell'Architettura*, 1570) den Zusammenhang zu den vitruvianischen Kategorien der firmitas, utilitas und venustas und damit zum konkreten Bauwerk her, zugleich auch zur neuplatonischen Theorie der Florentiner Schule (Marsilio Ficino).
3 Zusammenfassende Darstellungen und weitere Literatur bei Rudolf Wittkower: *Grundlagen der Architektur im Zeitalter des Humanismus*, München 1969f., und bei Paul von Naredi-Rainer: *Architektur und Harmonie. Zahl Maß und Proportion in der abendländischen Baukunst*, Köln 1982. Zur neuplatonischen Ideenlehre der Renaissance vgl. Erwin Panofsky: *Idea. Ein Beitrag zur Begriffsgeschichte der älteren Kunsttheorie*, 2. Aufl. Berlin 1960.
4 Das Prinzip des Radikalen Konstruktivismus, der von der Neurobiologie entwickelt wurde (Maturana), ist insofern nur eine Wiederentdeckung einer grundsätzlichen Wahrnehmungsweise des philosophischen Denkens.
5 Rudolf Arnheim: *Entropie und Kunst. Ein Versuch über Unordnung und Ordnung*, Köln 1979, S. 29.
6 Karl Wilhelm Ferdinand Solger: *Vorlesungen über Ästhetik*, hrsg. von Karl Wilhelm Ludwig Heyse, 1829; reprograph. Nachdruck, Darmstadt 1980, S. 310.

2 Straße als »Längeres Gedankenspiel«

1 Vgl. Inge Habig: *Sich ein Bild machen. »Bild« und ästhetisches Verhalten als System – eine Rahmentheorie für das Verstehen und Vermitteln von Kunst*, Frankfurt/Bern, 1982.
2 Walter Benjamin; *Die Wiederkehr des Flaneurs*, in: *Ausgewählte Schriften* II, Frankfurt/M. 1966, S. 421.

3 Arno Schmidt: *Berechnungen I* und *II*, in: *Rosen & Porree*, Karlsruhe 1959 (Nachdruck: Frankfurt/M. 1984).
4 Dialog-Essays in: Arno Schmidt: *Der Triton mit dem Sonnenschirm*, Karlsruhe 1969 (Reprint: Frankfurt/M. 1985); Nachdruck (Varianten!) in: Arno Schmidt: *Nachrichten aus dem Leben eines Lords*, Frankfurt/M. 1975.
5 Norbert Miller: *Archäologie des Traums. Versuch über Giovanni Battista Piranesi*, München/Wien 1978, S. 44 und 408.
6 Historische Details u. a. bei Leonardo Benevolo: *Die Geschichte der Stadt*, hier vor allem das Kapitel ›Der Schauplatz der industriellen Revolution‹, Frankfurt/New York 1982, und bei Eric J. Hobshawn: *Industrie und Empire, Britische Wirtschaftsgeschichte seit 1750*, Frankfurt o. J. (edition suhrkamp); instruktive Abbildungen enthält *The London Encyclopedia*, London 1983.
7 Heinrich Heine: *Reisebilder*, München 1972, S. 366 ff.
8 Theodor Fontane: *Aus England und Schottland*, 1854, Ges. Werke, 2. Abt., Berlin 1908 f., Bd. IV, S. 36.
9 ›Das Unbekannte Jahrhundert‹, in: Rudolf Zeitler (Hrsg.): *Das 19. Jahrhundert*, Propyläen Kunstgeschichte Bd. 11, S. 23, Berlin 1966.
10 Henry Mayhew: *London Labour and the London Poor*, London 1851, 3 Bde., Bd. III, S. 206 f.
11 Mayhew, op. cit., S. 290.
12 Konrad Farner: *Doré – der industrialisierte Romantiker*, München 1975, S. 229.
13 Wolfgang Schivelbusch: *Lichtblicke – Geschichte der künstlichen Beleuchtung im 19. Jahrhundert*, München 1983, S. 28; dort auch die genannten Zahlen.
14 Mayhew, l. c. S. 290.
15 Zit. nach E. W. F. Tomlin (Hrsg.): *Die Welt des Charles Dickens*, Hamburg 1969, S. 95.
16 Der Prozeß läßt sich anschaulich auch an der Entwicklung der ästhetischen Theorie von Sulzer und Baumgarten bis zu Schillers Theorie des Erhabenen ablesen, doch sind die deutschen Ästhetiker traditionsgemäß stärker der Poesie verpflichtet.
17 Stephan Oettermann: *Das Panorama. Die Geschichte eines Massenmediums*, Frankfurt/M. 1980, S. 9 f.
18 Otto Schubert: *Optik in Architektur und Städtebau*, Berlin 1965, S. 28 ff.
19 Massimo Birindelli: *La Macchina Heroica*, Rom 1980.
20 Vgl. Otto Schubert, op. cit., S. 52 ff.
21 Erwin Panofsky: *Die Perspektive als symbolische Form. Vorträge der Bibliothek Warburg*, 1924–1925, S. 258 ff.
22 Theodor Kramer: *Gesammelte Gedichte*, 3 Bde., Wien 1987, Bd. 3, S. 660.
23 Richard Alewyn: *Das große Welttheater*, Hamburg 1959, S. 60 und S. 62.
24 Alewyn, op. cit., S. 14.
25 Theodor Fontane, op. cit., S. 116 f.
26 Stephan Oettermann, op. cit., S. 9.
27 Ebd., S. 26.
28 George Borrow: *Lavengro* (1851), Zürich 1987, S. 123.
29 Oettermann, op. cit., S. 24.

30 Robert Southey: *Letters from England*, 1824; zit. nach: *London – eine europäische Metropole*, hrsg. v. Norbert Kohl, Frankfurt/M. 1979, S. 134 f.
31 Friedrich Schiller: *Über das Erhabene*, *Nat. Ausgabe*, Bd. 21, Weimar 1963, S. 48.
32 Walter Besant: *Shepney*, nach der Übersetzung von Friedrich Polakovics in: *London*, l. c., S. 270 f.
33 Theodor W. Adorno: *Ästhetische Theorie*, Frankfurt/M. 1970, S. 205.
34 Norbert Miller, op. cit., S. 42.
35 Ebd., S. 47.
36 Zu den Modi der Erfahrung vgl. Inge Habig, ›Wirklichkeitsstruktur‹ oben S. 21 f.
37 *Das wilde Denken*, Frankfurt/M. 1973, S. 30 ff.
38 Arno Schmidt: *Abend mit Goldrand*, Frankfurt/M. 1975, S. 59.
39 Op. cit., S. 30.
40 Walter Benjamin: *Das Passagen-Werk*, *Ges. Schriften*, Bd. V, 1, Frankfurt/M. 1982, S. 271.
41 Carl Gustav Carus: *Denkwürdigkeiten aus Europa*, zit. nach: Schivelbusch, op. cit., S. 38.
42 *Das Passagen-Werk*, l. c., S. 418.
43 Mayhew, op. cit., hier zit. nach der Übersetzung in *London*, l. c., S. 202 f.
44 Fontane, op. cit., S. 222 f.
45 Arno Schmidt: *Berechnungen I und II*, l. c., S. 293.
46 Schivelbusch, op. cit., S. 143.
47 Ebd., S. 142 f.
48 Tomlin, op. cit., S. 82.
49 Schivelbusch, op. cit., S. 148.
50 Der Begriff ist von Arno Schmidt geprägt, vgl. dazu den gleichnamigen Text in: *Arno Schmidt*, Text + Kritik, Heft 20, 2. Aufl., Mai 1971, München.
51 Walter Benjamin: *Die Wiederkehr des Flaneurs*, l. c., S. 417.
52 Ebd.
53 Ebd., S. 421.
54 Ferdinand Lion: *Geschichte biologisch gesehen*, zit. in: Benjamin, *Passagen*, l. c., S. 546.
55 Ebd., S. 524.
56 Benjamin: *Ges. Schriften* II, l. c., S. 421.
57 *Zur Kritik der idealistischen Ästhetik*, Frankfurt/M. 1983
58 Eine Ahnung davon vermittelt Christian Enzensbergers *Größerer Versuch über den Schmutz*, München 1968; Neuausgabe Frankfurt/München/Berlin/Wien 1980. Vgl. auch das Kapitel ›Allerleirauhs Architektur‹.
59 Die *Tableaux Parisiens* aus den *Fleurs du Mal* von Baudelaire sind zitiert nach der Übersetzung Walter Benjamins.
60 *Das Passagen-Werk*, l. c., S. 562.
61 Dickens' *Bleakhouse* ist zitiert nach der Ausgabe des Winkler-Verlags.
62 Schivelbusch, op. cit., S. 122.
63 Oettermann, op. cit., S. 9.
64 Op. cit., S. 138.
65 *Geschichte der Stadt*, l. c.
66 Miller, op. cit., S. 145.

67 *Das Passagen-Werk*, l. c., S. 562.
68 Ebd., S. 559.
69 *Marx-Engels-Werke*, Bd. 13, S.. 640.
70 Peter Sloterdijk: *Kritik der zynischen Vernunft*, Frankfurt/M. 1983, S. 319.
71 Schopenhauer: *Die Welt als Wille und Vorstellung*, Werke in *10 Bänden*, Bd. II, 2, S. 519 f., Zürich 1977.
72 *Das Passagen-Werk*, l. c., S. 47.
73 Schopenhauer, op. cit., S. 521.
74 Solger, *Vorlesungen über Ästhetik*, l. c., S. 134 f.
75 *Das Passagen-Werk*, l. c., S. 527
76 Arno Schmidt: *Sitara und der Weg dorthin*, Frankfurt/M. 1969, S. 19.
77 Ebd., S. 31.
78 Ebd., S. 222.
79 *Das Passagen-Werk*, l. c., S. 271.
80 Nachwort zu: James Fenimore Cooper: *Conanchet*, Frankfurt/M. 1972, S. 347.
81 Goethe: *Dichtung und Wahrheit*, Werke (Sophienausgabe), Bd. 27, S. 229.

4 Allerleirauhs Architektur

1 Schiller, op. cit., S. 48.
2 Rudolf Arnheim: *Entropie und Kunst*, l. c., S. 73 f.
3 *Ästhetische Theorie*, l. c., S. 167.
4 Ebd., S. 96 f.
5 Arthur Schopenhauer: *Der handschriftliche Nachlaß*, München 1985, Bd. 3, S. 156 ff.
6 *Ästhetische Theorie*, l. c., S. 96.
7 Ebd., S. 75.
8 Ernst Bloch: *Das Prinzip Hoffnung*, 3 Bde., Frankfurt/M. 1970, Bd. 2, S. 777.
9 *Ästhetik* I, l. c., S. 107.
10 Ebd., S. 117.
11 Hegel: *Werkausgabe in 20 Bänden*, Frankfurt/M. 1969–71, Bd. 3, S. 91.
12 *Negative Dialektik*, Frankfurt/M. 1982³, S. 41.
13 *Mythologica I. Das Rohe und das Gekochte*, Frankfurt/M. 1971.
14 Adorno: *Ästhetische Theorie*, l. c., S. 93.
15 Ebd.
16 *Die Welt als Wille und Vorstellung*, Werke in zehn Bänden, Zürich 1977, Bd. I, 1, S. 233.
17 Ebd., S. 234.
18 Ebd., S. 228.
19 Ebd., S. 239.
20 Ebd., S. 241.
21 Zum Zusammenhang der Höhle mit den Raumformen vgl. Inge Habig, oben S. 64 ff.
22 Op. cit., S. 232.
23 Ebd., S. 241.

24 *Abend mit Goldrand*, l. c., S. 56.
25 *Der Wahn und die Träume in W. Jensens ›Gradiva‹*, Freud-Studienausgabe, Frankfurt/M. 1969. Bd. 10; ebd.: *Der Dichter und das Phantasieren*. Zur Dialektik des platonischen und des psychoanalytischen Projektionsbegriffs vgl. Kurt Jauslin: ›Olmers' Method: Producing the »EG«-Figures of the Readymade Unconscious in Evening Edged in Gold‹, in: *Review of Contemporary Fiction*, vol. VIII, no. 1, Elmwood Park 1988, S. 129 ff.
26 Op. cit., S. 241.
27 Vgl. Wilhelm Schapp: *In Geschichten verstrickt*, Wiesbaden 1976 (Erstausgabe: Hamburg 1956).
28 Wilhelm Schapp: *Philosophie der Geschichten*, Frankfurt/M. 1981, S. 190 (Erstausgabe: Leer 1959).
29 Ebd., S. 216.
30 Ebd., S. 152.
31 Ebd., S. 158.
32 Ebd., S. 160.
33 Ebd., S. 157.
34 *Die Neue Wissenschaft über die gemeinschaftliche Natur der Völker*, nach der Ausg. von 1744 übers. und eingel. von Erich Auerbach, Berlin 1924, Nachdruck 1965, S. 151.
35 Ebd., S. 158.
36 Ernst H. Gombrich: ›Hegel und die Kunstgeschichte‹, in: *Neue Rundschau*, 88. Jg., H. 2, 1977.
37 Schapp, op. cit., S. 175.

Literaturverzeichnis

Abrams, Meyer Howard: *The Mirror and the Lamp. Romantic Theory and the Critical Tradition*, London/New York 1953.
Adorno, Theodor W.: *Negative Dialektik*, Frankfurt/M. 1982³.
Adorno, Theodor W.: *Ästhetische Theorie*, Frankfurt/M. 1970.
Alewyn, Richard: *Das große Welttheater*, Hamburg 1959.
Alison, Archibald: *Essays on the Nature and Principles of Taste*, London 1790. Zit. nach Collins (s. u.).
Arnheim, Rudolf: *Entropie und Kunst*, Köln 1979.
Arnheim, Rudolf: *Die Dynamik der Architektur*, Köln 1979.
Arnheim, Rudolf: *Anschauliches Denken*, Köln 1972.
Bandmann, Günter: *Ikonologie der Architektur*, Darmstadt 1969.
Baudelaire, Charles: *Tableaux Parisiens*, übers. von Walter Benjamin, Frankfurt/M. 1963.
Benevolo, Leonardo: *Die Geschichte der Stadt*, Frankfurt/New York 1982.
Benjamin, Walter: *Angelus Novus*, Ges. Schriften II, Frankfurt/M. 1966.
Benjamin, Walter: *Das Passagen-Werk*, Ges. Schriften V, 1 und 2, Frankfurt/M. 1982.
Bense, Max: *Einführung in die informationstheoretische Ästhetik*, Reinbek 1969.
Binding, Günther: *Architektonische Formenlehre*, Darmstadt 1980.
Birindelli, Massimo: *La Macchina Heroica*, Rom 1980.
Bloch, Ernst: *Subjekt – Objekt*, Frankfurt/M. 1962.
Bloch, Ernst: *Das Prinzip Hoffnung*, 3 Bde., Frankfurt/M. 1970.
Bloch, Ernst: *Ästhetik des Vorscheins*, hrsg. von Gert Ueding, Frankfurt/M. 1974.
Bollnow, Otto Friedrich: *Mensch und Raum*, Stuttgart 1963.
Borrow, George: *Lavengro*, Zürich 1987.
Braegger, Carlpeter: *Architektur und Sprache*, München 1982.
Bürger, Peter: *Zur Kritik der idealistischen Ästhetik*, Frankfurt/M. 1983.
Burke, Edmund: *A philosophical enquiriy into the origin of our Ideas of the Sublime and Beautiful with an introductory discourse concerning Taste*, London 1812. Deutsche Übers. von F. Bassenge: *Vom Erhabenen und Schönen*, Berlin 1956.
Collins, Peter: *Changing Ideals in Modern Architecture 1750–1950*, London 1967.
Dickens, Charles: *Bleakhouse*, München 1959.
Dickens, Charles: *Große Erwartungen*, München 1956.
Drexler, Arthur (Hrsg.): *The Architecture of the École des Beaux-Arts*, New York 1977.
Eco, Umberto: *Einführung in die Semiotik*, München 1972.
Eckstein, Hans: *Die romanische Architektur*, Köln 1977.
Enzensberger, Christian: *Größerer Versuch über den Schmutz*, München 1968.

Enzensberger, Christian: *Literatur und Interesse. Eine politische Ästhetik*, 2 Bde., München 1977.
Evers, H. G.: *Tod, Macht und Raum als Bereiche der Architektur*, München 1970².
Farner, Konrad: *Doré – der industrialisierte Romantiker*, München 1975.
Flaubert, Gustave: *Bouvard und Pécuchet*, Frankfurt/M. 1979.
    Darin: Victor Brombart: ›Bouvard und Pécuchet. Die Tragikomödie des Intellekts‹, S. 9–35; Uwe Japp: ›Die Komik des Wissens‹, S. 409–441.
Fontane, Theodor: *Aus England und Schottland, Ges. Werke*. 2. Abt., Berlin 1908 f., Bd. IV.
Freud, Sigmund: *Werke in zehn Bänden* (Freud-Studienausgabe), Frankfurt/M. 1969.
Frey, Dagobert: *Grundlegung einer vergleichenden Kunstwissenschaft*, Darmstadt 1972².
Friedrich, Hugo: *Die Struktur der modernen Lyrik*, Hamburg 1956.
Gadamer, Hans-Georg: *Wahrheit und Methode*, Tübingen 1975⁴.
Gebser, Jean: *In der Bewährung*, Bonn/München 1962.
Gehlen, Arnold: *Anthropologische Forschung*, Hamburg 1961.
Germann, Georg: *Einführung in die Geschichte der Architekturtheorie*, Darmstadt 1980
Giedion, Siegfried: *Ewige Gegenwart. Der Beginn der Architektur*, Köln 1965.
Giedion, Siegfried: *Die Architektur der primitiven Kulturen*, Stuttgart 1976
Gombrich, Ernst H.: ›Hegel und die Kunstgeschichte‹, in: *Neue Rundschau*, 88 Jg., H. 2, 1977.
Gosztonyi, Alexander: ›Der Raum. Geschichte seiner Probleme‹, in: *Philosophie und Wissenschaft*, 2 Bde., Freiburg/München 1976.
Gropius, Walter: *Architektur. Wege zu einer optischen Kultur*. Frankfurt/Hamburg 1955.
Habig, Inge: *Sich ein Bild machen. »Bild« und ästhetisches Verhalten als System. Eine Rahmentheorie für das Verstehen und Vermitteln von Kunst*. Frankfurt/Bern 1982.
Hegel, Georg Wilhelm Friedrich: *Phänomenologie des Geistes*, Werkausgabe in zwanzig Bänden, Frankfurt/M. 1969–1971, Bd. 3.
Hegel, Georg Friedrich, Wilhelm: *Vorlesungen über die Ästhetik*, Werkausgabe in zwanzig Bänden, Frankfurt/M. 1969–1971, Bd. 13, 14, 15.
Heidegger, Martin: ›Bauen, Wohnen, Denken‹, in: *Vorträge und Aufsätze*, Pfullingen 1954.
Heine, Heinrich: *Reisebilder*, München 1972.
Hobshawn, Eric J.: *Industrie und Empire. Britische Wirtschaftsgeschichte seit 1750*, Frankfurt/M., 1972.
Jantzen, Hans: *Die Gotik des Abendlandes*, Köln 1963³.
Über den gotischen Kirchenraum, Berlin 1951.
Jauslin, Kurt: ›Olmers' Method: Producing the »EG«-Figures of the Readymade Unconscious in Evening Edged in Gold‹, in: *Review of Contemporary Fiction*, vol. VIII, no. 1, Elmwood Park 1988.
Kepes, Gyorgy (Hrsg.): *Modul. Proportion, Symmetrie. Rhythmus*, Brüssel 1969.

Kleihues, Josef P. (Hrsg.): *Das Prinzip Reihung in der Architektur. Dortmunder Architekturhefte* 2, 1977.

Kohl, Norbert (Hrsg.): *London. Eine europäische Metropole*, Frankfurt/M. 1979.

Kornmann, Egon (Hrsg.): *Gustav Britsch. Theorie der bildenden Kunst*, Ratingen 1966.

Kruft, Hanno-Walter: *Geschichte der Architekturtheorie*, München 1985.

Kunsthalle Nürnberg (Hrsg.): *Was die Schönheit sey, das weiß ich nicht. Künstler – Theorie – Werk*. Katalog zur 2. Biennale Nürnberg. Köln 1971.

Langer, Susanne: *Philosophie auf neuen Wegen. Das Symbol im Denken, im Ritus und in der Kunst*, Berlin 1965.

Lévi-Strauss, Claude: *Das wilde Denken*, Frankfurt/M. 1968.

Lévi-Strauss, Claude: *Mythologica I. Das Rohe und das Gekochte*, Frankfurt/M. 1971.

Lilliu, Giovanni: *Frühe Randkulturen des Mittelmeerraumes*, Baden-Baden 1967.

Lipps, Theodor: *Grundlegung der Ästhetik*, Leipzig 1923.

Lützeler, Heinrich: *Kunsterfahrung und Kunstwissenschaft*, 3 Bde., Freiburg/München 1975.

Lützeler, Heinrich: *Einführung in die Philosophie der Kunst*, Bonn 1934.

Lynch, Kevin: *Das Bild der Stadt*, Frankfurt/Berlin 1965.

Marx, Karl und Engels, Friedrich:: *Werke*, 39 Bde., Berlin 1963 ff., Bd. 13..

Mayhew, Henry: *London Labour and the London Poor*, 3 Bde., London 1851.

Metzger, Wolfgang: *Psychologie*, Darmstadt 1975.

Miller, Norbert: *Archäologie des Traums. Versuch über Giovanni Battista Piranesi*, München/Wien 1978.

Moles, Abraham: *Informationstheorie und ästhetische Wahrnehmung*, Köln 1971.

Muthesius, Hermann: *Das englische Haus*, 3 Bde., Berlin 1908–1911.

Naredi-Rainer, Paul v.: *Architektur und Harmonie. Zeit, Maß und Proportion in der abendländischen Baukunst*, Köln 1982.

Oettermann, Stephan: *Das Panorama. Die Geschichte eines Massenmediums*, Frankfurt/M. 1980.

Palladio, Andrea: *Die vier Bücher zur Architektur*, übertr. und hrsg. von Andreas Bayer und Ullrich Schütte, Zürich/München/Darmstadt 1984².

Panofsky, Erwin: *Aufsätze zu Grundfragen der Kunstwissenschaft*, Berlin 1964.

Panofsky, Erwin: ›Die Perspektive als symbolische Form, in: *Vorträge der Bibliothek Warburg*, 1924–1925.

Panofsky, Erwin: *Idea. Ein Beitrag zur Begriffsgeschichte der älteren Kunsttheorie*, Berlin 1960².

Panofsky, Erwin: *Die Renaissancen der europäischen Kunst*, Frankfurt 1984².

Peirce, Charles S.: *Schriften*, hrsg. von Karl-Otto Apel, 2 Bde., Frankfurt/M. 1970.

Perpeet, Wilhelm: *Ästhetik im Mittelalter*, Freiburg/München 1977.

Pevsner, Nikolaus: *Architektur und Design. Von der Romantik zur Sachlichkeit*, München 1971.

Prak, Niels Luning: *The Language of Architecture*, Mouton/The Hague/Paris 1968.

Puppi, Lionello: *Andrea Palladio*, Stuttgart 1977. Rev. Taschenbuch-Ausgabe: München 1982.

Ränk, Gustav: *Das System der Raumeinteilung in den Behausungen eurasischer Völker*, Stockholm 1949.
Rombach, Heinrich: *Leben des Geistes*, Freiburg/Basel/Wien 1977.
Schaper, Günter: *Vom Wesen des Bauens und der Baukunst*, Diss., Würzburg 1961.
Schapp, Wilhelm: *Philosophie der Geschichten*, Frankfurt/M. 1981 (Erstausgabe: Leer 1959).
Schapp, Wilhelm: *In Geschichten verstrickt*, Wiesbaden 1976. (Erstausgabe: Hamburg 1956).
Schelling, Friedrich Wilhelm Joseph: *Philosophie der Kunst*, 1859. Unveränderter reprographischer Nachdruck: Darmstadt 1966.
Schiller, Friedrich: *Über das Erhabene*, Nat. Ausgabe Bd. 21, Weimar 1963.
Schivelbusch, Wolfgang: *Lichtblicke. Zur Geschichte der künstlichen Helligkeit im 19. Jahrhundert*, München 1983.
Schmarsow, A.: *Das Wesen der architektonischen Schöpfung*, Leipzig 1884.
Schmidt, Arno: *Berechnungen I* und *II.*, in: *Rosen & Porree*, Karlsruhe 1959 (Reprint: Frankfurt/M. 1985).
Schmidt Arno: *Der Triton mit dem Sonnenschirm*, Karlsruhe 1969 (Reprint: Frankfurt/M. 1985).
Schmidt, Arno: *Sitara und der Weg dorthin*, Karlsruhe 1963 (Reprint: Frankfurt/M. 1985).
Schmidt, Arno: *Abend mit Goldrand*, Frankfurt/M. 1975.
Schmidt, Thomas: *Sinneswahrnehmung in Architektur und Freiraum. Raumstimmung. Architektonischer Ausdruck*. Aachen, Diss., 1982.
Schopenhauer, Arthur: *Werke in zehn Bänden* (Zürcher Ausgabe), Zürich 1977.
Schopenhauer, Arthur: *Der handschriftliche Nachlaß*, München 1985.
Schubert, Otto: *Optik in Städtebau und Architektur*, Berlin 1965.
Schubert, Otto: *Das Gesetz der Baukunst*, Leipzig 1954.
Sedlmayr, Hans: *Der Verlust der Mitte*, Salzburg 1948.
Simson, Otto von: *Die gotische Kathedrale*, Darmstadt 1972.
Sloterdijk, Peter: *Kritik der zynischen Vernunft*, Frankfurt/M. 1983.
Sörgel, Hermann: *Einführung in die Architektur-Ästhetik. Prolegomena zu einer Theorie der Baukunst*, München 1928.
Solger, Karl Wilhelm Ferdinand: *Vorlesungen über Ästhetik*, hrsg. von Karl Wilhelm Ludwig Heyse, 1829. Reprograph. Nachdruck: Darmstadt 1980.
Solger, Karl Wilhelm Ferdinand: *Nachgelassene Schriften und Briefwechsel*, hrsg. von Ludwig Tieck, Leipzig 1826. Nachdruck: Heidelberg 1973.
Studio Wasmuth: *Architektur als Zeichensystem*, Tübingen 1971.
Tatarkiewicz, Wladyslaw: *Geschichte der Ästhetik*, Basel/Stuttgart 1979.
Tatarkiewicz, Wladyslaw: *History of Aethetics*, 3 Bde., Den Haag/Paris 1970.
Tomlin, E. W. F. (Hrsg.): *Die Welt des Charles Dickens*, Hamburg 1969.
Velte, Maria: *Die Anwendung der Quadratur und Triangulatur bei der Grund- und Aufrißgestaltung der gotischen Kirchen*. Diss., Basel 1951.
Vico, Giambattista: *Die Neue Wissenschaft über die gemeinschaftliche Natur der Völker*. Nach der Ausg. von 1744 übers. und eingel. von Erich Auerbach, Berlin 1924 (Nachdruck: 1965).
Vischer, Friedrich Theodor: *Auch Einer*, Stuttgart/Leipzig 1904.

Vitruvius Pollio, Marcus: *De architectura libri decem*, hrsg. und übersetzt von Kurt Fensterbusch, Darmstadt 1964 (lat.-dt.).

Vogt, Adolf Max: *Russische und französische Revolutionsarchitektur*, Köln 1974.

Warnke, Martin (Hrsg.): *Das Kunstwerk zwischen Wissenschaft und Weltanschauung*, Gütersloh 1970.

Warnke, Martin (Hrsg.): *Politische Architektur in Europa vom Mittelalter bis heute. Repräsentation und Gemeinschaft*, Köln 1984.

Weinreb, Ben und Hibbert, Christopher (Ed.): *The London Encyclopedia*, London 1983.

Weischedel, Wilhelm: *Philosophische Grenzgänge*, Stuttgart/Berlin/Köln/Mainz 1967.

Weischedel, Wilhelm: *Die Tiefe im Antlitz der Welt. Entwurf einer Metaphysik der Kunst*, Tübingen 1952.

Weizsäcker, Carl Friedrich von: *Der Garten des Menschlichen. Beiträge zur geschichtlichen Anthropologie*, Frankfurt/M. 1983.

Wittkower, Rudolf: *Grundlagen der Architektur im Zeitalter des Humanismus*, München 1969 f.

Wölfflin, Heinrich: *Prolegomena zu einer Psychologie der Architektur*, München 1886.

Worringer, Wilhelm: *Abstraktion und Einfühlung. Ein Beitrag zur Stilpsychologie*, 1907. München 1959, 1979.

Zeitler, Rudolf (Hrsg.): *Das 19. Jahrhundert*. Propyläen Kunstgeschichte Bd. 11, Berlin 1966.